# 燕京人

## 百年燕京颂

一个燕二代的自述

佩尼 著

新世纪出版社
2018 · 纽约

作　　者：佩　尼
出 版 人：洪君植
责任编辑：魏　龙　纽约桃花
版式设计：陶　懿

# 燕京人



出版：纽约新世纪出版社
New York New Century Press Inc.
印刷：UCFHP Inc.
版次：2018 年 6 月纽约第一版；第一次印刷
定价：29.99 美金
国际书号 (ISBN)：978-1-64083-076-9

纪念燕京大学建校 100 周年

献给我的父母

赵承信

林培志

# 目　录

## （三）燕京复校后的 47、48 年

## （四）解放初的燕京大学

## （五）新中国成立后的燕京大学

## （六）燕京消失后的一叶小舟

# 序 言

我的笔名佩尼是我在美国的名字 Penny，这是 52 岁上英文课时美国老师根据我中国名最后字的汉语拼音给的，英语国家知道这是佩内洛普（Penelope）的昵称。如果第一个字母小写，这个字意思就是一分钱。有人问我为什么喜欢这样便宜的名字，似乎自贬了。可我偏爱这名字，它反映了我的性格。

一分钱不论在美国和中国可以是个会滚动园形硬币，它可滚到任何地方，也可停在任何地方，它不值钱，不惹人注目，却坚硬极了！呆在那里仔细观察、思考，想清楚了呆够了，也许再滚到下一个地方。我一生就是这样不停地滚动着。这不，我从中国滚到了美国。

我的书名中“燕京”的真正含意是北京。这里用它有两层含义，本书所叙皆在北京发生的事情；另一个是燕京大学的简称。其“燕京人”是指学习、工作、生活在燕京大学的人。

燕京大学是上世纪五十年代中共建政前中国最著名的教会大学，与北大、清华并驾齐驱。她只办了 33 年，学生不到一万，评为中科院院士 42 人、中工院士 11 名，还有多名是中国领导人的专职翻译，总之她为中国培养了不少高质量的人才。当时是有相当影响力的，写本书就是要纪念燕京大学。

燕京大学是由著名教育家、外交家、传教士司徒雷登（以下简称司徒）1919 年创办的。这位美国人也是美国在解放前最后的驻华大使。后期他在中国有家喻户晓的”臭名”，因毛泽东发表的“别了，司徒雷登”被选为中学语文教材，他就是文中说的那位大使。写本书更是要表达我对他的敬意和纪念，他出生在中国，热爱中国，为中国办了这样一所学校，对中国中西文化交流的教育事业起了不可磨灭的贡献。

自从燕京在 1952 年被拆散消失后，老校友们一直为恢复燕京大学而奋斗，但都没成功，现在活着的燕京人越来越少，燕二代也是七、八十岁的老人。为了让更多的人知道、记住中国曾经有这样一所优秀的大学。多一个人写这方面的书籍，多一份力量。



2019 年将是燕京建校 100 周年希望本书能做为对校庆的献礼。

我家五口都是燕京人，这本书将从这家出发来写燕京人。我知道大多燕京人，都在传承燕京校训：因真理，得自由，以服务。人们都在各自岗位捍卫这个校训。

每一个家都生活在世界，都受到时代的影响。本书也希望能反映这近 100 年变化最大，动荡最激烈的历史侧影。

# （一） 抗日胜利前的燕京大学

## 生日宴所想

2015年春三三汝斌妹来电话说她六月将带她丽嫂来东部参加吴表姐的八十大寿的宴会，她把我也算上了，是做为同乡。其实我从没见过这位表姐，真不好意思去吃大餐。她说离开纽约十年没见，正好利用这个机会和我见一面，并且还想见昔日在东部她学习、工作时的亲友，和我们共识的老友我的小哥哥乃扬。

我邀请她来我家住，她婉言谢绝。我俩是本家，我的辈分比她高一辈应叫我姑姑，可她只比我小两岁。她的姐姐汝光是我同学，而她是我妹妹的同学，我们以同学、好友相待，从不去想这辈分，辈分把人弄得生分。上小学时我们几个姑娘常在一起玩，至此我们相交已七十六年。

小哥哥是我一辈子的老小哥，相识七十二年。我们三人都是燕二代，他们两位更是我在美国能坚持下来的支柱，在我几次特别困难时都得到了他们及时帮助，特别是三三。我们从小在校园一起长大知根知底，和其他在美国的朋友有很大不同。

六月的那天我按时到达金丰大酒楼，马上上楼到接待处问三三来了吗？几个人同时回答没来。已经到点了怎么不来？我到人行道去等，因为她若不来我就不好意思去了。我没手机，又跑到接待处请他们电话联络她，一位穿中式旗袍的漂亮太太来到我身边，并直言，不用打，她一定来！又问我是她的朋友吗？我报了名字，她表示知道。我把礼物交给他们，这位太太带我到同乡这桌，三三也属于此。并介绍给我那一对刚从老家来的年纪稍大的夫妇。我坐下后首先自我介绍，并讲了 1989 年五一节去老家寻根的情况，这样一下子把我和大家的关系拉近了。

过了半个多小时开场白已经讲过，大家开始用餐，三三和嫂子才到。三三告诉我那位漂亮的太太就是她的表姐，那晚的老寿星，腰板挺直、声音洪亮，可真不像年已八旬。三三说他们夫妻是医生，丈夫已去世。这个宴会是她的子女的心意。我从没参加过近二百人的生日大宴。食物太丰盛了，让我大开眼见，例如烤乳猪。每桌一只，这得宰多少只，得花多长时间、多大的烤炉来烤呀，真是长了见识。边吃边聊边照相。



这时嫂子拿出三三哥汝璥关于家谱的一些资料。

我们都来自广东新会慈溪乡，是宋朝赵匡胤的弟弟赵匡义的后代，我家与三三家关系较远，大约六百年前是兄弟。南宋最后小皇帝跳海的古井镇就在该乡附近。

他们是为村里建小学的那支，已有一百多年以上，侨胞经常去修缮，我见过这所学校，它是较大的楼房，做为小学是相当好了。

我祖父赵建渠的贡献是他的财产由三姑妈玉叶和爸爸承信决定捐给村民作村医院，到现在也是上百年了。这位刚来的老乡说一切都保持得很好。

宴会后我们说好了三天后去小哥哥家聚会。这年小哥哥也是八十大寿，我们提前为他庆生日。来美国后我从没去过他的家，这次是我第三次见他。1993 年我刚到美三三开车带我去他们经营的餐厅为我洗尘，后来我在他们镇附近的中餐馆打工时他曾开车来看过我，给我壮胆，因为我和两个餐馆男老板住在餐馆后面，怕我被欺负。

庆生日那天，三三嫂从加拿大带来小哥哥的好友送他的礼物，一个大弥勒佛，我送的是花生，表示他们有一儿一女，生生不息。他们家使用古色古香的中式家具，布置得很艺术，这是他太太刘教练的艺术观点。我们照了不少照片，参观了这个漂亮安静的小区，泳池、小树林、小溪。回来后我为他们弹了几曲，首先弹的是小哥哥点的：致爱丽丝、土耳其进行曲；然后我弹了这几年练的萧邦练习曲：别离、革命。小哥哥喜欢我弹的这些曲子，后两个他也听过。然后午餐、吃蛋糕。由于提早半年过生日，气氛不算浓烈。

在返回纽约的火车上让我想了许多往事，非常激动，特别有点自责。因为做为子女从没给父母庆生日，一想到 2017 年就是他们 110 岁生日，虽然他们早已离去，怎样表示对他们的纪念呢？我想写点什么吧。从 2017 年一月到十二月，我痛快地写了这拾柒万字的书，越写越觉得有许多要写。现在已写完，呈现在大家面前。

我已是近八十岁的老人，在我思想还清楚之时，想把我一生经历的故事写下来，让朋友和后代子孙了解，也用它来寄托自己的思念。

我们是一个五口之家，是一个普通的燕京家庭。父亲承信、母亲培志是燕大 1926 年到 1930 年同届学生，我们三姐妹都生在燕京，就读于燕大附小，燕大附中。我从一个当年的小孩所见所闻来写这个时代发生的大事件，及各种经历过的小事，接触到的伯伯、叔叔、阿姨、姑姑、同学和小朋友。

我父母都生于 1907 年。父亲是 10 月 30 日，母亲是 7 月 14 日。说句老实话在父母活着时我从不知他们的生日。他们的父母只告诉他们阴历的生日，父母没有去查出对应的阳历日期。他们非常浪漫、也非常具有文人气，妈妈叫爸爸菊花，爸爸叫妈妈荷花。爸爸出生在菊花盛开的秋天，妈妈出生在荷花盛开的夏天。

从我记事起从没见给爸爸、妈妈庆生日。也许他们有自己秘密的方式庆祝。但在我们姐妹小时他们会给我们庆生日。解放后政治运动频繁，他们一直是被改造的对象，哪有心情去庆生日。我们子女一直要与他们划清界线，即使有心也没有胆量去给他们庆生日。直到他们相继去世。我很想念他们，特别是爸爸。

2017 年是爸爸活在世界上的年龄比他逝后的年数少 6 年的一年，这就是说他死后的年数已超过了他活着的年数。这是一个二元一次联立方程组：设 x 是去世的年数，y 是活着的年数，X+Y=110，　X-Y=6 不难解出爸爸只活了 52 岁，已去世 58 年。

每当我在燕大校友通讯上读到与爸爸同时代的伯伯、叔叔、姑姑和阿姨的记念文章和他们的事迹后，对于爸爸的过早去世感到惋惜，如果他能够活到他们的年岁，从他一贯的严谨治学，勤奋努力，刻苦钻研的作风，和他在世时已作出的成绩，一定会在他的领域，社会学作出更多贡献的。我对于父亲有一种惭愧、内疚、后悔、心痛、惋惜等非常复杂的心情交织在一起，我会流泪甚至痛哭！为什么？　让我先来讲见父亲的最后一面吧。

## 最后一面

### 逃避

1959年8月中下旬的那个星期天，这是我终生难忘的一天。

那时我在北京航空航天大学（以下简称北航）读完大三，第二天也就是大四第一学期第一天的晚上，我们要到哈尔滨进行一个学期的工厂实习。

早在暑假开始，妈妈就嘱咐我抓紧时间多到肿瘤医院去看爸爸。医生已通知她：爸活不长了，癌细胞已从肺转到肝。

我只去了一次，把妈妈让我带的东西送过去。我知道妈妈身体不好，拿不了太重的东西。我们上课时她自己送，让我们安心读书。现在放假了我是应当多做一些。但一想到自己是团员，正争取入党，怕被扣上与右派父亲划不清界线的帽子。我已经因为他是右派而降低了密级，如果再扣上新帽子，送到不需密级的学校就惨了。我一直没敢告诉任何人他生了癌症。所以一个暑假呆在学校专业教研室作“教育革命”。

由于我非常痛苦，不愿想到我将再也见不到父亲了，特别害怕见这最后一面时刻的到来。直到动身前的这个星期天。这天中午，我先约了高中三年坐在同桌的多年不见的丽彤、绪文两位好友在北海正门口见面。见面后我们兴奋之极，决定进公园去像中学时那样玩。先划船，再散步聊天，然后走到九龙壁，最后又到后花园。

玩得让我竟然忘掉了最大的事情，去看父亲。突然一看錶，已五点半。医院七点就不许进了。 我一下楞了，刚才的欢快心情顿时消失，她俩马上发现我不对劲，急忙问我出什么事了？这时我才说出父亲的病情，和明天离京的实情。她俩埋怨我，我不得已这才告诉他们我的痛苦，害怕这一时刻的到来，我故意作这样的安排。

为什么我会这样不珍惜这最后一面，而要逃避呢？自从知道爸爸的病不能治后，我已偷偷哭过几次。我不能在爸爸面前大哭。因为妈妈不让大家告诉爸爸病情，如果我大哭就漏了真情。如果我去陪爸爸一天，该说什么？我不认为爸爸有罪，不愿意说任何党八股话：好好交代问题，认真检讨，低头认罪，争取宽大处理等等，这些当时对右派说得最时髦的话。但如果我表示理解或同意爸爸的观点，就会被扣上与右派同流合污。如果我关心爸爸的身体，关心家里，这就是划不清界限。总之很想见这最后一面，但该怎样做才不会出毛病？这就是我放到最后一分钟见面的原因。



我提起脚快步跑了起来。出了正门就有去王府大街的公共汽车。我必须按妈妈的吩咐去买华侨大厦西式糕点店的草莓蛋挞和摊上的小西瓜。妈妈说他已经不想吃其它食物了。买完后急忙跑到去乘东直门外肿瘤医院的无轨电车。赶到医院已六点半，我直冲到电梯，奔向父亲的病房。

## 强吞泪水

由于爸病危，已住在单人的小房间。对着楼梯的房门正大开着，夕阳的余光从窗外射入，使我在门外一眼就见父亲，这熟悉身影斜靠在枕头边双脚落在地上，半坐半站双眼紧闭很不舒服的样子。一个半月没见，人骨瘦如柴，原来比我高现在已比我矮半头多，太可怕的样子。一个人孤独呆在昏暗的屋里，没有开灯。非常凄凉。

看到此景，眼泪夺眶而出，我太自私了，明明可以陪他一整天的，但为不让别人说我划不清界线，又怕自己痛苦，才来得如此之晚。我不能哭，不能让他知道他快要离开人世。赶忙深呼吸，把眼泪吞到肚子里。

趁自己稍微冷静的时刻赶忙走进屋，轻声喊了一声爸爸。他惊讶地睁开眼看着我，似乎在问我这么晚了还来。我顿时明白妈妈没有告诉他我要离京。我低声地告诉他：明天就离京了，要去哈尔滨实习一个学期，实习回来后会马上来看他。我知道这是骗他和骗自己的话，但必须这样说来鼓舞他。他脸上流露出不舍得离别之情。

我眼泪又要流出来了，赶忙低下头去打开书包拿出吃的。我切一块西瓜放到他的床头小柜上。他说他不想吃，让我自己吃，我切一小块喂他，他拿开我的手拒绝吃。我又打开蛋挞，让他看到如此漂亮的点心以引起食欲。他说谢谢我买了他过去喜欢吃的东西，但现在实在吃不下。我这才知道妈妈给的信息已过时，这一个月病情恶化太快了，我更加自责，应当多来几次让他吃到他喜欢的食物。

我真想告诉他他得的是肺癌，只有吃东西才能战胜癌症。但妈妈已和医生约好不可说出真相，怕他知道这是当时的不治之症，而放弃治疗。我劝他一定要听医生的话，好好地吃。看着爸爸难受的样子我泪水又夺眶而出，嗓子发烧堵得慌，吞口水也不管用。我噙着泪水，藉着清理，忙着作事，隐忍吞咽。

一时间，屋内是如此的寂静让人害怕。突然间，爸爸打破了寂静说：

“你们要爱妈妈，她很爱你们，为你们操了不少的心”。

我明白他怕我们不谅解妈妈。因为自从1946年外婆去世，妈妈就卧床不起，有保姆专门照顾。爸爸工作忙，我们姊妹由另一个保姆照顾，缺少父母的爱。直到1952年苏联专家让她必须和正常人一样工作、生活后，她才开始找工作，走出她的卧室和我们一起吃饭，谈天。这时我们都已上中学，自己可以照顾自己了。我们最需要妈妈照顾、爱护的时候她躺在床上，关着房门，我们子女不能随便进去看她。所以爸爸担心我们和妈妈不亲，不会好好照顾她。妈妈是大家闺秀，没有吃过苦，比较脆弱。他更担心他走后妈妈的生活。

爸爸的叮咛嘱托，竟成为他的遗言。爸爸爱着妈妈，照顾她 ，为她着想，实在让我感动。

我马上说我们一定永远照顾好爸爸和妈妈。在外人眼里我是 20 岁的大学生，但在父亲眼里我永远是个小孩。他知道我是个病包从小易感冒，所以特别嘱咐我说：东北很冷要多带点厚衣服。我听后非常感动，真想抱着爸爸大哭一场说：我爱你，绝不能这样早离开我们，坚强起来和疾病作斗争。

其实父亲很清楚，他住的是肿瘤医院，虽然医生说他是肺病在用新方法治疗。但他看到他和其他病人一样在很多地方画着红方块作放疗，我猜他知道他的病是难以治疗的癌症，爸爸心中有数，知道时日不长了。似乎他有很多话要说，但又不知从何说起。这层窗户纸没有捅破，就很难深聊。而且我心里一直在哭没法说话。



在这样尴尬的场面，不停地冷场，我心都要跳出来了，难受得说不出话。只有低着头作事情。最后我轻声地说我要走了。他马上说天不早了，已过七点，到学校就要九点。他想送我，但站不住，就说：小心点注意安全。听着爸爸的嘱咐，心里明白我再也不会听到这样温馨充满父爱的话语，感到血液急速流动，满脸通红。我心痛之极就要大哭，不敢说话，也不敢看他，只是点头，抱起书包，跑进电梯。

## 嚎啕大哭

一进电梯，我就嚎啕大哭起来。

过了一会电梯门开，走进一位年轻很帅的医生。看来他已司空见惯这种场面，看了我一眼，没说话就转身背朝我，让我哭。大概让家属发泄一下是有好处的。只一层他就下去了。到了最下一层，我走出电梯，在镜子里看到自己难看的脸，最好不要马上走到马路上。

我走到楼后面的院子，看到夕阳照到绿油油的草地和小花上非常有生气。让我憋闷的心情慢慢打开，心想我还这样年轻，不能永远沉浸在沉重的悲痛之中。深深地呼吸着这清香的草味，逐渐安静了下来。在回校的公交车上我想了许多往事，为父亲的遭遇难过，生气，惋惜。我真想呐喊，哭诉。但冲谁说？会有什么后果？

爸爸凄凉的惨状时时浮现在我脑中，挥之不去。回到宿舍平时爱说笑的我只是埋头整理衣物，无心与人寒暄，然后就睡下。同学用奇怪的眼神瞟了我一眼，说跟谁玩得这么累，都不理人了。我说早睡吧明晚就没这个床了。

过了一个多月，突然收到姐的来信。我料到这是告诉我父亲去世的消息。写得很简单。我马上报告给牟支书。他说：好，不用再背这个包袱了，好好干。听得是如此冰冷的话语，让我马上冷静，必须表现要划清界限。接着他说将马上报告给上级。我意识到我的"密级"会提高一点。密级对于搞航空的人是一个紧箍咒，把人卡得死死的。

## 宋皇后代，美国华工的儿子

### “蛮人”之地

我家这个赵姓是宋朝皇帝赵匡胤弟弟赵匡义的后代。

南宋败退、没落，最后的小皇帝跑到广东崖山，被元朝灭掉。遗族就住在那里了，至今已有八百年。宋灭亡后这个村也逐渐衰败，珠江三角洲地区人口逐年增长，虽然土地肥沃，但人口太多，又在香港旁边，很容易坐海轮到国外去发展。



那里不仅有赵姓还有其它姓，每一个姓占了一片地。各姓之间经常为了地盘、水渠等问题械斗。只要一个头领一喊有什么姓打过来了，这个姓的男人，特别是年轻人必须拿起长矛、大刀，甚至菜刀，做农活的镰刀、锄头、耙子去作战，很多人就死于这个混战之中。这时的人们就像蛮人。

祖父建渠很聪明，不愿这样玩命，在十多岁时和同村的人跑到美国作劳工。这是十九世纪七十年代，淘金热已基本结束，横贯东西的大铁路也修完了，他就去打工挣钱。

### 与众不同的打工仔

祖父生活在普通的农民家庭，没钱读私塾，更不可能去广州学习。自学识了不少字，可以说是半个文盲。这样的文化程度祖父在美国怎样生活呢？

首先在洗衣店打工，然后到教堂作清洁工，利用业余时间学中文，自然也学英文。这样生活在教堂逐渐可看懂圣经，一步步地听明白牧师讲的道理。受洗是基督徒后，无论做什么工都坚持去教堂做礼拜，这为他回国亲自向村民传道做好准备。

最后到医院作勤杂工。在医院利用在不同科室作勤杂工的良好机会，仔细观察医生护士的工作，利用业余时间去读医学书，也学了一点中医中药。

由于祖父勤奋好学，眼光不停留在挣钱，还要学本领。虽然没钱进学校，但通过边观察边看书，学了很多医学本领。

20 多年来祖父一直惦念着村民。他们生活在没文化，缺医少药的环境，他必须回国，用在美国学的各种知识和能力为他们服务。

在他不到 40 岁时，毅然回到老家，盖了教堂和自己的住房，自当牧师给村民讲道、自当医生给村民看病，又在香港开店。

他结婚生子。共有四个孩子，前三个是女孩，长女十多岁因抽筋去世，二女很早结婚，抗日时随丈夫逃到新加坡讨生活。三女和第四个孩子我的爸爸一直呆在中国上学。祖父是自学成才，虽然在村里当医生很受欢迎，他的名气已传到其它乡、镇，甚至其它县。但祖父清楚地知道自己的身分：没有文凭和学历，在文人眼里就是土医生、土牧师，仍是农村的老土。

## 望子成龙

祖父在美国攒了些钱，又开了眼界。不愿爸爸走他的路。在爸爸小学三年级，不到十岁时与比他大一岁的三姐到广州读教会小学。珠江和其它河流的阻挡，换船或换汽车，非常颠簸。从家乡到广州需一天时间。既花时间又花钱，小小年纪远离父母，只好与姐姐在广州相依为命，寒暑假时回家。

爸爸明白祖父的心，努力学习，积极参加学校各种活动。小学时英文讲演比赛获冠军。还演过外国话剧当皇帝、是主角。

小学毕业后继续在广州上教会中学——培英中学，无论初中还是高中，爸爸都是好学生，特别是国文、英文是全班之冠。聪明勤奋，机智过人。一次培英遭盗贼大规模洗劫，许多男生遭绑架，被索赎金，爸爸机智地躲到树丛逃过此劫。

在培英大家庭的培育下，使爸爸树立了追求真理、敢于直言，为中华民族富强而奋斗的思想。

当时清朝腐败，灭亡。北洋政府无能，无力废除二十一条和收回德国在山东的利益。全国人民非常气愤，爸爸立志将来一定要好好读书救中国。



广东是孙中山的故乡，他在海外推动的反清斗争影响了广东人民，也影响了爸爸。

爸爸知道自己不仅是父亲的儿子，也是国家的儿子，做任何事应该考虑救国。由于来自农村，深感中国农村太落后，认为社会学研究中国城市和农村可以找出一条路来救国。在爸爸和三姑妈保送到燕京大学后，爸爸就把自己一辈子定位在社会学。

关于爸爸高中毕业时的中国环境，燕京人朱宣慈阿姨说得很精辟：民国初年很多有抱负的青年人都想挽救落后的国家，服务于百姓。怎样才能做到呢？一是选择学医，一是选择社会学。她的哥哥学了医，由于当时很多医校不收女生，她就学了社会学。

# 清朝秀才的女儿

## 风景如画

妈妈的祖父是我的曾外祖父，她的父亲枕湖是我的外祖父，我们叫他外公。

据说曾外祖父是浙江镇海一带著名的林姓中医。后来到天津发展，不久在天津也很有名。有极好的收入。

在天津站稳后就把他的五个儿子接到天津，他们的家属仍留在镇海。长子和他学中医。次子是我外祖父，考中了秀才，在天津、镇海两边跑，是两级学校的校长，相当于小学校长。三、四、五这三个儿子在天津新学书院读书。接着三子也学了中医，父子三人的中医力量就更强了。四子学了财经，后来在北京的银行任职。五子考进了清华学堂，庚款公费留美，回国后在天津是银行高管。我只见过这位。我们称他为五公公。

妈妈出生在 1907 年。他们是大家庭，妈妈住在她祖父置备的产业里。宽敞明亮的二进住宅，有菜园、花圃。院前是山，绿绿的树木、五颜六色的鲜花常年开放。旁有池塘，后门外就可见美丽的大江。小船在江中穿梭，风景如画，陶冶了妈妈的心灵。

家中除了保姆外还有长工，妈妈听长工讲故事，到镇上去听戏，受到不少文化的熏陶。又到妈妈的外婆家住，她外婆信佛。大斋日外婆准备好上供的好食品，带妈妈坐船到舟山去拜佛。下了船要走几百个台阶才能到山顶的大庙。小脚的外婆拉着不到五岁的妈妈，实在吃力之极。但这种虔诚之心使他们战胜了重重困难，每年都要去几次。妈妈的童年是无忧无虑的，非常欢快。

## 左撇子

但妈妈的秀才父亲是极端重男轻女的，虐待她，使她痛恨其父。她是个女孩就是一灾，又是个左撇子，更是一灾。这秀才不许她和父母弟弟同住，也不许上饭桌与父母同桌吃饭。只能和保姆吃、住，生活在一起。这使她从保姆和长工那里听到很多故事。当听了女扮男装去考状元、可以做官后，妈妈立志要去考状元，为女子争光。



在妈妈五、六岁左右曾外祖父决定举家搬到天津。妈妈唯一的弟弟我的舅舅五岁时，曾外祖父让弟弟去念书，也把妈妈和她堂姐带上。妈妈极用功，想改变在家中的地位；也想将来能当状元做大事。目标明确，认真学习，不被任何事情干扰。那两个啥都不会，曾外祖父很喜欢妈妈。学写字后，老师帮助妈妈学会用右手写字，字写得很好，得了满堂红。这启发妈妈，一定要学会用右手吃饭，来改变在家中的地位。果不其然，在保姆的帮助下，通过刻苦练习终于可用右手吃饭，由于功课好逐渐改变在家中的地位。

## 大肥差

辛亥革命后孙中山从国外归来，作了临时大总统，定都南京。北洋新军统帅袁世凯被清政府任命为内阁总理大臣。一方面镇压革命，另一方面迫使宣统皇帝退位，使清灭亡。又逼孙中山辞职，袁自己当了总统。但袁不甘心只是总统，结果复辟登基称帝，并把首都从南京迁回北京。这就是北洋政府时期。

秀才外祖父在清时是作不了大官的。但在北洋政府时期，已经不靠清科举制选拔人才。外祖父是个聪明的秀才，在南北分裂状态下就在北京做了财政部的官，这是个大肥差，收入很好。

妈妈十岁时外祖父把家搬到了北京。到了北京，不时地换大房子，住过几进几出的大房子。外祖父送舅舅上私塾，并让妈妈陪读。每天舅舅有小听差陪着玩，经常逃学，功课极差。

这位秀才护着舅舅，迁怒于妈妈，挨打、挨骂是常事。这就是妈妈恨她父亲的一个原因。秀才也和其他做官的一样，逛窑子、娶小老婆，偷偷买新房，金屋藏娇。被外婆发现大闹到不可收拾的地步。这是妈妈痛恨她父亲的另一原因。



## 家庭教师

一天舅舅的小腿被狗咬了。先在北京找医生看，但病情很快恶化。最后请曾外祖父和大公公、三公公来北京看病。三位著名中医也无能为力。家里唯一的儿子离世。外祖父怪罪该房子风水不好，就搬到更大、更好的房子去住。新的房子远离私塾学校，祖父给妈请了一位清亡后失业文人清末“救时宰相”阎敬铭的长子阎迺竹作家教。

这位家教阎迺竹曾中过第二甲进士，历任翰林院的庶吉士，山西河东兵备盐法道礼部主事、陕西商务总会总理等职。曾随李鸿章到西洋各国。见识广、平易近人，除教学外还讲不少国外见闻。

为什么外祖父找这样名人来教呢？因为自舅亡后，外公把希望寄托在妈妈身上，外祖父认为妈妈已在私塾学完基本知识，这时应从论语、孟子开始、接着读左传、资治通鉴。还要修身养性，学诗经、离骚、唐诗、宋词。

阎老师告诉妈妈现没有科举制了，要把目标定在完成小学、中学、大学、读硕士、博士。妈妈的目标更大、更难了。那时不懂算术的妈妈已十多岁，为了能不从小学一年级开始，就花大力气恶补算术直补到高小一年级上学期的水平。

## 街头宣讲



妈妈以第一名的极好成绩考上女高师附小高小一年级，做插班生。上小学后，与在家私教完全不同，接触社会，走出家门。

在家学习期间第一次世界大战于 1914 年在欧洲开战，北洋政府送十万华工去欧战场帮英法等协约国挖战壕，成立中国劳工旅，又有二十万民工在协约国的俄方工作，最后 1918 年协约国胜利，中国是当然的战胜国，但日本也是协约国成员。北洋政府停止对德奥庚子赔款，也提出废除德奥在中国的势力范围、取消对日本的二十一条。结果无能的北洋政府二十一条没取消，德国在青岛和山东的权利没归还中国，倒被日本拿去了。这时首先在北京反对段祺瑞政府的学生运动开始了，经过宣传，市民也都发动了起来，五四运动爆发了。

这时，正是妈妈上高小时期，刚走出家门的妈妈看到墙上的标语，看见拿着小旗游行的人喊着“打倒日本帝国主义”、“抵制日货”、“还我河山”，很是新鲜，也很振奋。

到了学校，老师对他们讲了形势，并让作文好的同学写好讲演稿，到街上宣讲。妈妈就是其一。他们穿着白色中式短衫、蓝布裙子、白袜、黑布鞋。站在街头宣讲，有人好好听，义愤填膺，有人说刺激的话“你们穿的不就是日本货吗”、乱鼓掌、捣乱会场。妈妈非常生气，回校报告给老师。

学校开始组织学生自己生产尺子、信封。很粗糙，只能放在校内卖。抵制日货不能靠学生生产，学生应念书，不久恢复上课。

妈妈效法其她同学，业余时间看大量小说。这时已开始有人提倡白话文。一转眼，妈妈小学毕业，想考最好的中学师大附中。阎老师帮妈妈全面复习、出作文题让她做，帮她改。最后考取第一名。但智力测验仅得第三名，妈妈为此非常懊恼。

上中学后很多课用英文课本，各科难度加大，这位私教怕妈妈过累，就停止了授课。妈妈很是遗憾没学完“资治通鉴”。

在中学六年期间自五四运动后，事件不断：巴黎和会、五卅运动、抗议北洋政府勾结日本，签卖国条约。五四运动后新文化运动、写白话文，中国要走新路等，妈妈积极参加各种活动，思想有所触动。

此时俄国的十月革命也在北京的知识分子中传开。李大钊就是北京的代表人物。后来被北洋政府绞死。新形势冲击、分化中国的知识界。大家思考政府腐败无能，怎样才能救中国呢？这就是妈妈爸爸上中学时的时代背景，他们都要做出选择。



## 桃花源在哪？

妈妈 1925 年高中毕业，学校保送她到师范大学学习。

妈妈上小学时五公公正在清华学堂学习，请妈妈去玩，妈妈一下子被美丽的校园所吸引，高大的楼房，身着西服革履的年轻潇洒的大学生，妈妈立志以后要上清华大学。但高中毕业时清华只收男生。妈妈曾在福音堂学英文，老师是美国人。向妈妈介绍了 1919 年由几所美国教会大学，合并建立的燕京大学，正在清华旁盖一座比清华更漂亮的大学，毕业后可去这所大学。妈妈担心英文能力不能胜任教会大学的要求，就安心地到已保送的师大学习。

在这样动乱环境里，经常罢课。可住在家里的妈妈讯息不通，她经常抱着大书包去上课，结果白跑一趟。三一八惨案发生妈妈既痛恨当局、更痛惜倒在血泊中的年轻生命，妈妈认真地参加游行，却担心政治运动影响学习。她认为燕京大学是教会学校，可能不会有这样多的运动。为能考上燕京，妈妈花时间去恶补英文，最后考入。到了燕大，一进校门就看见三一八惨案燕京数学系学生魏士毅的烈士墓碑。妈妈这才认识到军阀混战的年代，没有世外桃源。

# 父母成了燕京大学的学生

## 美国校务长会中文，新校有名师

爸爸妈妈和三姑母都是1926年进入刚建好的美丽西郊燕大的。

爸爸和三姑妈是广州美国教会办的培英、培真中学保送来的。爸爸学的是社会学，三姑妈学的是教育学。

妈妈是从北京师大附中考入的。自幼有很好的中文功底，又喜爱中文。她认为来自国立中学，英文能力比不上教会学校的同学，就选中文系。

开学后很快见到会说中文的司徒校务长。他平易近人想办法记住新学生，这让爸妈三姑母这些新生很受鼓舞。

虽然这是个新学校，但妈妈看到他们的老师都是中国的著名教授。例如：钱玄同的中国音韵学；郭绍虞的中国文学批评史；俞平伯的中国小说史；熊佛西的论戏剧创作；杨振声的外国文学；冰心的新文艺习作；郑振铎的敦煌文学等。

他们也注意到学校非常重视基础课：大一、大二必修国文，由第一任校长吴雷川亲自负责和教学。英文更是大一、大二的必修课，由许多英美文学研究方面造诣高深、有丰富教学经验的专家来讲授。还编有本校专用的教材，实效显著。

当同学知道妈妈来自师大附中，中文很好，就选她做燕大周刊、月刊、校刊的编委。除了做编辑工作外，她还经常写文章甚至小说登在学校刊物上。

妈妈虽然中学学过英文，分数优秀，又恶补短时，但这样的英文是不容易听懂老师用英文讲课的。好强的妈妈为此花了极大力量。在这样大的压力之下，又不运动，把妈妈累倒了，她得了肺结核住进了隔离病房。按美国方式治疗：在严寒的冬季也必须整天大开窗户通风。妈妈说冷死她了，但肺病好了。

妈妈仍然是好学生，在这四年的学习中妈妈也选学英国文学，用古英文读完了沙翁的十二个悲喜剧巨著，多么不易。

爸爸是社会学系冰心丈夫吴文藻门下的高材生，妈妈是中文系冰心看好的高材生。

妈妈从大一开始就有冰心的课，老师让学生做的第一篇作文就是自传。妈妈写了她父亲的重男轻女，和自己的雄心壮志。这引起冰心的注意，从这时开始她就非常关注妈妈。妈妈对这位老师特别尊重和敬爱， 我们从小就称冰心为太师母。

这也是燕京的一大特点：师生关系非常融洽，教师平易近人，学生尊重老师。



爸爸在大学里有四个好伙伴，毕业后付世仕、温金铭、胡俊彬三位是广州、香港培英中学校长，另一位是太师母冰心的弟弟谢为杰，曾任化工部总工程师、全国人大代表。他们说外号小广东的爸爸人缘好，既有广东人的聪明灵活，又认真好学。冰心对爸爸很赏识，曾请到他们家做客。

## 严格的管理

妈、爸和三姑妈三人不在一个系，有意思的是三姑妈和妈妈分在同一屋。

在这美丽的校园里，管理非常严格。男女生除在教学大楼，课堂上，图书馆相见外，其它要在访问时间才可互访。

美丽的未名湖是男女生分界线，只有一个极小的桥把两边连起来。这个桥有开门时间，每个学生必须遵守。爸爸从小学三年级起就由这个相差一岁的姐姐带到广州教会小学去读书。两人一个班。我猜如果没有我的父亲，祖父是不会花大钱让她这个女孩到这样好的学校去学习的。这就是说爸爸一直由三姑妈照顾的。在她的面前爸爸是很娇惯的。现在他们两个被湖给分开。淘气的爸爸就以各种理由到女生宿舍去找姐姐。

爸爸在那里看到了这个江南大美人我的妈妈。妈妈出生在浙江镇海在海边吃大量鱼虾等水产品长大的。从小娇生惯养，没受太阳暴晒、风吹雨打，所以皮肤白皙透亮非常漂亮。爸爸称妈妈皮肤是大缎。爸爸很快就被这个美人吸引了。三姑妈看在眼里，不再作“电灯泡”，还经常为他们创造接触的机会。

妈妈去世前七十多岁曾住在我校北航，许多人看到她后都说这么老了相貌还如此漂亮，皮肤还如此洁白，肯定是没吃过苦的阔人。

爸爸好运动妈妈不爱动。冬天的滑冰课爸爸这个广东佬都会了，而已住在北京十多年的妈妈还不能在冰上滑行。

# 燕京大学毕业后

## 爸爸自费赴美留学

祖父打工回国后带回国的钱除了在老家使用外，还在香港开了几个店铺，有餐馆、布店等。他忙于做牧师、做医生，不能亲自管理生意。虽然雇有管理人员，但总觉没真正用心。他寄希望于爸爸，给钱让爸爸自费出国留学，要求他到美国完成博士学位，回来后帮他管理、经营生意。





爸爸由他的老师推荐到芝加哥大学跟随当时美国社会学著名的教授学习。由于努力钻研，认真思索，虚心向导师学习，深受导师器重，聘为教授助手，从而经济自主。后由于学派的不同，该教授就到另一社会学著名的密芝根大学去任教，父亲也跟了过去。

在美国的学习期间利用他们极好的图书馆，大量阅读美国和欧洲著名社会学家的论著，也包括马克思、恩格斯的著作如资本论等，并参加了美国城市社区的社会调查。

根据爸爸上大学时每年暑假回广东所作的社会调查，和在中国大学期间所作的各种调查，在燕京写了学士毕业论文"广东新会慈溪土地分配调查"的经验及在美国所学的心得，最后仅用三年在 1933 年写出了五百多页的英文论文"从分与合的观点对中国的一个区位学的研究"，获得了博士学位和金钥匙。

也在这年爸爸的另一篇英文论文"中国人口论"在美国出版。爸爸的人口论是不同于马尔萨斯静态的纯粹生物学和技术论的研究途径，而是强调人口应在社区之中探讨，要与土地、社区文化联系起来。爸爸开创了用动态的观点研究人口问题，是一大进步。

姐夫在八十年代到美访问期间访问了爸爸学习过的这所大学，也去寻找过爸爸曾写过的文章。我在美国 2000 年从芝加哥反回纽约时专门开车去了一趟他的大学。这个大学座落在一片丘陵地区，绿树环绕非常美丽。但 70 年过去了，现在的大学变化太大，除了大楼没变外，父亲照片中当年的场景一点也看不到了。

爸爸获学位后，就决定回国工作，完成读书救国的理想。爸爸一心要救国，不想离开已花七八年的时间学习研究的社会学。况且对作生意一点也不懂、也没兴趣。更不愿陷入这复杂的裙带关系中。1934 年在燕京社会学系主任的聘请下，爸爸接受了邀请到母校作副教授。

爸爸和祖父的矛盾相当激烈，一般留学生得博士学位回国后都会马上回家去看望养育自己的父母。但爸爸不回家也不服从祖父的命令，自做主张在燕京工作，使祖父非常生气和伤心。直到三年爸妈完婚、姐姐出生后，爸爸这才独身去老家看父母，是否太不孝顺了？



## 拿粉笔的妈妈在北平拼命

1928 年妈妈还在大学学习时，北洋政府在北伐成功后被推翻，外祖父财政部的肥官差结束了。由于大老婆容不下这二老婆，外祖父带二老婆跑到上海生活。临走前对妈妈说，他已经把妈妈培养出来，以后北平这个家的生活由妈妈自己挣钱养家。

妈妈，外祖母，和她妹妹被她父亲抛弃后，非常痛恨其父。妈妈好强，刚一毕业就马上找工作，上哪找呢？心想在中学是优等生，就首先到母校去找，得到了第一份中文教师的工作。为了多挣钱又在其它两三个学校作兼职教师。为了节省体力和时间，包了一辆洋车，在北平城里到处教课。这样就不需笨拙地骑着她的女车到处跑了。

她还利用业余时间与后来学音乐的中学同学编写了一本中学歌曲集，这些歌充满抗日爱国的激情，很受欢迎。用稿费买了一架钢琴，这就是后来我们姐妹三人学琴的工具。

1931 年震惊中外的九一八事变，日本占领东三省，为了宣传抗日，妈妈和几位燕京毕业生创办女青年社，并发表文章在北平“晨报〞的副刊上。号召知识女青年走出家庭、抗日救国。妈妈用各种笔名发表小说、散文。被她的老师、著名作家冰心关注，鼓励妈妈出版选集。妈妈选出十几篇，出版了“娜拉的出路”。冰心写了序言：“…….描写得很细腻，很深刻，……写出时代的叹息和呜咽……”。



冰心非常关心青年作家，主动承担培养年轻作家的责任。后来女青年社的成员走了许多，妈妈一人承担写作的责任，每周一版面的文章，又要教三个学校的课，实在是心有余而力不足，只好停刊。为了提高自己的业务能力，1932 年考入燕京大学研究生院，攻读中国文学。

## 门不当户不对的婚姻

在这四年大学里爸妈相识、相爱，但还不到结婚的火候，爸爸出国深造，他们就分开了。

在美国爸爸曾与教授的女儿交往过，但还是觉得妈妈最好，回国后向妈妈暗示了这一想法。

妈妈独自在北平期间，也曾与大学同班的一位江南才子张叔来往密切。张的中英法三国语言全可运用自如，有江南人的文采，气质优雅，温柔，很会照顾人。他和妈妈有共同爱好：喜欢听京剧，还能唱一些选段。也喜欢拍照，且可自己冲洗放大，这最能吸引女孩，妈妈也和其他女孩一样被他吸引。

但如果说得不客气就是有些娘娘腔。在得知爸爸回国后，仍然想与妈妈好。妈妈是费了不少心思考虑选谁的。最后爸爸广东人的豪放大气、直爽、真诚、男子汉大丈夫、帅气、英俊站了上风。

当妈妈把她要和爸爸结婚的想法告诉外婆和秀才外公后，外公根本瞧不起这个华工的儿子。认为妈妈从小住在几进的大宅院里，有女佣、长工、丫环照料，一直住在天津、北平大城市。怎能去住农村自盖的土砖房，怎能去照料她的公婆，和她的子女。简直太不门当户对，如果结婚妈妈就要吃苦、受罪。所以坚决不许。

妈妈强调爸爸留学回来，有博士学位，又受聘于燕京大学，前途无量。外祖父认为这有什么了不起，他家里穷、没学历的农村土牧师、土医生，怎会赚到大钱，来支持这刚结婚的小夫妻？光靠刚工作的爸妈拼搏，哪会有好生活？秀才外公认为找个阔人结婚，妈妈才不会受苦。

爸爸去看望外婆，让外婆了解他。相信他能给妈妈带来幸福生活。保证妈妈不用去广东照顾公婆，去“蛮人”之处做老板娘。外婆亲身感到爸爸对妈妈是衷心的爱，是很有能力的年轻人，他俩会是幸福的一对，同意他们结婚。住在上海外公的反对已不起多大作用。妈爸可以结婚了。

在确定要与爸爸结婚后，妈妈就把那位江南才子介绍给她的表妹，他们很快就结婚生子，实在不幸的是在生完两个儿子后，这个表妹就因病去世了。这位才子非常悲痛地离开了北京，到江浙工作，再也没结婚。把两个幼子托付给了他的姐姐。这位带着两个男孩的姐姐一生也没结婚，最后由小儿子照顾到她与世长辞。

他的大儿子雷哥是燕京的毕业生，为了解决生活开支，在上大学期间，曾在燕大附中教课，是我动植物课的老师。但因病较早去世，不能照顾和孝敬这位如妈妈一样的姑姑。

他的小儿子宏哥比我大 4 岁，是清华航空系学生，后合并到北航，1956 年毕业留校。我上北航时就听说他在这个大学，但我一直都不知道他在哪个单位。文化大革命时我见到他，与他曾在同一个单位，也一起带学生去实习，及科研合作，曾告诉他这个故事。文革中后期，妈妈从姨和干妈那里知道这位江南才子回北京定居，妈妈和我说起。我猜妈妈是否想与他做个老伴呢？为了帮妈妈了解更多情况，征得妈妈同意，带宏哥在人民大学见了妈妈，妈妈和他聊起往事，问候了他的父亲。

过了一段时间妈妈告诉我这位老朋友不合适，因为解放前在南方他给国民党工作，我们的爸爸是右派已经让我们的出身变坏，如果再有一个国民党的人成为亲戚，这将给我们造成更大的负担。所以爸爸去世当时只是 52 岁的妈妈，一直守寡到她去世的 79 岁。

## 爸妈婚后在燕京大学的奋斗

在冰心的精心筹划下，由司徒雷登证婚，举行了简朴隆重的婚礼，爸爸妈妈结婚了。他们安家在燕东园的 38 号。在他们搬入后，邻居间传开了，这里来了一对才子才女，不仅有才，两人相貌也很般配。

那时中国妇女上大学的不多，出去工作挣钱的更不多。妈妈既完成大学，正在学硕士，又一直工作挣钱，所以妈妈很突出。

我们三姐妹全都是林巧稚医生在协和医院接生的。姐姐出生后，受到邻居们的关注，她们教妈妈怎样照顾婴儿，洗澡、喂奶等。妈妈从小只会念书，家中有女佣，家事一点也不会。这些热心的邻居，就是最好的老师。每隔两年又生一个，家里人口增加，就从 38 号，搬到 23 号住。

姐姐会走后又得到邻居大姐姐、大哥哥的喜爱，真是一个活泼娃娃，大家逗她，让她唱歌，她就大大方方地唱，那时话还讲不清楚，唱的歌谁也听不懂，但他们就要这样逗她，还拉着她到处跑。

我出生后已不引人注意，且也才两岁多，跑不快，所以经常一个人站在游戏场，自己玩。

我们住在这里直到日本兵进入燕京，燕大关门。

## 妈妈获硕士

父母婚后每个人都想进一步奋斗。开始妈妈继续在这三个中学教课，但因怀孕，城里城外的跑，把妈妈累病了。请人代课后，丢了工作。

妈妈有了父亲的经济支持，就想赶快拿到文学硕士学位。不顾流产的痛苦，接着又怀上了一个，趁着小孩还没出生，抓紧时间，师从郑振铎、董鲁安等燕京著名文学大师，在姐姐出生前完成了”水浒传的社会意义“硕士论文，并进行答辩，拿到了燕京文学硕士学位。

那时燕京的规定是夫妻二人不可在同一大学工作。交通不便，妈妈无法在城里继续教学，就在家里写小说和文章发表在各种文学刊物上。

妈妈是个工作狂，凭着年轻力壮，一有想法不论白天黑夜就坐下来写，日积月累失去了规律的生活，得了严重的失眠症，必须靠安眠药生活。



1937 年七七事变日本占领北平，但与美国没有宣战，燕京照办。很多不想到内地去上学的学生，就上燕大，学生暴增，妈妈被聘为燕京国文教师，有了固定的工资。

## 丰收年代

爸爸回国后从 1934 年下半年直到 1941 年珍珠港事件日本向美国宣战、燕京关门前，是成就最大、最高产之年。他已成为中国系统研究人文区位学第一人，为燕大社区研究学派的兴起提供了重要的理论和方法论的支撑。

爸爸在燕京社会系工作期间共开设过十多门课，许多课自己写讲义发给学生。除了教课外，用中英文发表大量的论文、著作。为了发表论文，需要收集大量资料，爸爸写的中英文卡片两万多张，装满两个大卡片柜。爸爸被认为是社会学的多面手。

十年前姐姐、姐夫、妹妹、妹夫到北大内原燕京图书资料部分和北京图书馆、国家图书馆甚至国外查找，就发现了中英文共 45 篇，这些论文除他的专长：都市社会学和人口学外，还有对中国社会经济情况、社会调查、社会学如何发展和研究方法、社会学的建设，等多方面的文章，一直到解放前发表的中文著作、论文共 39 篇，英文论文著作共 8 篇、英文书评共 11 篇，总计 58 篇。

同时他们也找到妈妈的各种小说、散文、论文 24 篇。

非常可惜的是爸妈没有好好保存自己的作品，经过抗战日军进入燕京，许多资料的丢失，又经过院系调整，社会系的取消使得更多的资料的流失。最后文革的大抄家，即使保留在家的著作论文也被抄走，当作垃圾被那些人扔掉，所以我们无法确切地知道他们的成就。

1937 年社会系主任吴文藻教授到西南联大任职。爸爸被任命为该系主任，是当时燕京系主任最年轻的，从这时开始做到燕京消失。爸爸用更大精力去建立中国自己的社会学，不想仅作文字，名词，定义的讨论，而想找到一条适合中国国情的社会学研究道路和方法。

在美国有许多较大的城市，他们的社区已比较发达。社会学对城市的研究已有经验和方法。理论也比较健全。中国人口最多的地方是农村，那里非常落后，社会学帮助中国农村发展是一个非常好的课题。

建立基地，深入农村实际，寻找社会学的研究方法。爸爸参加在北京郊区清河镇的综合调查研究，为燕大社会系和经济系开辟了平郊村基地。七七事变后，冒着日伪特务监视的危险，经过多次细致的调查和考察，最后选定在清华园附近的八家村为燕京社会学的基地。为科学研究建立了实实在在的实验室，在大量调研的基础上写出了许多有建树的调研报告和论文。较早地引领燕大社会系实地研究的风气，为后来的社区学派的繁荣奠定了基础。

爸爸有严重的花粉过敏症，但每年爸爸仍坚持亲自带学生到那里作调查，我小时翻爸妈的相册曾看到许多爸爸带着学生去实习的照片，他们穿的是接近农民的土棉袄，推着自行车，与农民的合影。

爸爸 1959 年去世后，我想留一张他的照片作为纪念，虽然他是右派，但他是我的父亲！为什么不能留一张他的照片呢？我就去翻他们的相册，在一个小信封里有一张他 1948 年去美国为办护照所照的多余照片，这年是他 40 岁，非常英俊，非常帅气，很有活力。我“偷偷”地留了下来。

文革时妈妈怕造反派抄家就把爸爸的全部照片烧掉，实在太可惜了，其中包括爸妈的结婚照。我非常后悔，那时应当多“偷”几张。爸爸很会照相，他有许多好照片，是我非常想要的。但妈妈还健在，我怎能拿走他们的好照片？



在文革后我放大这张小照片，放在房间里，后来又带到美国，放在我的客厅。一些朋友看后问：他是你的丈夫吗？我说：不是，是我父亲。他们露出怀疑的眼神，我说这张照片十年后他就去世了。

在我家里放着的是父母年轻的照片，我想留下父母最漂亮形象，这与大多人家不同，他们放的是父母老年的标准照，很庄严肃穆。这不是我的性格。

我出生在这个战乱时期的 1938 年，祖父盼望和平，给我名字‘平’，又按社会系教师的约定大家子女姓之后的第一个名字是相同的。1940 年妹妹出生。我们姐仨由学幼师的老师带着，爸爸妈妈仍然拚命工作。

当时的局势紧张，他们不爱看敌伪报。爸爸就常去看路透社，美联社电讯。晚上到有高级收音机的朋友家去听重庆，延安，美国之音的广播。经过综合比较分析把所知道的情况讲给学生。有时请学生到家里来开秘密会议，宣传抗日，分析形势，指出日本侵略中国决没好下场，一定以失败告终。大大鼓舞听众，很受欢迎。这种情况被日本特务掌握。成为日后日本抓爸爸的理由。

# 在日本监狱内外

## 爸爸被捕

1941 年 12 月 7 日我过三岁生日后的那个夜里，在没有宣战的情况下日本偷袭了美国的珍珠港。前几天并没有这个迹象，燕京的教授们没有半夜用无线电收音机听超短波新闻的习惯，爸爸也是这样。虽然北京被日本占领，但燕京是世外桃源。从没想到日本敢与美国开战，所以照往常一样骑车从燕东园到贝公楼去教课。

日本宪兵进驻学校，他们认为燕京是抗日的大学，有许多抗日分子及共产党员。就把他们所掌握的抗日教师、学生三十多位带走，校长和爸爸就在其中。很快这个消息传到燕东园。日本宪兵宣布学生两天后必须清校。

爸爸被关到什么地方？怎样救他们？教职工家属肯定不久也必须搬家，怎么办？平日爸爸是一家的主心骨，妈妈不用操心，只管做学问。现在爸爸妈妈不工作没有了工资，家庭收入就成了大问题。首先不能用这样多的家庭服务员，只能保留一位。妈妈从来不会带孩子，现在自己要带三个小不点儿：五岁、三岁和一岁，实在不知该怎么办。

妈妈着急地往城里打电话，找外祖母和姨商量。结果是把老二送到城里，由他们先带着。然后赶快搬到他们那里一起过，合用一个保姆，以节省开支。妈妈又到校长陆志韦太太家打听他们怎么办。他们都是江浙人，北平没有其他亲戚，五个上中小学的孩子，先帮她搬出燕京住在城府街，等校长出狱回来再说。

## 发疯的小老虎

姨来燕京说带我到城里去玩，好动的我只要妈妈同意就行。到了外婆家吃得好，外婆，姨，和保姆赵老太三人陪我玩。高兴得很。

天逐渐黑了没人说送我回家。我在哪睡？为什么不见妈妈和爸爸，他们不要我了？认生，害怕占据了我的头脑。我大哭大发脾气谁也弄不了我，刚才还是一个听话顺从的小可爱，现在就象一头发疯的小老虎。边哭边跑，又跺脚，又打人，不许任何人碰我。我觉得他们骗了我，再说也是骗我，不会带我回家的。



通常一个小孩大哭大闹一会累了就会睡着，怎么已经快十点了都停不下来？他们干着急不敢打我，家里没电话，这样晚了对面店铺已关门，无法给妈妈打电话让妈劝我好好睡觉。

他们想了一个主意：叫了一辆三轮车，外婆、姨坐在车里抱着我。大毛毯盖在我们身上。车夫把棉帘子掩上又把棉的车顶棚扣下来。弄好后跨上车走了。我被漆黑的夜晚弄得发蒙。

过了一段时间突然看到了五光十色的美丽的灯光，太美了，我从没见过。生活在燕京，晚饭后玩一会就必须躺在床上睡觉，好让我们的老师按时下班。这美景给我太大的刺激，让我安静下来，沉浸在美丽的夜景里，最后安静地进入了梦乡。

这一段故事是外祖母的、也是解放后我家的老褓姆赵老太告诉我的。一直到我已经工作后，在我脑子里仍经常出现这五光十色的闪亮。我问她这是怎么回事？她说这是王府井的夜景，是各商家门前的招牌和广告的灯光。然后仔细讲了上面的故事，妈妈也证实了这段实情。她说那时太困难，让外祖母和姨受累了。这个灯光至今仍留在我的脑里，成了抹不掉的记忆。

## 妈妈探监

我走后妈妈又把姐姐送走，只有妹妹跟着她。没搬出燕京之前，这些同病相怜的妈妈就开始打听消息找人。找到后就一起结伴去关人的宪兵队送衣物和吃食。

没过一个月宪兵命令全部职工家属必须搬出燕京。妈妈就带着姐姐、妹妹和全部东西来到外婆家。原来只三人住的四合院，现在要住进五口另一家人，并且还带来曾摆在燕东园两层楼的房子里的全部家具。

外婆和保姆仍住在朝南的大北房。姨和全部不用的家具在西屋。我们三人住在东屋。爸爸回来后将与妈妈住在暗无阳光的南屋，这里放着妈妈出书所挣的褐色钢琴。我们的厕所饭厅也在这边。

一切安顿后，妈妈经常外出打听爸爸的消息，送吃食和衣服。两个月后知道他们已从宪兵队转到了监狱。说明要审判，且不许再送吃食，不知是否回得了家。担心爸爸受刑，担心没有正常饮食身体是否扛得住，还担心父亲最后判什么刑，是死是活，妈妈经常流泪。

我们姐妹实在太小，无法为妈妈解忧。我们都变得很懂事，不出声，不吵架，自己玩。妈妈每周一次打包送衣服。在燕京时妈妈们可以结伴去，离开后大家住得很远，只有自己去送。曾碰到日本兵撒野，幸运的是没得逞。妈妈不敢再独自一人去，东西太多又重。我们太小，又走不动。没法陪妈妈去看爸爸，妈妈只好每次约一位妈妈一起去。

## 团结抗敌

日寇怀疑爸爸是共产党，对爸爸威胁利诱，说：他是共产党党员、去过莫斯科。有共党党员已说了很多爸爸的情况，这人已经为日本干活受到很好待遇。

爸爸识破敌人利诱的手法，机智地与他们周旋说：谢谢“好意”的劝说，但他没做什么事，他根本不用害怕。在让爸爸交代抗日团体时，爸爸说他只知道法定团体，没参加非法团体。

气得审讯官举起右拳猛击殴打爸爸。

总之日寇总想审问时得到更多的情况，其实这些燕京人都不是共产党员。只是痛恨日本侵略中国，作他们力所能及的工作来支持抗日。在监狱中，虽然不许他们说话，他们想方设法用各种办法联系，团结一致，互相支持，互相鼓励献计献策，来和日本宪兵进行斗争。

他们坚持在狭小的室内做操，祷告，甚至隐蔽地讨论学问，积极地生活，从没有被打倒。日寇想羞辱这些人，有时只给一只小木棍来吃饭，沙子多得要命，没法吃，爸爸把沙子挑出来让日本看守吃。

由于没有东西吃，天寒地冻，所以开始陆续有人生病。感冒，咳嗽是小病，但传染病是最可怕的。监狱里有了斑疹伤寒，总务长蔡一鄂伯伯第一个传上了。紧接着爸爸被虱子咬后也传上了，高烧昏迷两周，几乎要死。陆校长得了急性痢疾，拉稀，没手纸，撕衣服来擦，最后严重脱水，倒在地上不能动。日本怕这些著名教授死在监狱，国际影响太大，只好提前释放这些重病号。

## 艰难岁月

### 乞丐进家宅

当时三岁的我对于父亲只有概念没有印象，天天跟着妈妈念叨希望爸爸早回来，希望妈妈不再流泪。

1942 年五月的一个漆黑的夜晚，似乎没有月亮，我们正准备睡觉，突然有轻轻的敲门声。我们住进来后，晚上从没敲门声，没有人晚上来我家。好动的我带着极大的好奇心，赶忙向大门走去，住在大门旁边的赵老太抱着妹妹去开门，后面紧跟着外婆，我远远地站在二门口望着大门。

门开一个小缝只见一个极脏的乞丐站在门口，门外还站着一个洋车夫和他的车。保姆迅速关上门。

只听外面这个乞丐说：娘，是我。

外婆赶快边开门边喊妈妈，告诉她爸爸回来了。外婆付了车钱说了谢谢就关上大门。妈跑出来，我跟在后面，想一个很重要的人来了。

这人如此之脏，如此之弱，大长发，大长胡子，已是春末，还穿着大长棉袄，大破脏棉鞋。这个家里不可能有这样又脏又怪的人。看到妈妈竟如此地高兴，小脚的外婆走路也显得轻快了不少，保姆也很高兴。

妈妈搀扶着这人向南屋走去，我远远地跟着，不想回到我的东屋去睡觉，非常好奇地想知道这个脏人是谁。

进屋之后这个脏人突然转过身喊：老大、老二你们不认识爸爸了？

妈妈接着对我们说：叫爸爸。

我这才明白他就是我日夜想念的爸爸，他就是让妈妈成天愁眉不展流泪不止的人。他就是每周妈妈为他去送东西在监狱的那个人。我似乎明白日本监狱是一个会把人变成不象人的地方。我应当按妈妈说的做，但我喊不出来。呆呆地站在那里看着这个穿着奇怪的脏人。爸爸妈妈没有勉强我，就说天不早了回屋睡觉去。

后来几天我都没有见到爸爸，妈妈说他病得厉害，要卧床休息。每天早上妈妈向往常一样用自行车推着姐姐和我去艺文幼儿园，下午接我们回家。她的脸上有了一点笑容，但家中没有收入，祖父偶尔寄一点钱，怎样算计也不够。

一天放学回家见爸爸穿着睡衣坐在椅子上晒太阳。这时我才相信他是我的爸爸。从这天开始他和我们一起吃饭，晚上帮助妈妈给我们清洗，叫我们去睡觉。为了节省开支，每晚的剩米饭由爸爸做成饭团。第二天早上切片，放在平底锅上煎一下，放点盐就是一顿极美的早餐，不需配其它吃食了。他想教我们英文，每天给一两个单词。在厕所时教我们“肥皂”，在餐桌上教我们“汤”。我们没表现出兴趣，妈妈也总打退堂鼓，没多久就停了。等我工作后想学英文时真后悔，当时如果好好学至少会口语或发音会比较正确。



## 告别与送行

爸爸身体很弱，在家里呆了半年多没出去过，偶尔有人来看他，有的是告别到延安，有的是告别去成都燕京。妈妈硕士论文导师董鲁安教授是满族人，日寇逼他到满洲国去做官，他坚决不去，来告别说“到最光明的地方去”（解放区）。妈妈听后很激动，也很想去，但儿女情长，没去。后来说起这事还感遗憾。

有一天来了一位又瘦又矮的容伯伯，开始没引起我们三人的注意，但听他说话很困难，总先说几个“点、点、点”才能往下说，我们就笑他，并且学他。他走后我们仍然开玩笑来学他。这次让我们认识到学话年龄的孩子千万别学口吃的人说话。

容伯伯是文字学家容庚教授。1927 年到 1941 年燕京沦陷前是容伯伯最高产之年，主要是发表了九本书。其中“金文编”、“商周彝器通考”是举世闻名的巨著。他的前半生奉献给了金文和商周铜器研究。可惜抗日胜利后回到广东，不能继续利用故宫博物院作研究。后半生在岭南改变研究方向，致力于古代书画篆刻的研究。

爸爸可以出门了。有一天早上我们刚梳好头穿好衣服，爸爸说我们全家去一个人家送行。因怕他们走得早，我们先去送行，然后回家吃早饭。

这个房子很小，很矮，一个小院子。我们进去就觉得太拥挤了，由于马上离开，已经没任何家具。他们全家正席地而坐，开始吃早饭。

我们都站在墙边，早饭很简单：一大锅稠粥，和一碟咸菜。这时不到两岁最小的女儿三三，突然要上厕所。她自己站起来，还走不稳，一步就把粥锅撞倒，粥撒到她的小腿和脚上。她大哭，她妈妈不去看她是否烫伤，而是打她，骂她不看道，把走前最后一顿饭踢翻，大家没吃的了。我看后吓坏了。妈妈劝她别打三三，赶快找点吃的上路。爸爸和他们的爸爸说着送行的话。并说实在对不起，来得不是时候。说完我们就走了。

回来的路上我问爸爸他们是谁，要上哪去。爸爸说他们是我们的远房亲戚，从辈份他们的爸爸占元和我们姐妹同辈，但他比爸爸大 7 岁左右。他们在这里没法生活，要去成都工作。妈妈接着说，她们的妈妈梦玉很勇敢，坚决带着和我们差不多大的孩子三三哥、三三姐和三三一块走。可能要走几个月才能到，一路上会是非常艰苦。

妈妈说如果爸爸能离开这里，她也害怕要带着我们一起走。肯定先把我们托付给外婆，她们自己先走。

看了她们家让我知道日本人来了不仅把爸爸这些人捉走，

而且把普通人的生活打乱，要去逃难，多么可恨。另外也看到因为有外婆，我们少受很多苦。我们有大房子住，有保姆照料。吃的比过去差太多，杂和面里有许多沙子，但有钱还可以买到，还没缺过顿等等。真是应该感谢外婆的照顾。

## 决不为白米、白面折腰



日本的统治，生活的艰难，没有工作。在爸爸出狱前有“好心人”来我家做说客，可以帮妈妈在伪大学教书，有白面吃。妈妈坚决回拒，宁可饿肚子、吃混合面，也决不为日本工作。妈妈说不能折腰。

爸爸出狱时日本人不许他离开北平，但希望他为伪政府，或伪政府办的学校工作。他和妈妈说虽然已是亡国奴，但一定不能失去自己是中国人的尊严，决不为他们干活。

日本投降后爸爸曾对他的学生说过这个煎熬的岁月。他幽默地说“沦陷那几年，把沙发都吃掉了“。的确如此，妈妈卖掉她结婚嫁妆，首饰，连外婆也卖掉她的首饰和家具，来接济我们。祖父也不时地从南方寄钱来。

爸爸的情绪非常不好，不爱说话，也不爱笑，很严肃。只是偶尔会唱几句美国歌曲，甚至在钢琴上弹几句，有时会把妈妈抱起来转一圈。这时是全家最高兴的时候。爸爸晚上写他的‘狱中杂记’，白天买菜，帮助妈妈照顾我们。

他的情绪总不好，妈妈同意他到朋友家去打桥牌，一去就是两天左右，回来后很睏，但比较高兴，他总会讲朋友的太太做了什么好吃食，有哪些人一起打的。他们聊了许多情况，这使他情绪有点好转。睡够了脸上有点笑容。

夏天的黄昏有时把我们放到他的男车上，和妈妈一起带我们到中南海乘凉、散步。周末妈妈带上食物，全家到中南海或中山公园去野餐。

我喜欢出去玩，但不喜欢妈妈给的吃食。最受不了的是每人要吃一个煮得很老的鸡蛋。只一点水，又没有其它东西就着吃，干噎得眼泪都流出来了，还没吃完。妈妈催我：好好吃完，这是营养，必须吃完才会给其它吃的。而且没有凳子，坐在石头或土地上，不舒服。所以从那时起我就不喜欢野餐，即使是在美国人家的院子里。

妈妈不会作饭，也不想学，有一天听说有什么流行病，据说吃洋葱会有帮助。妈妈买了一些，就用水炖一个个完整的洋葱，让我们每人必须吃完才能吃其它。我吃第一口就觉得太不好吃，越吃越恶心，真想吐，一个晚上只好慢慢吃，没有吃其它的东西。我看大家都不喜欢，谁也不说就是了，而且以后再也没这样吃过。

我长大后才明白切洋葱眼睛极难受，最简单就是妈妈的做法。其实洋葱做好了是很好吃的，有许多做法并不复杂，只是妈妈只讲营养，不讲味道，怎样简单就怎样做，这就是我的妈妈。



## 数学家和钢琴老师喜结良缘

有一天，爸爸妈妈告诉我们，姐姐的钢琴老师韩德常姑姑要结婚了。让姐姐去提花篮，让我当个小男孩端戒指。

姐姐喜欢天蓝色，就给她做了一件白色兰边丝绸上衣和天蓝色丝绸裙子的连衣裙，非常漂亮，我好羡慕。

我的是一件白色小男孩的衬衫，和黑色小男孩短裤，还有一个黑色的小领结。我一点也不喜欢。

那天，我们在家里梳妆打扮，姐姐由妈妈管。我由爸爸管，这一次真让我感到了父亲的温暖。爸爸先给我穿好衣服，戴好领结。然后认真地给我梳小分头。先在左侧分一个缝，由于我头上有个旋总也梳不好，最后就用了一点水才把头发梳好。他脸上流出满意的微笑，并没有让我照镜子，我不知道是什么样。

在婚礼上我看到极漂亮的新娘，和个子极高又瘦的头发稀疏的新郎徐献瑜叔叔。姐姐极其自信地提着漂亮的小花篮走在他们之后。我走在姐姐后面，双手捧着放在漂亮盒子上的戒指。我胡里胡涂，似乎不会走路了。突然听见有人叫我跟上。

当我走在礼堂中间的地毯上时，只听人们在议论那小女孩是谁家的，并猜那男孩是哪家的？就听有人说他也是这家的。又有人说他们家没男孩，有人接着说他是女扮男装。议论的人多起来，说我还挺像男孩的。这给我很大的鼓励，感谢爸爸把我打扮成一个像样的小男孩。使我自信、神气地走完这条长长的路，把新娘新郎送到牧师面前。婚礼后我和姐姐受到了新娘、新郎的感谢，妈妈爸爸也高兴地说真不错。

这位新郎是 1932 年燕京物理系攻读研究生，1936 年赴美攻读博士，1939 年在美国完成数学专业的博士学位后回到母校燕京任教，燕京数学系主任。1955 年开拓计算数学新领域，成为我国计算数学的先驱。

这位新娘是 1939 燕京音乐系学生，主修钢琴。解放后在北京师范大学音乐系任教。

## 小孩的思考

### 中间孩子的苦恼

从小我就认为老大是父母爱情的结晶。家中只有这样一个宝贝，得到父母、亲友的全部的关心和爱护。老大的名字总被人记住。

老幺由于最小，没人与他们争，得到父母和哥哥姐姐疼爱的时间最长。

而在有老小的家中，中间的孩子们是最被忽略的。他们只在他们是最小的短暂时间像老小一样地得到爱，但只要一有下一个，老二和其他中间孩子就没人爱，被人忘记。我从小就有这个感觉和苦恼。

另外中间孩子总穿老大穿不下的旧衣服。我是老二，从来穿姐姐穿不了的衣服，没新衣。妹妹有时还有新的，因为实在太破了只好买新的。我是老二，似乎不被父母重视，没人爱，有爸爸梳头也感到一点父爱。

这次我女扮男装后，爸爸有空就会用梳子给我梳个小分头，过去像鸡窝乱蓬蓬的头发，这时已稍微直一点，可以弄个小分头了。我很欣赏爸爸给我梳头的滋味，至少我被他关心了。等我长大一点后我常想可能父亲遗憾家中只有女无子，给我梳个小分头，就有一个假小子，得以安慰 。

也正是男孩的打扮，使我爱与男孩玩，愿效仿男孩的举动，和待人接物的方法。

## 玩法各异

从小我们姐妹的玩法就有很大的差别。

姐姐很会玩娃娃。她用小听筒给娃娃看病打针吃药，一玩就是几个小时，也不腻。自己还边说边干，非常明白怎样做个医生。

妹妹从来没有一个漂亮的娃娃，她只有一个布质大猫头鹰。她可以和任何东西说话，虽然口吃，但一点也不影响她和她假想的人或物说话，忙忙碌碌地跑来跑去，她很有想像力，尽管面前没有什么东西，仍能玩得非常带劲。



我很长时间只有一个光身的红色塑料娃娃。由于手小，不会抱娃娃，就揪着娃娃的一只小胳膊或一肢小腿跑来跑去。不会好好抱着它，拍它，给它喂水吃饭等等女孩学妈妈哄小孩的动作。不知该怎样和一个东西说话，更准确地说是我没有兴趣这样玩。

我喜欢和人玩，我好奇，凡事想弄个究竟，想学点什么。后来我有一个会睁眼闭眼的瓷娃娃，会有哭声，据说是人家送我的生日礼物。怕我把它打碎只让看不许动。虽然别人羡慕我的娃娃，也没引起我的兴趣。我想打开看看它为什么会哭，为什么会翻眼睛。但不许动，只好摆在柜子里。

几年后我又成为最会玩娃娃的了。我的光身娃娃有了美丽的衣服。

## 男孩与女孩

女孩与男孩有什么不同？小时我不懂什么是男孩，什么是女孩。认为男女的区别在于头发，梳分头是男的，梳娃娃头是小女孩，盘个簪或烫头发是大女人。一直到上小学，我和姐姐到杨宝琴干妈在师大附中教导处的办公室吃午饭时才明白多一点。我们带午饭去上学。冬天她的办公室有取暖的大火炉，我们在那里热饭，喝热水，上厕所。

有一次厕所太脏，那种土厕所地上挖的坑都很满了，大家的大小便全都拉到外面。到了门口实在找不到脚可踩的干净地方，我就在厕所门外解裤子撒尿。姐姐打我并骂我，说：“你是女孩怎能当众脱裤子，太不知羞耻。”我这才知道这是男女最重要的区别。

平时我们在家，不出去玩，我们姐妹也是自己玩自己的，不会和别人玩。我上小学前，大约 1944 年的暑假天气很热，爸爸、妈妈情绪很好，他们说今天要带我们去一个人家玩，他们家有许多大哥哥、大姐姐会和我们玩。我们很高兴。

到了他们家一看和我家完全不同，我家是个四合院砖地，只一棵小树。他们家是一排房子很高大，土地，有一个长条的大院子，很多大树。我们一进门就有人来带爸妈到屋里去，爸妈让我们在院子玩。

我定眼看，在院子的另一头有一群男男女女的大孩子坐在树杈上，或站在树干上，我从来没见过这样呆着的。他们看见我们乖乖地站在门口不敢动，就议论起来。然后最小的姐姐和哥哥蹬着独轮车来到我们面前，这个姐姐看我们又呆又小不可能是她的玩伴，就回到那边去了。

剩下这个小哥哥，他大方地说：一起玩吧。说着就把他的独轮车推到姐姐面前，姐姐边摇头边后退。我妹妹还没有车把高，跟本不可能玩。他用他的眼神来问我试试吗，我走过去。他示范了一下：一脚踩在板上另一脚蹬地，双手扶把控制方向。

看着不难，我想可以试试。他抓住把让我把一只脚踩在板上，然后让我自己扶把。他一撒手车就歪倒了，我几乎要摔倒。他赶忙扶住我，没倒下去，但确实让我一惊。我也玩不了，他有点扫兴。说：不玩车了，到旁边的大院子去捉蚂蚱。

这个院子极大，长满了很高的野草和粮食，蚂蚱太多飞来飞去，似乎没人管。他说捉了蚂蚱可以炸着吃，非常好吃。他马上脱掉上衣，用它抽蚂蚱。我们就跟着他跑起来，真好玩，真新鲜，我们从来没有这样玩过，出了一大身汗。都累了，他就带我们回去。这时妈爸正好也要走。小哥哥的父母始终没露面。

到现在为止我也不知为什么来。但在抗日胜利之前他的爸爸中风去世了，也许那天是来看他爸爸的。他爸爸和我爸爸是一起被日本抓走的，虽然没住过同屋，虽然他比我爸爸大很多，且是文学院院长，但一起同患难，还是比较有感情的，他比我爸爸放出来还晚。出狱后住得不近好像没见过面。自从和小哥哥玩后给自己很大启发，要学会和小朋友玩，要像男孩那样勇敢。



## 为什么学琴？

为什么妈妈必须让我们学钢琴？姐姐刚上小学每周爸爸骑车送她去学琴，回来之后每天妈妈看她练琴好辛苦。我一上小学妈妈就说给我找了一位老师。

我问妈妈为什么要学琴。妈妈讲了她学琴的故事。妈妈的家庭虽阔但是旧式的，她的父母从不知道应当让她学钢琴，直到上燕京，看到不少同学会弹，很是羡慕，她就去音乐系找老师教，但她学得太晚已经失去了学琴的最佳时间，她很后悔，也很怨恨她父母的无知。所以她要求我们每个人上小学一年级就开始学琴。

她给我找的是一位师范大学钢琴系应届毕业生，长得很漂亮的高个子身材极好的女学生徐环娥。面带笑容，话极少。每次骑一辆破自行车，进门放下车就开始教。开始几次妈妈站在后面看着。老师走后，妈妈让我马上弹，复习老师给的作业。以后几天她认为我可以自己练了就不再管了。我很感谢妈妈教我的良好学习方法。 后来这位老师做了天津音乐学院钢琴系主任。

我从这时开始学钢琴，得益终身，这一定要感谢妈妈。现在看到我所教的 60 岁以上的人弹钢琴之吃力，想到他们小时由于各种原因没能摸过琴，对他们学习毅力很是赞赏。但能作得多好心中无数，我只是尽量好好教，多帮助他们，让他们年轻时的梦想得以实现。据说弹琴手脑并用，可防老年痴呆等疾病，可有积极的态度过晚年生活，是老人的很好活动。

# 五岁小孩目睹日本统治

## 搜身

暑假后我就要上小学了。学校要每个学生交一张正规的照片，爸爸带我去照相馆，到了那里他帮我理好衣服，梳好女孩的头。然后叮嘱我要看镜头，瞪大眼睛，别动。因为我从没照过标准像，平时只有爸妈随便给我们照过相。现在关照我，怕照坏了浪费钱。



过了几天爸爸拿回照片给我看。我怎么会长这么丑，一眼大一眼小，一个单眼皮一个双眼皮，我都不愿多看几眼。但他用手抚摸着照片上我的脸，边摸边说很好很可爱，看着爸爸会对我有这样的深情，非常感动。使我认识到父母是爱我的，并没有被遗忘。

秋天开学了，妈妈用女自行车推我和姐姐去上学。从绒线胡同到和平门很顺利。但到了和平门有一个不短的队伍，在门洞里两边站着扛枪的日本兵，每个大人走到他们面前要让他们搜身和看良民证。通过爸爸在日本监狱所受的刑，我讨厌日本人，但从没见过他们。这是第一次面对面地见他们，我有点害怕，紧张。但看妈妈，姐姐如此地镇定，我也就放松了。

过了日本兵岗哨就是火车道。妈妈使劲地推我们横穿几条铁轨，坐在车上好颠，很不舒服。但我不敢吭声，因为姐姐的表现如此不在乎。我想她已这样渡过两年了。今后我也必须学会这样过每一天。

不到一个月妈妈说以后她不送了，我们自已走去。并对我说必须听姐姐的话。开始还不错。

有一天也许我们走慢了。到了和平门那队伍好长，等了很长时间才轮到我们。过了日本兵来到 铁路边，那大木杆落了下来。

老远就见这庞然大物火车开来，我想站着等，姐姐按着我的头大喊“快钻”，拉着我就拼命跑。刚跑出铁轨，这个大火车就从我们身后开过去了。我吓得尿都出来了，心蹦蹦直跳，真想哭。但姐姐大喊：“要迟到了”。看姐姐可怕的面容，我只有低头跟她跑。见许多男女小孩都在拼命跑，我开始理解“迟到”是多么可怕的事，我原谅姐姐了。回家后没敢向妈妈告状。

后来我们每天离家提早了许多，再也没发生这可怕的事情，但这可怕的情景一直留在我脑中。

下雪了，校园一片白。课间休息时，老师特别警告不许踩雪。我又好动，又好奇，越不让踩越想试。我毫不犹豫地走到院子，得意地踩在雪上。这时不知那个爱打小报告的同学，告了老师。老师把我揪回来，叫我罚站。我也不懂惩罚的意义，嬉皮笑脸地站着，内心得意地想着踩雪的好滋味。

下课后，突然看见妈妈站在窗外等我。老师比我走得快，她先到妈妈面前说我不守规矩去踩雪。我以为妈妈会瞪眼骂我，但她只间单地说以后要听老师的话。然后对我说到后院接姐姐去。我跟着妈妈踩着雪，往后院走。回头瞧了老师一眼，露出不服气，和骄傲的神情。意思是你不让我们走雪，我妈带我走雪。

后来我想为何老师不让踩，下雪了怎能不踩呢？我想这也就是妈妈没大生气的原因。我长大一点后想为何老师这样说：怕脚踩雪后，把教室弄脏了，或怕有人摔倒老师要负责，或怕小孩打雪仗耽误上课。我是不是够调皮的？什么事还要明个是非。

## 拍花子

妈妈从不给我们任何钱，下课后就必须马上回家。可是住在我附近的同学，她有一点钱。我每天和她一起走回家，要等她去买她想吃的小零食。我告诉妈妈。妈妈说在家吃够了不需要自己到外面买吃的。如果她给我，也千万别收，否则很麻烦。我听从了。妈妈从来不许我们个人私自接受别人的东西，除非在妈妈面前得到她的同意。

在日本统治时期有拍花子，就是高丽棒子用迷魂药把小孩弄昏后抱走。把小孩的内脏取出，放进大量的毒品，缝好后，不像死人。抱着这个孩子传送毒品。这是每个家长非常担心的事。所以妈妈让我们必须下课后马上回家，不许去同学家，更不许去其它地方。



## 席子下

北平流行霍利拉（霍乱），通过和平门是个大问题。日本兵在搜身前先往每个人身上喷药水，多漂亮的衣服都弄脏了，而且衣服全湿了，这更让我讨厌日本人。

这时期有许多要饭的。经常可以看到躺在人行道上盖着破席子的死人。

有一次回家看见一个光膀子的中年男人就在我家的外墙下用一块砖头打他的胸口边喊：行行好，给点吃的吧。我打门进去后，马上告诉妈妈。妈妈让保姆给他一碗温水喝，希望他到别处去。怕他有病会传染，也怕他死在门口，不吉利。而且还要找人来收尸，消毒。每次走在马路上，眼睛必须看前方。如果有席子盖在什么上就最好绕道走，因为席子盖的大多是死人。所以当我看见这人用砖打自己时就非常警惕。

## 大烟“白面”馆

在我家对面有一个奇怪的店铺，门面很小，门的上面是六块小方玻璃拼成的下面是木板。通过窗户可看见每个人嘴上刁一根非常长的棍子，坐着或躺着，里面乌烟瘴气。出来进去的人苍白无力，骨瘦如柴，走起路来东倒西歪，似乎风可把他吹倒。我路过这里很是害怕。后来问大人才知道这是大烟馆。这些人在抽白面。我长大后才明白是吸毒，吸的是鸦片或吗啡。这样的人是花钱送死。

日本时期是不禁毒的，他们要用毒品来消弱中国人的战斗力，使中国人成为真正的东亚病夫。2016 年美国一些州通过大麻合法化，我极力反对，告诉人们我小时所见所闻。我想不通为何自己要把自己的国民变成吸毒鬼，要变成病夫大国呢。

想想现在大力禁烟，60 年前不是到处都在抽香烟吗？经过几十年看到了它的危害，再来禁止，多么费劲，多么花钱，多少人死于香烟带来的疾病。现在对大麻的态度是否正在重复当年对香烟的态度呢？是不是又要经过几十年后再来禁大麻？其实这两年吸毒已成为美国第一死亡原因。

## 防空洞、空战

有一天妈妈告诉爸爸：政府通知每家必须挖防空洞。爸爸说甭理他们。过了几天又来查，说必须马上挖。爸爸没法，就把我们的三个干哥哥允和、寿虎、寿毫找来帮他挖了一个简单的。本来院子就不大，现在几乎没法在院子玩了。大概爸爸妈妈已经听到什么消息，他们的情绪并没变坏。现在我知道这是日本快完蛋的标志。在他们扫荡中国往前扩充地盘时，不会想到国民党的飞机和美国，苏联的飞机会来轰炸。现在怕被轰炸说明他们守不住了，往回撤。这对中国光复是个极好的消息。

真的，有一天隐约听到飞机声。爸爸让我们赶快进屋，但他自己却站在我们东屋的房檐下，寻找飞机。我从我们的东屋走出来，他马上按住我，让我站在他旁边。这时看到两三架飞机，后又听到“哒哒哒”的枪声。由于太阳光的晃眼看不清是谁的飞机，爸爸怕扫射，就和我一起进入了东屋。直到安静下来。他什么也不说，没有任何害怕的表情。我想这不要紧。其实这正表明快要胜利了。



## 投降 还杀人 ！

林巧稚医生夜里从短波收音机里听到“日本无条件投降”的久盼的振奋人心的消息。马上打电话给在京的老朋友分享。我家无电话，清早，店铺刚开门后，就来喊爸爸有电话。爸爸心想谁会如此之早来电话，急忙跟着出去。公用电话人太杂，以防不测，爸爸和林大夫用英语交谈，林大夫告诉爸爸这特大好消息。

爸爸轻松的跑回来，一把就把妈妈抱起来转了好几圈，嘴里兴奋地喊着：胜利了，日本投降了。家中原来紧张、沉闷、压抑的气氛，顿时变得欢快，我们小孩也搂着爸妈蹦着，跳着，叫着：胜利了，胜利了，鬼子投降了。我们从没有如此大笑大喊过。

日本投降了！

正在这高兴的时刻，爸爸突然说：只能在家里高兴，千万别在日本人面前说什么。他们不承认他们的政府会投降，还在乱杀人。据说有中国人在日本兵面前说：日本投降了。这些兵就把这个中国人杀死了。多可恶。这个中国人如此被杀害是太不值得了。

我住纽约后，读到当年在时报广场庆祝二战胜利群众集会的报道。一位亲身经历战争的残酷，能活着返回祖国凯旋归来的水兵，兴奋地、激动地、难以言表的复杂心情，亲吻素不相识的年轻女护士的故事，对比在沦陷区的我们，二战胜利还不能在街上庆祝胜利，战败的日本兵还敢杀人。因为他们不是被中国军队打败的，不是被中国军队赶出中国。在中国人面前不情愿承认中国是战胜国，他们是战败国。

爸爸从这天开始情绪饱满，充满活力。每天骑车出去，很晚才回来。妈妈告诉我们爸爸成天开会讨论复校问题。她和爸爸已经骑车去过燕京，日本人基本上已搬出去了。只是还有尸体没有全部清理完毕。日本宪兵队占用燕京住宅小楼，楼上是办公室，地下室是他们审讯犯人的地方。在燕京每个住宅的地下室都有烧暖气的小锅炉，他们就用这个锅炉对犯人实施各种刑法。很多犯人就死在这些地下室。由于房子多，又分散，这项清理工作要花时间。大家住在校内，容易开展工作，可以尽快复校。所以就采用清好一宅搬一家。

妈妈开始高高兴兴收拾东西准备随时搬家。我们小孩也畅想着今后的生活一定非常美好。

# （二）燕京复校

## 漂亮的燕南园 61 号



### 愉快搬家和接风

爸爸一直参加复校的会议和相关的准备工作。他们决定谁的家清理完毕谁就先搬家。没过几天爸爸说他挑的房子南大地（我们喜欢这样称燕南园）61 号地下室的两具尸体已清理完毕，且已消毒完毕，随时可以搬家。

总务长蔡一鄂先生家已临时住在我们隔壁 63 号，他的住处是正在修缮的 62 号。有他们在，我们不是第一家，不用害怕，不会孤独。

妈妈说马上就可搬。他们马上与郭胖子搬家队联系。在搬家的那天我们起得特早，大家兴高采烈地开始搬家。

郭胖子搬家队是一队马拉大车和年轻力壮的小伙子组成的，我们搬进城就是靠他们。他们一直服务于燕京人。进城时只打开一点家具，其它原封不动放在西屋，首先直接把它们搬上车。在这同时，平时使用的家具、被褥等捆绑起来，最后搬上车。全部搬上车已是中午。大家简单吃点东西就开跋了。

爸爸骑自行车先走，到那边准备迎这个大队。我们和妈妈坐三轮车走在最后。这是北京金色秋天的九月初，和风日暖，搬家大队浩浩荡荡穿过北京西城，出西直门来到那时去燕京的唯一马路，我看着周围的一切都很新奇，路边的白杨树、六郎庄的稻田，远处的农舍。太多东西要看，一点也不觉得累。天黑才到。全部搬进屋、送走搬家队后已极晚。妈妈说总务长夫妇说好要为我们接风，请我们吃饭。爸爸说太晚了他们会等吗？就先走过去打听，回来后告诉我们，他们正在等我们去吃饭。

我们洗脸洗手后就走到邻居家。刚进大门就闻到喷香的料酒烹调菜肴味道，我已经饿死了。到了餐厅见到风度翩翩的主妇，她比妈妈年长很多，但打扮得非常得体，衣裳时髦。妈妈从来没有打扮过，显得比她土。她说这是她亲自做的菜。

我们坐下后总务长来了，他是爸爸在日本监狱的狱友，他道歉说他和他们的孩子太饿，等不了这么晚，先吃了。孩子们已睡了。爸爸也说了不少道歉的话。我长这么大从没吃过盛餐，妈妈不会做，保姆来自乡下，只会做很简单的饭菜，再加上没有钱。这次的美食给我很深的印象。我想将来我一定要会做饭，来解自己的馋，不能像妈妈那样。

回想抗日时妈妈曾带我们到干妈家，我们从小称她为杨姨妈，干妈的母亲杨婆婆给我们吃她做的素什锦，太好吃了，现在还记得那味道。在我的记忆中她用的是冬笋，豆干，菠菜，胡罗卜，韭黄，香菇，黑木耳，黄花菜等，切细丝，在开水里焯过后，用香油酱油等调料拌的。但我做的味不对。我在中国和美国的中国素菜馆都找不到。这是她的拿手安徽菜，只在过节上供时才作。

## 五彩缤纷的大院子

第二天的白天我非常好奇，想出去看看。爸爸说可以，这里是安全的，又没有汽车不用害怕。我先到院子看了一下。院子很大，有许多大树，周围有松墙环绕，共有三个松墙门。正松门是用门两侧的松树连起来，做成一个半圆顶。后门和侧门很简单，只是方便到 62 号、59 号等其它人家。正松门有一条小砖路直通这房子的正大门，一般正式的客人应走这个门。小路两侧种着两排草花，绿色修剪极好的草地直铺到与邻家相隔的松墙。

从客厅、饭厅各自的玻璃门走出去有一个有顶的阳台。阳台外面有一个大石桌。在石桌两侧有两棵很大的开紫色花的藤萝树，粗大的枝干爬到高大的木架上，细枝条伸向二楼的无顶阳台。我和妹妹合住的卧室，爸妈的卧室都通到这个阳台。

在客厅的窗外有一大棵木香树，白色花开时飘着很浓的清香。如果开窗，这香气飘进客厅，这时正在练琴是多么地享受。在饭厅窗外有黄刺梅香味不浓。

靠近燕南园小马路的松墙边有几棵毛桃树，开着粉色小花，报告春天到来。还有一棵高大的核桃树，秋天绿皮的核桃长满树。把它们打下来用麻袋盖好，绿皮变黑后就很容易取出核桃。太美了。如此安静浪漫的花园。

厨房有个门通向一个独立的小院，有砖垒的花墙与大院子隔开，并用砖砌出两个园形门，一个通往大院子，一个通往正松门的小砖路。

春天妈妈请来花匠在大院子里种满各种青菜如茄子、黄瓜、西红柿、豆角、菜瓜、小青菜等。我最喜欢草莓，先种几棵下一年就可成片。用豆渣、豆饼作肥料，既干净又得硕果，可以站在地里边採边吃。

## 宽敞的房子

昨天来得太晚，吃完饭就睡觉，现在再来仔细看这个大房子。这是一个两层楼的大房子，我想这是因为爸爸是法学院院长兼社会学系主任的缘故。从正门进去是有二道门的过道。右手边是爸爸的大书房，对着大门是大客厅。大饭厅与客厅可用抽拉门隔开。饭厅对着楼梯，通往楼上。楼梯下有一个极小的洗手间，饭前洗手用。

饭厅有一侧门通向放食物及厨具的中间室。从这里通向厨房，厨房内有一个极大用砖砌的方形的大灶台。其内有一个铁质大烤箱，还有一个火眼和一个热水罐，另有管道与一个供应热水的锅炉相连，侧面窗前有一个大洗菜池，有冷热水相连，厨房中间放一个大方形木质工作桌。

厨房外有一个工人用的卧室，也是烫衣服的地方。在侧面有一个很大的洗衣房，两个巨大的褐色瓷质洗衣盆坐在地上，有冷热水。一个砖砌的小楼梯直下到地下室，内有供暖锅炉、管道。墙很黑，隐约可见血迹。在我们搬进之前就是从这里抬走两具尸体的。

厨房外的小院里，临街有一排小房，是工具房，杂室，和工人的厕所。

在二楼正对楼梯是我与妹妹的卧室，楼下是饭厅。旁边是爸妈的卧室，楼下是客厅。姐姐的卧室在爸爸书房上面，她是老大，得天独后，总是单独居住。楼梯左侧是一个客房。有个门可进入一个与楼同宽的巨大的储藏室，奇怪的大斜坡顶棚直达第一层楼。妈妈用它放全部不用的东西，这间屋子没暖气，冬天用他储藏鸡蛋、蔬菜和水果。

一个大浴室正在大门及二门过道上面，有一个很大的白瓷大澡盆、洗脸池、马桶。有冷热水，挂大小毛巾的架子，一个上下拉动的大窗户。这个厕所显得明亮，舒适，方便。

## 古色古香的红木家具和值钱的字画

## 走后门

不久妈妈送我和姐姐到海淀区的小学继续学习。这个小学离我家至少要走 20 分钟。从我家下大坡，走主马路，到南校门。

出了南校门走清朝独建的军机处外值庐的军机处胡同。半个世纪之前慈禧和皇帝在圆明园、颐和园度假时，这里曾是清朝宰相达官贵人为奉承主子的良地。大太监李连英就有房在此。斯诺就住在这里写了西行漫记。著名北京地理学家历史学家侯仁之教授抗日前也曾住此。清朝灭亡后这一带的皇亲国戚家园衰败，司徒买下军机处胡同一多半和这些花园宅院后建立了燕京大学。

出了军机处胡同，一直上坡。然后走到老虎洞，这是大方石块拼成的路。石块常年被人走得溜圆，如果有水或雨天，走这样的路是极易摔倒的。路的两边是小铺子，也有卖菜、蛋、肉、鱼的各种小摊。然后又上坡，石板路，才能走到学校。校门像是中等人家的中式房门，与师大附小完全不同。那里是极大的铁门，两扇拼起来锁好，上面是铁栏杆，下面是铁板，很牢固。

这个学校要比师大附小小太多了。似乎没有运动场。但房子像是新刷的很亮堂。学生和老师穿得简单朴素，且很干净。

由于我是没经过入学考试的插班生，学生、教师全对我冷眼相看。大概这是海淀镇的好小学，学生很难考入。可我没考，他们一定认为我的来头太大。要不然为何如此特殊。我想妈妈与校长谈话一定强调临时，及师大附小的好学生。但校长肯定不会说这些，只是简单通知。所以呆在教室感到很多不友好的眼神看著我，还有小声不友好的议论，我感到很不自在。无心听课，只盼着放学时刻的到来。没上几天，听说燕大附小很快开学，我们就不去了。

## 中西合璧的客厅

在我们去上学的那几天，妈妈和佣人打开家具安置到位。

最显眼的是客厅。中间靠墙放一个红木雕花的大方桌，两把红木雕花的太师椅安放在桌的两侧。在四个墙角各有个红木雕花两层的高脚花架。每层上面有花纹极漂亮的大理石台面。每个台面上放有图画精致的青色、黄色两种瓷花盆，这是我从没见过的东西。妈妈在城里住时把它们堆在西屋。

花纹漂亮细致的毛地毯铺在地上。红木方桌上方墙上挂着一副色彩鲜艳精致的中国画，是关于司马光儿时与小朋友一起捉迷藏的故事，有藏在假山后，有藏在大缸后面，他们偷偷四处张望，画得五个小孩栩栩如生，红绿搭配的中式裤褂使画面很有生气，男孩梳个立天锥扎个红头绳显得活泼可爱。据说这幅画是珍品。画两旁各有一幅字画，我不认识那些字，只觉得工笔流畅，很是漂亮。在对面壁炉上方挂有一张油画：漆黑的夜景在海面上有一艘帆船。光线用得非常好，白色的帆和船上的灯光使这张画显得炯炯有神，极有生气。

一架钢琴靠近壁炉一侧。几张舒适漂亮的大小沙发，使得这个客厅典雅，古色古香，又很洋气舒适，这些沙发是这个房中的，估计是日本宪兵队留下的，算是学校财产，我们借用。



## 我们也是接受大员

饭厅有一张圆形的大餐桌，来客人时还可增加三块板。几把椅子围着餐桌，其它几把靠墙放置。靠北墙有一个宏大壮观本色三联四体的玻璃柜，这四体中两侧是立式的单开门玻璃柜，里面放了几套景德镇的瓷器。中间的上方是有四个小玻璃门的横柜，里面放满漂亮的各种酒杯、玻璃杯。中间横柜下面是两开门的实木柜，柜门上有龙的浮雕，里面放有成汤、菜的大餐具。这个柜子有五尺高，看上去朴素、大方。西墙一侧有一个红木长柜，一米高，内有西餐用的刀叉等各种餐具。还有个三门的白色长柜，我们的一些玩具放在里面。东侧有双开玻璃门通往有顶阳台，和一个上下推拉式的大玻璃窗。

爸妈的卧室放着妈妈的大书桌，妈妈的小书柜，漂亮的梳妆台和顶天立地两米高三联五体的红木颜色大立柜。这个大立柜是妈妈最心爱的家具，一直跟着她奔波。底部横柜有两个大抽屉，在这个横柜上立着三个高柜子，两边是各带一面大镜子的单门柜子，其一是挂大衣、旗袍等没隔断的柜子，另一个有两块木板分成三层，放可折叠的衣服。中间一联上方是有锁的两门柜子，柜门有美丽的浮雕，爸妈的贵重物品放在里面，中间是个平台，可放小物品，下面是四个薄抽屉，可放袜子等小件衣物。在这三联立柜上面是具有浮雕的实木框架，像是美丽的皇冠。其内可存放棉被，鞋盒等。由于这个大皇冠、发亮的镜面，使这个大立柜非常雄壮、华丽。



客人来我家最欣赏的是红木家具和那些字和画。这里提到的红木家具和大型漂亮家具是妈妈心爱的嫁妆。是清末时期的产品。实在可惜的是这些漂亮的家具和字画，在后来的半个世纪的颠簸中逐渐流失，妈妈最后只剩这个大立柜陪伴到她去世。这个大立柜太大，我的狭小的住处不能很好放置，只好割爱，请木匠把大皇冠锯短了。使它失去了原有的风采，现在想实在可惜。

我姐姐的卧室墙上有画家蒋兆和先生为她画的画。那时她两岁手拿画笔端坐在桌边，逗人可爱。

爸爸的书房有一个两头沉的大木书桌。有扶手的实木坐椅。周围一圈玻璃书架，放满爸爸的中英文书籍和文件夹。还有两个高高的铁皮柜子放满卡片，这是作学问的基本功，便于查资料。

我们三人的书桌是日本人留下的。大概我们三人的床也是日本人留在这里的。我家就接受这些战利品，这些也是校产，我们只是借用。在过道和每间屋子都挂有合适的画，但我已记不得是什么了。

惊叹！

## 游戏场不期而遇

我家和儿童游戏场相对面，从家里出来就可进到游戏场。

游戏场北面有一个高架子，挂有两个秋千和一个软梯。往东有一个跷跷板。再过去是小小孩玩的有围栏的秋千。从这里往南是一个极脏的游泳池，里面堆满垃圾和树叶。在高架秋千的南边有一个云梯。





再往南是一个极大的红砖房子，窗户和门全钉死，从门缝看进去可知这是日本人的大澡堂。看来日本人不喜欢西式的白澡盆。是否因为不能舒服泡澡和进行社交活动的缘故。在澡堂周围有许多石头、沙子和乱石，很是荒凉。

一天傍晚我来打秋千。看见一男一女两个大孩子在云梯上玩。一会手吊在云梯的棍子上悠荡从一端到另一端，一会又爬到云梯上面跑，真可怕。我怕被他们撞倒就绕过他们，来到秋千处。

我站在木板上双手抓住铁链打了起来。但我不太会打，荡不高。就停下来看他们玩。他们也玩累了坐在云梯上看著我。他们说如果我戴个帆船形的美国海军帽一定很可爱。

突然他们喊：小孩，过来。我大胆地走过去。

他们问我：会玩云梯吗？

我说：不会。

他们问：你想试试吗？

我点头，他们抱起我让我手抓住棍子从一根到另一根，然后让我自己作，我只能做一步，就没劲了。我掉下来。小哥哥说我教你打秋千，打得高高的。他让我坐在板上他站在板上。他的腿一曲一直，很有节奏，秋千就越来越高。我有点害怕，但不敢告诉他。他很得意，让我试试。我站在板子上照他的方法，果然荡高了，我们都很高兴。正玩得高兴，我家大师傅叫我回家吃晚饭。边走边想这个小哥哥似乎是带我们捉过蚂蚱的。才一年多我们都长大，互相不认识了。

搬进 61 号后，爸爸非常忙。除吃三餐可以见到外，其它时间都在忙。妈妈忙于家里的安置。

姐姐的钢琴老师韩姑姑一家临时住在 59 号，是我们的隔壁。妈妈让我也跟她学琴。但她刚生完老大，忙于学习怎样喂奶，照料婴儿，不便去学。

我只出过南门，去海淀小学，现在不去上课，也不想再出南门了。因为老虎洞这条小街走在那里有点害怕。妈妈不给钱，什么也买不了，没必要去逛。但后来我长大一点，春节的炮仗、烟花、风筝、空竹等小玩意就必须去那里买。照标准像也得去那里。

燕京是大学，校内没商店。燕京周围有海淀和成府两条热闹的街，小餐馆林立，还有各种商店，一般不进城，都在附近解决。

无聊的我现在每天就是到游戏场玩，虽然爸妈说可以在附近玩，不危险，但还是不敢去其它地方。

## 肃穆庄重、湖光塔影、花园处处、 美丽的燕京大学

一个下午我刚到游戏场，小哥哥也来了，他说去划船。

我问：划“地”船还是划“水”船？

他大笑，说：怎样划地船？当然到水里划了。

我问：哪有水？

他说：未名湖呀。

他笑话我连未名湖都不知道。他问谁想划就跟他走。我们

几个无聊的小孩跟他走。他得意之极，犹如孩子王。我们蹦蹦跳跳下了大坡，穿过女生体育馆，女生宿舍。跑到钟亭，这是学校的时钟，有专门人按时打钟，其他人绝不可把大钟弄响，我们只能用手拍那个大钟。跑下坡就看见一大片水了，我们这几个跟屁股虫都发呆了。来了这几周都不知道有这个湖，小哥哥太伟大了，他怎么什么都知道！

他神气之极吩咐大家去找粗木条、板子。只见水边漂一个不大的板子，这大概是什么小孩故意留在这里的。小哥哥从小树上掰下一个稍直的枝条。一蹿就站到那块板上。水很浅，他用这个枝条杵到水里一推，就离开岸边，得意地喊我们上他的"船"。我想这怎么叫划船，太危险了。我不去，别的小孩比我还小，更不敢上。我们让小哥哥生气了，他说："你们太胆小了"。

他回到岸边，带我们走过湖上一个最小的桥，到了男生宿舍面前。顺着湖边向东就走到了岛亭，一个漂亮的封闭的亭子立在一个大半岛上，里面空空的，外墙很旧，多年没有修缮。

这个半岛的东侧有个石船。站在船上向东望去一个漂亮的塔耸立在对面的小山上。夕阳照在湖面上，也照到塔上，在水里看到了塔的倒影，太美了。我从没见过这般美丽的风景。幽静的黄昏，只有我们这几个小孩。学校没开学，教师职工没多少。我非常感谢小哥哥带我到这美丽的地方。

湖边有许多垂柳，随风飘曳，六栋男生宿舍在湖边排着，与湖成为一体。这是多好的学习环境呀。再往东走左手边是镜春园，里面是朗润园。许多大、小湖相连。绿绿的大树沿着湖边。一座座中式住宅庭院依湖相傍，风景极美。还可听到青蛙大合唱。

再往东一个大罗锅桥。桥边是男体育馆和运动场。旁边就是东校门了。东门的南侧就是这有塔的小山。在小山中间开出一条宽大马路把湖与校园的南部连了起来。湖的南边就是这座山的延续。在山的南侧的峡谷里是校医院，安静的伫立在绿色大树林里。

往西走在这座山上，就是临湖轩，冰心给的名字，是司徒雷登的住宅，也叫校长办公室。房前山下有两棵巨大的白皮松树。秋天落下大松子仁，我们经常去捡。房后就是未名湖。顺着小山再向西，就是那个钟亭。再向西就是图书馆，贝公楼、宗教楼、物理楼、化学楼、生物楼、等许多二、三层的教学大楼在燕京正校门（西校门）附近。一进正门，就是一座桥。然后是两个大华表竖立在贝公楼前的大草坪上。配上两侧的教学楼群，大学显得宏大、庄严、肃穆。在小桥南边有三一八惨案牺牲的烈士墓碑。

回到钟亭，从这里往家走。路过适楼，这是一个二层较大的教学楼，内有隔音极好的小礼堂，常有音乐会在这里举行。往西是一对漂亮方形的姐妹楼，音乐系在里面，走在楼外常有优美的琴声飘出来。

再往南走就是女生宿舍四个院。每个院有高台阶通到一个中式的大门。进门后是个小院，然后进入宿舍楼里。整个小院就开这一个小门。向外面的窗都有高架铁丝网围住，淘气的男生是绝不可能从窗外溜进女生宿舍的，以确保女生宿舍的安全。每个小院种着精美的花草，小树丛。

四个院围出的中间部分是大花坛，小径形成美丽的图案。还有几颗大树，藤萝树架，这是一个园中园。女生住在花园中，男生住在湖边，休息时在湖边散步，多么美的大学！

再往南是女生体育馆和一个小操场，然后就看到燕南园的高墙了。到家了，一个下午走得累死，但看到了美丽的校园，我不再害怕到校园里走走了。

燕京大学美丽的校园闻名遐迩、传扬天下。几十年来无数游客无不夸奖，说她是“世界最美的校园”。“规模好极了，中国学校的建筑，当以此为第一”。“迷人的风景，学生对大学的感情又增添了一分”。这是校务长司徒雷登的杰作，给中国留下了如此巨大的礼物，我们后人应当永远不忘他的功绩。

## 燕大附小

燕大附小在 1945 年 9 月中开学了。它离燕南园很近，站在燕南园东侧的小坡就可看见。

离小坡最近的是一个排列成正方形的高大松树丛，中间有一个方形石桌，和四个石凳，这可能是个遗迹，保存完好，非常庄严肃穆，但我不喜欢。

它的东北面就是小学操场，再向北就是校舍：大北房，及东西两厢房。每排房子有两个教室，大北房内有个礼堂，平时是两个班的教室。教师、校长办公室等也在这大北房。在东西厢房面前有公母两颗白果树。公的又高又大，枝叶丰满，母的干瘦，但到秋天却结出很多白果掉在地上。白果外皮的黄汤把树周围弄得极脏，树旁的木条凳也无法坐。现在学生不太多，教师也就几位，特别是教室还没弄好，所以采用合班上课。一六，二五，三四共三班。



## 上课笑

我是二五教室。二年级坐里面靠墙一边，五年级坐靠门窗这边。我算中等个坐当中靠近五年级的这行。这时看见小哥哥也进来了，他坐在最后一排。老师先给我们讲，不长时间就布置作业。我们做作业。他给五年级上课。老师还没讲多少，就听后面在笑。老师问为啥笑？他们不说话。老师又讲起来，当他写黑板时那一块又笑起来。我看见小哥哥用手绢做成“小耗子”，打到前面人的身上，吓这人一跳，别人看了就大笑。我想小哥哥太淘气了，不好好上课。这时老师停下来查，发现了

"小耗子"，就罚小哥哥站。他也不再乎。以后上课时好一点，但还会有新的恶作剧。我觉得小哥哥很聪明，但没用到学习上。合班上课直到寒假才结束。

过完春节第二学期开始我们二年级搬到大北房的东侧、西侧是一年级。学生增加一些。

我开始去认识班上的同学。有两个极矮、极瘦同学德森和美龄。我从没和同学说过话，现在先来认识他俩。女生身体显得很弱，讲话细声细气，似乎风可把她吹倒。我们同学直到初三，院系调整我离开。男的眼睛炯炯有神，很亮，显得很聪明。他总是班上第一名，是我要追赶的目标。后来在上海的交大学习，毕业后历经曲折坎坷，最后在上海航空工业公司做高级工程师，为我国航空工业的发展贡献力量。我们几十年没见现在通过电邮联系。



## 表演

音乐课老师教我们边唱边动作：

杨柳弯着腰，细听黄莺在歌唱，忽然风来了，连忙摇一摇。

快下课了老师突然叫我站在前面，面对同学给大家表演。我大大方方站好，把我对这个歌的喜爱、理解表演了出来。演完老师肯定的眼神，直冲我微笑、点头。并对同学说我做得很好。这让我对学习充满乐趣和有学好的信心。

回想小学一年级在师大附小学图画，家庭作业是画老师给的画片：两只鸭子在水中游，旁边有几棵树。上课时每人交作业。

老师看后问我：这是你自己画的吗？

我答：是。

她又问我：是否把纸铺在画上拓下来的？

我说：不是。

她用极其不信任的眼光盯着我。这次确实打击了我画画的积极性。我再也不好好画了。直到中学我都不在图画课上花时间。到美国后为了教小孩，让他们喜欢画。我就画一些动画动物，结果老板看后说我不应该在这里教小孩，应当到制作动画片的公司去赚大钱。我缺少自信，从没好好学过画画，不敢去试。

由这里可知老师对学生的影响有多大。老师应当以表扬为主，信任为主。



## 踩着铃声进门

初春的一个早上，校园没有人，全校的学生都坐在教室等着打铃上课。

只见一男孩、两女孩不慌不忙地从东边走到校园里。男孩穿着黑皮夹克，束着腰带，园脸，很精神。女孩穿着鲜红色的皮夹克，同样扎着腰带，很漂亮，很神气。大女孩随着上课的铃声，走到我们教室。我想为什么不能早几分钟到呢，踩着点多玄！

下课走到她的面前看到她鼻梁骨的特征，好熟习呀，在哪见过。回家告诉爸爸，爸爸说我们曾为他们去成都送行，他们现在回来了。噢，她就是三三姐姐。这个男孩就是三三哥汝璥，那两个女孩就是三三和她姐姐。

以后他们总是踩着点来上课，大家都习惯了，很有意思。从此他们三人就是我联系最多的少时朋友。三三姐很勇敢，很厉害，敢于和男生对抗，很多人怕她。我不怕，因为我不招她。在我一生中她是对我帮助最大的。在美国，三三是对我帮助最大的。后面会不断地说到。

一天我们班一个小个子男生燕贻要和父母郑林庄燕京经济系教授、关瑞梧燕京社会学教授去美国了。大家挺羡慕，如此之小就可出国。全家走似乎不会回来了。但解放后他们家回来了。他说中文很吃力，大家叫他美国妞，住在燕南园，本可帮帮他。但他妈妈见了我就说我是她未来儿媳妇，小哥哥又带头哄我和他好。我问妈妈这是怎么回事？妈妈说当年她们俩个同时怀孕，就约定如果是一男一女就结为亲家，果不其然正是如此。从此我再也不理他了。

化学家蔡镏生教授要带太太涂碧波协和医院护士长去美国，他们四个孩子留在中国。这与美国妞的父母完全不同。大概四个孩子出国，太花钱了。唯一的女孩是大姐安丽，已上大学，老四比我妹妹还小。我们称这三个男孩复芝、复江、复礼为：大、二、小三个包子。不知谁照顾他们，也不知他们到哪了，一段时间没见他们来上课。

后来蔡伯伯、蔡伯母回来了。三个包子又出现了。本来二包子比我高一届，但回来后与我同班。我们女生一跟他说话，他满脸通红，变得说不出话来。女生非常淘气，就偏要和他说话，逗他脸红。他父亲很棒，后来是学部委员，有院士称号。三年前小哥哥告诉我他病逝于三亚。我完全不能相信。我们小时他身体是最棒的，打球、打冰球。几十年后会变得如此之糟。据说大包子在清华留校工作，几年前去世的。我想他们家的基因太差了。但他们的父母是长寿的。

# 爸爸帮助朋友

## 最大两个子女留学美国

爸爸一直为尽早开学紧张的工作。就在 1945 年十月十日上午十点燕京钟声敲响，贝公楼礼堂举行复校开学典礼，燕京大学正式复校了。比我们小学开学稍晚。我干妈唯一的儿子允和我们叫他大哥考上机械系。小哥哥的大哥乃文、大姐懿真也上燕大。教师也来了许多。

一个星期天的早上刚吃完早饭就有人敲门，开门进来的是一位很像外国人，大个子，很壮实的中年妇女。后面跟着两个大孩子，我一看这不就是那个淘气的小哥哥和小姐姐吗！这是我第一次见到他们的母亲，原来是混血，有混血人的那种漂亮。我与他们同时说出：噢，原来是你们家。妈妈说：你们认识，你们玩吧，我们大人到客厅去谈话。

打开玩具柜，各自选玩具。小车，娃娃，球等都拿了出来，我们五个小孩在饭厅地上每人自己玩。过了不短的时间，客厅的门开了。我看他们妈妈眼圈红红的，像是哭过。我很奇怪。走前妈妈说欢迎小哥小姐来玩。天气渐冷后，我家的玩具有点吸引力，所以他们常来玩。

他们走后我问妈妈她为什么哭。妈妈说她的丈夫去世了，她是体育教师，工资不够花。五个上学的孩子，不能挣钱帮助家里。燕京的奖学金不好得到，即使得到也不够多。所以她希望爸爸帮她解决这个困难。前后几次交换情况，最后决定送两个上大学的孩子到美国去半工半读。她有亲戚在那边，也算不太孤单。这个问题就圆满解决了。

不久他们就去美国上大学了。谁也没想到这里解放，就失去了联系。直到美国总统尼克松访华后才见面。

天气冷了未名湖结冰了。大学生有滑冰课，泼了很好的冰。

小哥哥的妈妈把可能适合我们的冰鞋送给我们，并让小哥哥小姐姐教我们滑冰。一天下午，妈妈带我们去了冰场，亲自给我们三人穿好冰鞋。这时已在滑冰的小哥哥小姐姐见我们穿好鞋就跑过来，检查鞋，给绑得更紧。

然后小哥哥拉着我下了冰。我的腿脚都无力。脚立不住，他就使劲地帮我把脚立起来。立好后跟本不敢动，一动双脚就叉开，越撇越开。这时他使劲地帮我收拢脚，让他费了不少力气。他也失去了耐心，就让我坐下歇歇。我这时才开始看他们是怎样滑的。我有点明白，就开始自己站，摔了站，站了摔。几次之后就有点门了。他看见后又滑过来让我并脚，站直。他在我后面推我，好快，让我尝到了在冰上滑的滋味。通过几次练习我渐渐地可以自己滑了。



## 为她找丈夫

小哥哥住在 64 号，是我家的斜对面。这时 60 号也住了一家人。她们家的老大是我班的一个男孩宗复。胖乎乎的圆圆的很好玩。

一天他的妈妈来找爸爸。希望找到在国外的丈夫黄迪伯伯。她的丈夫是爸爸的学弟， 在燕京上大学时，拿到了金钥匙（裴陶裴奖）。抗日前到美国留学，抗日失去了联系。她们四口搬出燕京住在城府街，没有任何经济来源，生活无着落。我家也很困难，爸爸毅然决定把友人托付管理的北京房产地契送到银行作抵押贷款，来接济他们。直到抗战胜利复校后，补发工资，爸爸才把贷款还完。

这时爸爸希望聘请他回国工作。通过燕京在美国的各种关系知道他已在联合国找到了工作。他说在美国没有拿到博士学位，不可能得教授职称，所以不打算回国。同意他的家属到美国去。

宗复才七岁左右，他家请不起工人，就必须帮助他妈妈整理，打包，卖掉不能带走的东西。就像一个大男人，邻居和妈妈夸奖道，这儿子真了不起。对比我，这时还是只会玩娃娃的小孩。真是穷人的孩子早当家。不久爸爸送走了这家。

文革后有燕京人到美国见到他们，听说我的同学在美国完成物理博士学位，在美国航天部门工作。我到美国后曾打电话给黄伯母，她说他的工作性质不方便和外国人联系。所以我虽在美国也从没跟他联系。他妈妈说过去燕京人常有到他们家的。他们现在太老了，不想接待任何人，所以我没见到他爸妈。只是在 70 年代他们来北京时见过面。



爸爸还帮助过一位贫困潦倒的老先生，他对中国社会生活、习俗、宗教迷信有特殊的研究，满腹经纶。爸爸请他到社会系专心写作，给他拟写作大纲，让他逐项编写，每月给他可以维持生活的报酬。经过数年写了几十万字的资料，是研究中国社会生活的极好资料。爸爸发现了他，让他的知识发挥作用，也使他能维持生活。双方有利。

## 聪明的小女孩

刚吃完午饭，爸爸的狱友专门研究北京地理的侯仁之叔叔带着他的长女复兴妹来到我家，侯叔叔要和爸爸到贝公楼去开会，想让我们和他的女儿玩，开完会再接她回燕东园。兴妹比我妹妹还小。和她说话她不理睬，给她玩具，她也不玩，似乎不高兴和我们玩。后来她挑了一本画书看了起来，我们也就自己干自己的事了。心想就让她呆在这里等她父亲吧。

过了两个多小时，爸爸和叔叔回来了，问我们他女儿在哪？我们说她坐在小孩书柜面前看书呢。结果她没在那里。楼上楼下跑遍了也没见，我知道我们犯了大错。叔叔非常着急，爸爸直在说我们：三个人都看不住一个小女孩。我们不敢说她不愿和我们玩。也不知道我们应该看着她。吓得我们不知该作什么，怎么办？

这是大冬天，她不应该自己一人在外面玩，但以防万一，我们又到院子、游戏场去找，都没有。叔叔说他骑车回家去找，我们直道歉。我真后悔没像小哥哥那样想办法陪她玩。过了半个多小时，叔叔来电话说她自己走回家了。我们大家这才敢喘口大气。真把我们吓死了。这时兴妹才 4 岁，真太聪明了，不可思议她自己可以走几里路从燕南园到燕东园。

侯仁之叔叔是燕京 1932 年入学历史系学生 1936 年毕业做研究生，1940 年得硕士学位，留校。1946 年赴英专攻历史地理学，1949 年获博士学位返回燕京，任教。副教授、教授。1952 年院系调整后是北大教授、系主任，曾任北大副教务长。1980 年当选为中科院资深院士学部委员、蜚声中外的史地专家、北京市人大委员、中国政协委员等。

# 美丽的圣诞

## 苦盼圣诞老人

日寇进入燕京之前我太小，不知圣诞节是怎么回事。抗战时期住城里，爸妈心情不好，从没带我们去教堂，也不知有这个节。现在抗战胜利，人们情绪高涨，宗教学院很活跃。

过完我生日后，有一天妈妈买来一棵松树摆在漂亮的大瓷花盆里。我问为什么买它，妈妈说做圣诞树。妈妈从储藏室拿出小彩灯，和很多小玩意，挂到树上。插上电，太漂亮了，我从没见过。我想这一定是一个美丽迷人的节日。



到了圣诞前夕，天很黑，刚吃完晚饭，就听妈妈问爸爸他们会来吗？真奇怪谁来？正说着就听见有人在外面唱歌。

妈妈帮我们穿好大衣，带我们出去。爸妈用英文和他们打招呼，“祝圣诞快乐”。然后又继续唱，我看见他们有一个小毛驴拉的车，上面有人在弹风琴，优美的歌声把这个漆黑的夜晚点亮。妈妈告诉我们这是报佳音。告诉大家耶稣诞生了。

回屋后妈妈继续给我们讲耶稣的故事。到了八点半，我们按时去睡觉。第二天清早我看见在我枕头旁有一个小礼物，妹妹也有一个。我赶快起床，去问妈妈谁送的。妈妈说是圣诞老人，他从烟囱进来，专门给小孩送礼物。我们都信了。我下决心明年一定不睡，等老人来。但从没等到。据姐姐回忆说在我们是婴儿时就开始每年收到圣诞礼物。直到 1949 年妈妈告诉我们她和爸爸是圣诞老人，从此以后再也没有圣诞礼物了。

圣诞节那天全家穿得好漂亮一起到宗教楼的礼拜堂去做礼拜。燕京的圣诞节是我见过最温馨、最美丽的。那灯光的闪烁，人们之间的友爱亲情，在美国也无法相比。美国的灯光漂亮无比，歌声非常美妙，但人们之间缺少像燕京人一样的感情。

后来我们三人每周日穿得很漂亮，到小学去上主日学。这成为周末活动，我们都没受过洗，都不是基督徒。我曾在贝公楼听过弥赛亚，宏大的合唱队，优美的领唱，坐在里面非常安祥宁静，犹如在天堂，和天使在一起。

燕京有宗教学院，但并不要求每人必须是基督徒。祖父是老家的传教士，父亲从小就受过洗，来燕京上大学、在美国留学时都到教堂做礼拜。抗日时期住在城里，基本上是自已在家里祷告。现在复校了，周日爸爸妈妈一起到教堂去做礼拜。妈妈在燕京上大学特别是和爸爸结婚后就经常去教堂，但没受洗。

爸爸有时也被邀请去讲道。美国对国共军事调解失败后，内战开启，爸爸从各方面了解的情况认为国民党腐败，无法改变。而共产党解放区显得蒸蒸日上，朝气蓬勃。爸爸在讲道时把自已这个看法分析给听众，从而起到帮助共产党宣传革命的作用。地下党和进步学生把爸爸划为进步教授，让爸爸在各种场合来讲。

这就是爸爸的特点，他不人云亦云，也从不油腔滑调，让人摸不着头脑。而是像作学问一样自己研究资料得出结论，讲给别人。别人有不同观点想说服他，也很困难。所以有人说他最大缺点就是固执己见，骄傲自大。



## 能胜任大使吗？

过完圣诞就是元旦。这时在大人之间议论着司徒要去南京当美国驻中国的大使。我听到爸妈的议论，他们是不看好的。他们说他不是政客，他是玩不转的，政治太复杂。在燕京他可以自已做主支持哪个政府，但当大使是必须按美国政府的要求作。虽然他在国共各方面都有学生，见过各方的官，或与他们是好朋友。但现在是玩政治，个人之间的关系不起决定作用。

曾有一段很短时间，他们高兴地说他不去了，但最后全校开了欢送会。大家不再议论了。

## 是一家人



爸爸在教学上是非常认真负责的，认真编写教材，查阅大量文献、资料。他常说讲课中的每一个数据都要有根据，年轻的学生是未来社会的栋梁。他少睡一些可节省学生时间，不误人子弟。他严格地批改学生的调研报告，请学生到家里讨论，鼓励学生大胆提出看法，各抒己见，热烈争论，弄清问题。

爸爸细致地引导学生步入科学的殿堂，给学生布置作业后，告诉他们查什么资料。要求写卡片，写提纲，然后写文章，写附录等。要练好基本功，才能举一反三。要求毕业生必须去农村基地作短期调查，住在基地与农民生活在一起。为了让学生真实可靠地掌握实际情况，爸爸请当地小学校长，做通讯员，每天写大事记，使基地情况连续不间断，从而让学生了解事物发展的来龙去脉。

经过体验和调查准备论文资料，定期举行全系教师与毕业班的论文讨论会。学生报告，大家询问，学生答辩。学术空气非常民主自由活跃，通过集体讨论，集思广益，使论文的质量大大提高。最后总结对有特殊见解者给以表扬，对于错误、缺点给出批评，大家很有收获。

燕京人由校训把人们紧密地联系在一起。除了在业务上严格要求外，在生活上也非常关心，对于有困难的学生经常给一些接济，帮助他们渡过困难。

每年的圣诞节或新年，学生班级都会到教师家里过节举行茶话会。爸爸的学生就是这样。每年都来。爸爸参加一会，就让他们自己玩。不知何时他们玩完，搞完卫生走的。我曾偷看过他们的玩法，猜谜语，玩游戏，小表演，很多样。我家提供开水，他们自带食物：花生，瓜子，糖果，小点心等。每年我家都装饰漂亮的圣诞树，他们把各自带来的礼物放在树下，结束之前交换礼物。很有过节的气氛。

这些玩法开阔了我的思路，后来我上学及工作当文艺干事时，就参考了他们的玩法来组织活动。

学生有些想法也会和教师谈。那些年国民党，三青团，和共产党各个势力的斗争在学校也非常尖锐。大学生有各种团契，社团。学生也分很多类：有的绝不问政治，一心念书；有的就非常活跃；有的不知是否要参加政治活动；爸爸就是学生喜欢找的教授之一。我想这是因为爸爸比较坦诚，发表自己的看法，从不会非常滑头地说些让人捉摸不透的想法。

常有学生来家里和他谈话。有的学生要去解放区，来向爸爸告别，爸爸会留他们在家和我们吃一顿便饭，以表示送别。在我记忆中至少有蔡公期叔、沈利益叔、梁畏三叔来告别，其他不知道他们的姓名。爸爸也多次让进步学生藏在家中，并帮助学生到延安去。爸爸常叮嘱我们在家听到的任何事不要对其他人说。我们都认真遵守，其实我们之间也从不说。

## 和谐愉快的燕南园

### 眷舍布局

燕南园是在燕大校园的最南边一块高地上。房号是从50到66。全是花园小洋房，房子的样式是按抗战前每位居住主人要求盖的，所以房子各异。一座座掩没在绿茵丛中，每家有绿油油的常青松柏围起，院内青石小路通向住房。燕南园环境十分幽雅清整，孩子们在游戏场玩耍嬉笑外，全园非常安静，是做学问的极好居住区。它在校园内，去教学楼、办公楼，教学、办公、参加活动、师生往来非常方便。



53，54，56，57，58，62各住宅一侧均有极高的墙，墙外是海淀镇的主要土路，连接东边城府西边海淀镇，每天可见马拉的大车通过。

燕南园有一大一小两个坡，西边是大坡很宽、很长，直达燕大的主马路，可走中卡车，大马车。东边是小坡很短，很窄还有一个急转弯，骑自行车要特别小心，很容易撞人。燕南园内是小马路，马路虽窄但路边较宽，所以大马车，小汽车可从大坡进出在园内行驶。

过完年后1946年开始学校逐渐完善，许多教职工从成都燕大搬回北平。学生也大大增加。燕南园已基本住满。

50号是个平房很宽大，在大坡下面，比较孤立，远离燕南园，我们很少遇见那里的主人。一位50岁左右的著名心理学家沈乃章教授，满面黑胡子，人称大胡子，独身一人住在这里。后来才和一位在话剧“罗亭”中漂亮的女主角、燕京的女教师胡女士结婚。这是轰动全校最大新闻，许多人参加他们的婚礼，祝他们幸福。

51号是著名的历史学家齐思和教授的家。他们家有六个小孩，其中长子文虎是我班同学，因为头相对较大人称大头。

淘气的小孩为他编了一个顺口溜："大头，大头，下雨不发愁，人家有雨伞，我有，大头"。小哥哥总是带头喊，然后在场的小孩一起整齐地嚷了起来，他的脸一下就气红了，追大家，大家乱跑，也就不喊了。他从他爸爸那里知道许多历史故事，常脱口而出，让我羡慕不已。

52 号住的是美国物理学家，一对老夫妇，很安静，和我们没有多少往来。

53 号是英国著名数学家赖普吾德教授的家。有一个戴眼镜的儿子彼得，和我们玩。人称这四眼为癞皮狗，他逐渐学会了说中文。

54 号是非常著名的老历史学家洪业教授的家，和爸爸一起蹲过日本监狱。每天从早到晚刁着雪茄烟，他们的孩子都长大了。我从没见过。我只和父母去过一次，我很喜欢他的烟味，又香又甜。他的夫人陪我们玩美国的橡皮泥，这是我第一次见这玩意，不知该如何玩。她给我们捏了几个东西，我们学会了就自己玩了起来。一年后他们搬到美国，两位教授成都时期社会系主任林跃华、饶毓淑夫妇住在这里。

55 号住的是美国几位单身教授，我们不熟悉。

56 号是三位中国独身女教授的家。一位政治学家陈芳之教授，两位营养食品家政专家陈意、白和懿两教授。

57 号住的是美国单身男教授，我们不熟。

58 号住的是美国单身女教授，其中一位是钢琴家苏路德教授，我陪姐姐去问过问题。

59 号原来是姐姐的钢琴老师家，由于人口增加，就搬到燕东园了。接着住的一对爸爸的同事，无小孩的社会学家，著名民主人士严景耀、雷洁琼两教授，我们称他们为严伯伯，雷姑姑。姑姑曾在著名的南京事件中被国民党打伤，伯伯是专门研究法律的，特别专长监狱的部分，自己曾到监狱去体验生活。

他们每天晚饭后会来我家，经常带来小吃零食、点心、糖果、巧克力。伯伯每次见我们都说"让伯伯亲亲"，实际是拿他的小胡子扎我们，开始我们让他亲过，后来我们就逃跑，他跺脚假装追，以后就再也不说了。他们开玩笑说要我妹妹做女儿，妹妹听后抱着妈妈的腿躲起来。妈妈说：傻孩子妈妈怎舍得把自己的小孩送人呢。他们喜欢小孩，特别是伯伯，秃头，说话带着浓重的江浙口音，爱和小孩说说笑笑，后来其他小孩也这样称他们。他们和我们寒暄后常和爸妈谈时事，谈正事。

60 号是美国著名的教育家、心理学家夏仁德教授的家。这对老夫妇和蔼可亲，很有亲和力。先生又瘦又高，他们的小孩已经在美国学习或工作，我从没见过。他们家的院子长了一圈山樱桃树，樱桃成熟时一定请我们去摘，在他们家玩一个下午。我们小孩都喜欢他们。他们帮助很多进步学生、地下党员到解放区。解放后回来一次，除了见燕京老朋友外，还到北大校园去怀念燕京旧址，周恩来总理接见了他，表示感谢他对地下党、进步学生的帮助。

61 号是法学院院长、社会学系主任、著名社会学家赵承信教授的家。有三个女儿，我是这家的老二。

62 号是总务长蔡一鄂的家。他是爸爸的狱友，他们的孩子都在外面上中学，从不理我们。他家的外婆说的满口宁波话，妈妈常和她在院子聊天，但妈妈很长时间不说已经说不顺了。

63 号是一对美国音乐家范天祥教授的家。范先生是音乐系主任，范太太是女高音，声乐教授。

64 号是抗日前文学院院长，著名教育家周学章教授的夫人周许淑文妈妈的家。周先生可惜在抗战胜利前夕去世了，是爸爸的狱友。周妈妈出生在美国，其父是中国人、纽约中国城一个教堂的创始人，其母是欧洲来美的移民。据说在美国上大学时认识宋家姐妹。在美国爱上了在美留学的丈夫，与丈夫一起回国在燕京工作。

周妈妈是女生体育老师，注重用运动矫正学生的脊柱、体形。教授各种西方舞蹈、包括美国的土风舞。生有五个孩子，在周大哥、周大姐到美国留学后，家中只有二姐、小姐、小哥三个孩子了。小姐周懿娴解放后是中国女篮队长、中锋、很有名气。他们家有一位看着小哥哥出生的老保姆赵奶奶，直到文革后，全家搬到美国，小哥哥给这位老保姆在北京做了很好的安顿，最后为她送终。

65 号是著名物理学家褚圣麟教授家。只一个儿子克泓。我们叫他脖子，因为他总歪着脖子。他有过敏性鼻炎，成天用白手绢擤鼻子。非常聪明，好学，钻研。小学还没毕业，自装的收音机就可听到欧洲台。但很不幸的是他妈妈有精神病，一犯病，就送到城里的精神病院。不仅靠药物治疗，有时要被捆起来，最坏一次上了电椅。用电来打醒她，全部牙齿都掉了。那时用“刑法”来治病，和现代方法完全不同。



66 号是著名历史学家，民主人士翁独健教授的家，他家有四个女孩，老大如璧英文意思就是红玉比我小一岁，很漂亮、很活泼、很会唱歌、很能表演。她的三个妹妹比我们小太多，玩不到一起，所以不熟悉。他们家有一只大黄狗，大家叫它老黄，总围着这四个姑娘转。

## 痛快在游戏场

我们这些孩子经常在游戏场玩。每天中午吃完饭下午上课之前就有不少人在那里玩球，打秋千，走压板，爬云梯，跑跑跳跳，好不热闹。我们呆在家里都可听见这热闹的声音。但我们三人要遵守妈妈定的规矩：姐姐午饭后第一个练琴一小时，妹妹一刻钟，我最后半小时。他们弹完还可出去玩一会，我不能。

姐姐练琴时，一听外面热闹就想出去玩。有时没弹够时间就跑了，其结果就是回来后挨打。妈妈打过她许多次，使她对学琴反感，对妈妈的管教也采取反抗的态度，脾气很倔。我看在眼里知道必须按妈妈说的做，但有一次我想出去玩一会，就和妹妹商量交换时间，她同意。结果妈妈在楼上听出来了，打了我的屁股。从这之后我一定按规矩作，再也没挨过打。

我们在周末也在游戏场玩。我不会玩球、踢毽子、弹球、丢包等女孩子的运动，更不会玩两根绳子交错抡起的跳绳，经常一个人打秋千，走压板。正规玩压板应当是两端坐着人一上一下，后来发展成两端站著人一上一下，如果碰到小哥哥等淘气的男孩，他们会把另一端的人颠到天上去，很可怕。

我就等他们走了安静下来才敢玩，这时经常就剩下我自己。我就从一端走上去到了中轴处侧站，两腿交换用力使压板两边上下晃动，自得其乐。

有时我们几个男女小孩一起玩过家家。小哥哥总喜欢挑我和他一家，他有很多好主意：拿香烟的锡纸做成小酒杯、小碟、小碗，放点草、小石头在里面当作菜肉，请其他家来吃，他们都非常欣赏我们家。

夏天的夜晚，萤火虫到处飞。小哥哥坐在脏泳池边开始讲鬼故事。我们这些傻孩子都被他自编的故事所吸引，围绕他的人越来越多。他也越讲越得意，然后做鬼脸，发鬼声音来吓唬我们，大家害怕得叫起来，但谁也不走。

我们家的孩子总是第一个被叫回去，因为保姆要下班了，她要安排我们上床睡觉后才能走。所以我从来不知他们是几点结束的。

每次大家都说不听他讲了，但只要他一来，大家又围过来让他讲。真像抽大烟都听上瘾了。小哥哥是一个颜值极高的小孩，口才极好，很会模仿，运动又好，如果他是现在的小孩，一定是一位著名的童星。可惜他生在“学好数理化，走遍天下都不怕”的年代，埋没了他的聪明才智。

## 小聚会

燕南园的人很友善。复活节时有的人家请小孩们去捡鸡蛋。小哥哥妈妈也请各家大人小孩去玩过一次，当时的照片我保留至今。

1946 年春夏之间，小哥哥妈妈举办的小聚会上出现了一位稀客，一位从厦门来的小哥哥同班同学。人们哄她是小哥哥的相好。我原来只听说，不知是哪位，看了这个并不漂亮，但非常斯文、安静的小女孩后，让我大失所望。小哥哥会喜欢这样的女孩！大约半年后，听说这女孩全家又搬回厦门。大家开始问小哥哥写了多少情书，开始他承认每周一封，谁知真假。一个多月后，大家就不哄了，因为又开始说他有新女朋友了。小哥哥很有女人缘，人们称他为娘们。

我们燕南园的邻居曾在游戏场举办过大聚餐，大家搬来可折叠的桌椅，带来自家做好各色菜肴，互相交换。我家带的是洋白菜、西红柿、肉丝炒鸡蛋的凉拌面。清爽可口，大家非常爱吃。这是胜利后燕京蒸蒸日上的最好时光，也是我一生最快活的日子。

请读者原谅我花了很大的篇幅介绍燕园，附小，燕南园，和 61 号。这是因为这些美丽的景象有的已不存在，有的将来某一天也会不存在。

那时中国人口只有三、四亿。现在是十三亿以上。学生、教职工增多，学校大发展，北京土地又昂贵。而燕京的住宅，占地面积很大，将来可能把这些房子拆掉变成大高楼。教学楼太矮，也会变高变大。一切都会失去原来的样子，我用文字记下那时的样子，以便后人了解二十世纪的中国，曾经有这样一所漂亮的大学。

我希望燕京可有一个展室，放一个燕京校园的模型，把当年校园的美丽表现出来，让人们永远记着、怀念它。

1952年我家搬出燕园，偶尔会去看看。看后很伤心。原来燕京是非常绿的：绿草地、绿大树。但后来变成黄土地、枯大树。特别是住宅区，由于每个住宅几家合住，没人负责绿化院子，或怕被批判为资产阶级思想和情调、想做也不敢作，或没钱去作，或没水等因素。60多年后失去绿化的环境、大气变坏，尝到了苦头。我多么希望那些生物学家可找到能吸收、或“吃掉“大气中污染物的新物种。在纽约是不允许把绿草地铲掉，改成砖地、水泥地或黄土地的。如果被发现要罚款。政府非常注意绿色环境保护。

## 沉重的打击

一天放学回家，没见妈妈很是奇怪。过去我们一到家，就可看到妈妈，她知道我们应到家的时间，决不允许先玩再回家。她要知道今天在学校的情况、作业、活动等，并给点小零食，然后各自回屋做作业。做完作业就可玩了。我跑去找保姆薛妈，保姆说下午爸爸突然回来说外婆不太好，可能去世了。他们急忙坐了学校的小轿车进城，让我们不用等他们吃饭。晚饭时保姆照料我们吃饭，然后让我们自己去睡觉，保姆办完就下班回家了。到我们睡觉时他们还没回来。我奇怪刚死就下葬吗，什么事会回不来。



## 三寸金莲——中国女人的“享受”

回想抗战时幸亏有外婆的接应，否则会更苦。外婆是很阔人家的闺秀，瘦高个子，但脚特小，实在不般配。他的脚裹得极狠，非常小。应该说是典型的三寸金莲。在她洗脚时我第一次看见她那可怕的脚，真把我吓坏了，她的脚怎么会是这个样子！脚后跟是一个大园砣，除可见一个大脚趾外其它脚趾全窝在大脚趾的下面，脚背隆起，袜子是三角形，走起路来摇摇晃晃，极小的步子。

谁会这样狠作这残忍的事？我去问妈妈，妈妈说当然是外婆的母亲了。为了外婆可以嫁给阔人，她的母亲必须这样做，长大后果不其然嫁给了清朝的秀才，我的外祖父。

妈妈说她和保姆差不多大，小时都裹过脚。那个时代女人要想嫁到好人家就必须裹脚。

妈妈的母亲和她外婆逼她裹，白天被裹住太痛了，晚上趁大家睡觉，偷偷放开。第二天挨打后又给裹住。经过不停的反抗，大人管不了，妈妈得胜，放了脚。

保姆可比妈妈惨，裹脚时间较长。在农村她家穷，早早就嫁到了婆家，丈夫身体不好，她需要下地干活，这才放了脚，但走起路来仍然很晃。

我姨生在辛亥革命之后五四运动时，妇女在某些方面得到了解放，又在北京，很幸运没裹过脚。

给她们裹脚的人自己也受过同样的罪。因为那个时代的阔男人把女子当作花瓶、玩物。认为女子小脚好看，走起路来小步子，摇摇摆摆很漂亮、很娇嫩、很文静、是淑女，说明有好的教养。为了能嫁到大户人家，咬牙、流着泪来受这个罪。裹脚是旧社会对妇女压迫之一。



回想当我有了自己的女儿时，看到她小脚特好玩，特可爱，象一块白橡皮，还可以给我按摩后背。我经常亲她的小脚，有时还会放到嘴里咝它。我绝不会下手来裹她的脚。真不能想象妈妈的母亲在她小时会下得了手。大概全世界只有中国妇女受过这样的罪。

保姆小时还生过天花，命大活了下来，但满脸是麻子。丈夫死得早，为了养家，就只身一人到北京做保姆。她进城不久就给外婆做保姆。应当感谢她照顾了外婆终生。

## 娶姨太伤天害理

外婆生过几个小孩，最后活下来的只有三个：我妈妈是老大，儿子是老二，自从儿子十多岁被狗咬死后，一个女人无子就没地位，再生一个还是个女的，就是这个比妈妈小十二岁的妹妹，是上面说的姨。外婆仍然无子，翻不了身。外公偷偷地娶了小老婆，被外婆发现，成天和外公吵闹，外公甩掉外婆，带着小老婆住到了上海。外婆从此心情极坏，抽起了大烟，成天呆在家里念佛。

回想日本占领和外婆住在一起时，看见她把烟末装在长的管子前面的小勺里，抽起来还吧嗒著嘴。这烟很臭。把她的大房间全熏黑了，还有非常怪的味：是烟，饭，大小便的混和。后来听说她也抽大烟，得了忧郁病。

外公和现在的贪污腐败的高官所作所为是一样的，他们破坏家庭，给妻子和子女带来极大的痛苦，甚至患忧郁症。外婆、妈妈和姨都是外公玩女人、娶小老婆的受害者。他们对外公的特殊憎恨，就反映了这个问题。我在美国看到许多这样家庭的子女就存在这种无名的火。不知何时就爆发，形成一种社会问题。



## 无罪的人

1948 年，爸爸途经上海去美国访问。爸爸说虽然外公反对爸妈的婚姻，但还是应该去看。妈妈坚决不同意，说她的父亲所作所为使她的母亲短命。但爸爸不同意说：“他犯了大错误，但他还是你的父亲，作为礼貌，去磕个头没有什么不对。”爸爸执意要去，妈妈无法。

爸爸去上海给外公磕头后，这一去使得从没联系的关系联系上了。解放后在上海外公的两个事业有成，工作出色，是领导，业务骨干的长子鼎贻我叫他上海大舅，和长女上海大姨梅珍，都来北京看过爸爸和妈妈。特别在爸爸是右派后，上海大舅来北京开导爸爸。

我是同意爸爸观点的。那时虽是一夫一妻制，但管理不严，按当时的习俗，外祖父和小老婆结婚是人们认可的。不能说她有什么错，是外公对妻子不忠，对子女不负责。这是历史造成的，她没有什么文化，但他们能把子女教育得这样好，应该肯定。

我文化大革命大串联时，在上海 1967 年一月底的一个夜晚去了他们家。他们住在一个很小的弄堂里，只有很小的两三间住房。也许是文化大革命的结果，好多家住在这个院子里。二外婆已经重病，躺在床上，不很清醒，他们告诉她：大小姐的二女儿来看你了。她似乎听懂了，点了一下头。



屋里又冷又暗，也没地方坐。我所见过的大舅，大姨全不在这里，他们不会说普通话，我又听不懂上海话，所以没呆多久就走了。但看他们的生活不是阔人的派头。我猜外祖父到上海后没有工作，坐吃山空。二外婆一定要自己操劳，把家管好，带好孩子。养这样一个六口之家，并不容易。

后来妈妈住在我的学校，上海大舅来看妈妈，知道我科研工作的困难，给了不少指导和帮助，我很感谢他，我女儿帮我在上海工厂作科研时，也带她去拜访过大舅和大舅妈。这些事情会发生应该感谢爸爸去看了他们，让他们感到得到了认可，受到了应有的尊重。

回想小时看过的苏联电影“无罪的人”，一个私生子被父母抛弃，在社会上得不到尊重。他有什么错？是他父母的错。这个故事写得非常深刻，给我很大的教育。我的上海舅、姨就是这样无罪的人，不应当受到歧视。

## 重蹈覆辙

姨出生在外公鼎盛时期，外公有许多钱，住很大的房子，有保姆、丫头、听差、管家等。外公钱多了就膨胀，用钱逛窑子。全家对姨就是娇惯。妈妈刚上高小，然后是上中学，不会去关心姨的成长。姨从小就和大人去看戏，打麻将，逛商店、买东西，没有人督促她应当好好学习。

外婆没文化，只会溺爱姨。住在另一个房子里的外公曾是小学校长，知道该如何教育小孩。但有了小老婆之后，大老婆这边已无心管了，再也不用教育妈妈的方法来管姨。成长环境完全不同，姨和妈妈成为不同的两个人。姨的功课很坏，说话不实在，骗人。妈妈大学毕业住在家里后发现了，她十二岁，妈妈忙于挣钱，也没去管。姨中学毕业后妈妈想管，但已太晚。虽然考上辅仁大学，但永远毕不了业。形成好吃懒做的生活习气，也不想出去挣钱养活自己。

外婆去世后姨怎么办？由于说得好听，做得太差。爸爸很不喜欢她，这样爸爸活的时候，她不能靠我家。外婆死后她卖掉了这个漂亮的四合院，这是外公给她们的。带着保姆住到了上海，想靠外公。但这时外公又有四个小孩，没有可能养她。只好住在亭子间，到无声电影院做解说员，生活极惨。但仍然摆谱，人长得不错，据说有些人追她，她一个也看不上。

经过国民党时期的金元卷货币大大贬值，几年来姨的钱也花得差不多。解放后她在上海实在混不下去了，回到了北京。北京是她的出生地，有她的姐姐我的妈妈，我的干妈等亲朋好友，可以有个照应。

姨回京后在北京找不到满意的工作，就在西单商场开了一个织毛活的摊。在那里爱上了卖钢笔、修钢笔小店的小老板、一个已有九个子女但长得很帅有家室的老男人。结果先斩后奏，怀了孩子。逼这个男人离婚，他们结了婚。

姨忘了自己被她父亲抛弃的痛苦。不想想自己所做所为当二太太，给大太太和那九个子女带来多大的痛苦。

我们家是极其反对这个婚姻的，但知道得太晚，生米煮成熟饭。姨共生了四个小孩，生意一点也不好，养这么多人实在困难。院系调整后，我家搬到城里，她的保姆赵老太就到了我家。直到文化大革命这保姆帮人民大学造反派来抄了我母亲的家。如果她不做这坏事，我们是会让她和妈妈生活在一起安享晚年的。

## 妈妈在哪？



两天爸妈都没回来，全由保姆照顾。第三天下午放学回家保姆说爸爸一个人回来了一下，说是联系燕京坟地。司徒校长的夫人就葬在那里。这个坟地在东门外燕京牛奶厂旁。解放后，学校要大发展，奶场，坟地都没有了，每个人可自己移走坟墓，或深埋，我外婆就深埋在那里了。

那天父亲办好坟地就回去接棺材。安葬完毕，很晚爸爸一人回来，显得疲惫不堪。

我们问：妈妈在哪？

他说：住院了。

那天坐小汽车进城的途中妈妈说心绞痛，痛不欲生，支持不了，没有去看外婆，就住进了城里的一家医院。安顿好妈妈再去看外婆，人已去世。就与姨，外婆的干儿子等亲友商量安葬问题，最方便和省钱是葬在燕京墓地。然后就到医院陪妈妈，在那里过夜。由于是法学院的院长白天骑车上了班，没时间回家，又骑车反回医院陪妈妈，现在外婆安葬完，妈妈病情稳定，他才可喘口气，回来睡觉。

我们问：妈妈什么时间可出院？

他说：要一段时间，不会很快回来。

从这天开始爸爸早出晚归，白天忙着上班，教课，然后骑车进城陪妈妈，再回来和我们在一起。我们三人突然都长大了，有事情让保姆帮助，尽可能不打搅爸爸。这时我家只一个保姆，洗衣，买菜，做饭，收拾屋子。我们三人呆在楼上，自已念书，做事情，玩耍。我和妹妹一屋，总有伴说话，姐姐一人一屋闷了就过来找我们玩。

一个周末，家里只我们三人。吃了午饭，实在无事可做。姐姐又想进来和我们玩。我和妹妹商量，不让她进来，因为她永远比我们得到更多的特殊。现在我们住在一起成为优势，可以气一气她，怎么办？我们把厕所中的小脸盆装满水放在门口，摆了三层。三层盆很宽她进不来，我两高兴得要命，打一打她的傲气。

这场战斗很有意思，我俩体会到团结就是力量。当然我们也把过道弄得很湿，给保姆增加了不少的额外工作。

这就是我有生以来做的最淘气的事情。



## 怪病

过了一个多月妈妈回来了，我简直不能相信这是妈妈。她老得要命，走不稳，没笑容，见了我们也不说话。保姆薛妈送妈妈到她的卧室，出来后说，我们必须保持安静，走楼梯要掂起脚，除弹琴外都要轻轻的。后来又来了一位保姆刘淑芹专门照顾她。自从妈妈回来后，过去常来我家玩的小哥哥小姐姐再也不来了。因为他们忍受不了必须保持绝对安静的苛刻要求。但我们必须尽快适应。

我们必须安静， 开始总做不到。这样小的孩子自由地说、笑、玩、有点声音很自然，现在不许有一点声音。这病太奇怪了。有时我故意出一点大声，保姆马上出来说我。我很想知道她听大声有什么不舒服，但她不召见就不许进。

姐姐很高兴，她再也不用背由妈妈特别教授的唐诗，我也庆幸我根本不用学了。但长大后才知道我丢了这么好的学习机会。我的语文和作文一直不好，姐姐比我要好得多，妈妈对她的特殊培养是有效的。

过了一周多，我大胆问爸爸，妈妈是什么病，爸爸说没查清，就是要静养。妈妈大小便都在卧室，其实厕所就在对面，连这两步路都不能走，我不懂。我自己的体会是高烧、头昏想躺着，其他是可以坐和走的。没过多久就说妈妈病得更厉害了，无法睡眠，要用安眠药。后来又成天喊着心摇晃，心慌、自己感觉心跳。



这时校医院主任吴大夫，和协和医院的护士长二包子的妈妈蔡伯母，常来给妈妈看病。

有一天我盼望见到妈妈的愿望终于实现了。保姆叫我进去见妈妈，我高高兴兴地走进去，把我吓了一大跳，妈妈越养越坏，头带个头圈，眼神无光，比刚回家还老。

妈妈说：她得了怪病，治不了，快死了。

我说：不会的。

她接着说：她死后爸爸一人是照顾不了我们的，让他给我们找一个新妈妈。她觉得那位丈夫已去世多年的阿姨和我们很熟，会对我们好，是合适人选，我们要好好听她的话。

我非常沮丧地听了这些，也不懂该怎样和她说话，就默默地走出来。我觉得妈妈瞎想，都变疯了。我没敢和家里任何人说。

直到文革后的一次计算数学会议在长春举行，这位护士长蔡伯母全家正住在那里。会议主席徐伯伯是他们燕京老友，她请我们吃饭。席间她提到妈妈。

她说：妈妈只想自己，其实没有什么大病，就是稍微严重的神经衰弱。

接着又说：爸爸太照顾妈妈了，真耐心。要是在别的人家会如何？！如果在脖哥家又会怎样？我告诉她妈妈当时和我说的那段话。

她说：妈妈总往坏处想，只想她自己，如果多想想丈夫，孩子，就没病了。

她每次都劝妈妈，但没用。当时燕京很多人很同情爸爸，许多人议论妈妈，说她是燕京一怪。她是以极大的耐心来帮助妈妈的。

听了这些我很后悔。如果我把对妈妈的看法与她和医生商量，也许我们全家齐心协力用科学的方法对待她，而不是一切顺从她，她的病会早好。她可以写出更多的小说，教出更多的学生，包括我。

文革之后妈妈搬到我校，一天她让我去民族学院去看她的老师冰心太师母，我与太师母聊天，她回忆 1947 年曾到燕京看朋友，也来看妈妈。她看到妈妈的病样，很为妈妈难过。并劝妈妈，要起来多活动，继续写作，写作会使精神有所寄托，对身体会很有好处。过去她是非常看好妈妈的，现在的样子让她很失望。她多次提到妈妈是很有才华的，但不能正确对待自己的疾病，使得埋没了自己的才华，没有写出更多的作品，也没在文学方面作更多的研究，实在可惜。

妈妈太固执了，连她最崇敬、最爱戴老师说的话也听不进去。回家后我告诉妈妈冰心太师母所说。妈妈也很后悔，说她认为抗日前，开夜车写小说、散文使生活没规律，过度疲劳而得病，她自作主张完全静养，不动脑筋，才会好。没想越来越坏，自己浪费了宝贵时间。抗日胜利后妈妈没做什么事，而其她人家的妈妈抓紧时间写文章，做研究，很多人硕果累累。原来领先的妈妈落到了最后。

## 理解

现在的我，经过历史，现实，社会，国内外的洗礼，可以很好地理解当时妈妈的情感。大约在抗日时外婆已经得了妇科的癌症，但没有认真对待。直到转移，全身痛，靠打吗啡度日。我见过她给自已打针，打在她骨瘦如柴的腿上。妈妈认为外婆抽大烟、打马啡是用毒品解愁，没有思想准备，她会很快去世。

抗日胜利我们搬走了，妈妈住燕京，骑车技术差，又没有公交车，不方便经常进城去看外婆，就交给了姨和保姆。她自己没有好好照料，很是自责。



她的父亲甩掉她母亲后，她与母亲相依为命，精神和经济都受到很大的打击。她们痛苦地挣扎，奋斗。直到妈妈大学毕业、工作、结婚，有了爸爸的支持、帮助，才有一点好转。

日本入侵，又生活在痛苦的环境了。刚抗日胜利，可以有好日子过了，外婆就去世，实在太悲惨了。

听到外婆的去世精神上的打击太大，再加上从不锻炼，不会疏解自己的精神痛苦。当时的治疗手段，采用吃药、静养的方法，使妈妈越养越坏。

现代治疗精神不正常的观点和方法与过去有很大的不同，非常多样：以体育锻炼、心理疏导、改变环境、音乐疗法等非药物治疗为主、配合一点药物。因为这些药都有极大的副作用，特别是对心，肾的损伤。一般心臓病大夫是不主张用的，除非迫不得已。现在更不主张用静养的方法。所以妈妈越躺越睡不着，吃安眠药是雪上加霜，心慌，心晃，心跳，全身大出虚汗都是副作用。

妈妈的这种状态一直到解放后见了苏联专家，才得到更正。

## 榜样

解放前在中国三妻六妾是常事。但在燕京就不是常事，校长司徒雷登就是大家的好榜样。在西郊建好燕京不久，他心爱的夫人就去世了。把夫人葬在燕京墓地，放在身边，而不是送回美国夫人的家乡据说他只要住在燕京，每天早起去看她，坐在夫人墓旁，祷告说话。

他那时也不过 50 岁左右，可以结婚，周围有那么多的女工作人员，女大学生，也经常返回美国，但从不心动。更不会乱搞男女关系。燕京教授，教师，及工作人员，从没传说有乱搞男女关系的。但别的大学是有点小传闻的。

妈妈病成这样，爸爸一直爱着她，从没见他们吵架，或不耐烦。从来没有晚归或不归。根本不会想着去搞外遇，他的道德水准是极高的。小时我认为是受美国教育的结果。但到美国后知道他们乱搞的人大有人在。我有时想当时的教会可能比较好，对人们‘爱’的教育很高尚。现在我认为是燕京有一个好校长，好校风。道德水准非常高。

现在国内外，教会内外，道德水准都在下降。各国最大领导人都乱搞男女关系，说是小节问题，这样的国家怎能治理得好。现在中国对乱搞男女关系给了许多新名词：劈腿，小三，带绿帽子等。这说明绝大多数人是痛恨的，所以在反腐败，在电视，电影中都在批判这个问题，但总也解决不了。最后可能会由老天爷来给这道德败坏的世界以应有的惩罚。

## 陪伴

一个夏天的早上，我刚下楼，就见爸爸一个人在藤萝架下喝咖啡。一把藤椅，一张小藤桌，一杯黑咖啡，一个小碟上有一块抹有黄油果子酱的面包，看上去很孤单。当然说得好听就是极其寂静。我一向好动，好热闹，我去是可以打破这个寂静的。姐妹都在甜蜜的梦中，就我一人也可得到这少有的父爱。

爸爸穿着他夏天的丝绸长睡袍。我走过去，他告诉我在美国学习时他的教授夏天喜欢喝冰咖啡，他也学会喝，不放糖和牛奶。我也向保姆要了一杯陪爸爸喝了起来。是挺好喝的。现在我也常喝。当然从中医观点喝冰水是毁胃的。这清爽的早晨能和爸爸在一起，真开心。



我长大后就懂得父亲多一点了。妈妈成天哀声叹气，要死要活的。爸爸没人可谈他的苦恼，回想他自己年轻时的留学生活，肯定有许多值得留恋的事情。所以想独自一人呆一会。

## 终于病倒

夏末初秋在妈妈生病很严重情况下，爸爸亲自带学生到社会学试验基地去实习，做调研。爸爸在美国这个花草繁多的国家得了草热病。

抗日时期住城里花草极少，所以爸爸几年没犯。现在燕京的花草如此之多，加之内外的劳累，草热病又犯了。由于对花粉严重过敏，吃药后仍然坚持带学生到农村基地。每次调研回来，病情加重，妈妈心痛地劝爸爸休息几天。他没有听从，继续吃一点药，又出发了。

爸爸认为到农村基地去调研是非常重要的，是理论联系实际，追求真理，实事求是的最好时机。数十位学生在基地调研中完成了他们的毕业论文。

最后爸爸终于累倒了，整日打涕如狗叫，他怕吵着妈妈，就铺个行军床住在楼下他的书房。躺在床上休息了几天，又继续带学生到基地调研。直到过了这个野草丛生的季节，病好后才搬回楼上。后来他每年都犯，直到去世。

## 燕京大学磁石般的吸引力

从我家的亲戚都到燕京上大学，就足以说明燕京很有吸引力。

## 大哥允和机械系



1945 年燕京刚开学比我大一轮的大哥考上燕京机械系，他常来我家，有时妈妈会让他帮助作些小活，有时他的工程图就在爸爸的大书桌上画，第二天可以看到许多橡皮残渣留在书桌上或地上，那时我就知道这种工程画不好画。

后来我也学工科，我懒得擦，所以总画得很脏，由于没有错，老师拿我没办法，总说我：下点工夫画得干净、漂亮一点该多好。我心想有时间应当学多一点，不是用在橡皮上。这就是学工与学理思想的区别吧。

晚上钢琴程老师来家里教琴，如果大哥正好在，妈妈就让大哥送她回宿舍，他们是同级的。就这样，这位老师最后成了我干嫂，她对我的钢琴学习有很大的帮助，直到我教我女儿学琴后，几个暑假我在家举办钢琴音乐会，请她来指导。她毕业后曾是中国音乐学院钢琴系主任，是老一辈优秀钢琴艺术家。钢琴独奏擅长中国乐曲、也与其他音乐家搞室内音乐钢琴三重奏，到美国举行独奏音乐会介绍中国的钢琴作品。编写中国乐曲的钢琴教材，出版“欧美近现代钢琴小曲集”。真可惜才 60 多岁患有少见的肺纤维化病去逝。

在我 70 岁时录了 120 分钟一盘弹过的曲子，寄给大哥。他鼓励、肯定我说还如此用功练琴。接到此信不久就听说他去世了，真让我痛心。回想他一生过的也够不顺的。他爹在他两岁时去世，他母亲和外婆把他带大，他母亲没有机会上大学就在师大附中教务处做职员，工资很低，妈妈尽量帮她，大哥在燕大念书常住我家，毕业后，先分到鞍钢，得了肺结核，退职回到北京住我家养病，病后从清华转到化工学院教书，是化工学院机械课程的教授，最后在此退休。

## 放舅新闻系



1948 年的夏天，天津五公公的大儿子，我们叫他为天津大舅来燕京考大学住在我家。

他比我大八岁。很帅，很高。特会讲故事，说笑话，很快就和我们混熟了，妹妹称他为猫国人，我们是狗国人。猫聪明、灵巧，在妈妈训斥我们时他的表现有猫的风格，我们就表现得非常忠诚、听话，像小狗一洋。

考完后每天下午和我们坐在藤萝架下边吃瓜子边玩，这是唯一充分利用这美丽院子的一年。

他睡在爸爸书房，不穿的衣服总叠得整齐放在椅子上。妈妈见了夸奖他很有教养。他父亲是天津的银行高管，如此家庭出来的孩子并不娇生惯养，实在难得。相比我大哥出身贫穷，还不能自己料理得这样好。

他的中英文考得很好，但其它并不理想。我曾听妈妈爸爸担心他是否可考上，最后他考上了新闻系。带着这个好消息离开我们返回天津。

秋天他来上学，住学生宿舍，不常来我家玩，暑假高兴的场面再也没有了。

他毕业分配到文化部电影局，成天看中外电影，还常看见江青。创办第一本“电影放映”杂志，1957 年是全国电影先进工作者。运动之多，谁也不知何时就调到什么地方。只身一人精简下放到甘肃所谓体验生活作基层干部，夫人仍留在天津，夫妻常年分居两地，为的是可回天津探亲，照顾父母，子女可留在天津受到良好教育。文革后回到天津科技出版社作科普杂志，改革开放后在经济领域写文章作高级记者、顾问等发挥了很大的作用。退休后被聘为天津市人民政府文史馆馆员。可惜几年前已去世。我再也不能见到他了。



## 运舅政治系

1950 年五公公的二儿子、天津的二舅考入燕京政治系，他和他的大哥完全不同，只来我家一次，由于不熟显得很严肃，也不和我们‘小孩’说话。院系调整后到政法学院，1953 年毕业分到青海，从他写的自传中知道他的艰难辗转，1983 年由青海调回天津作成人高教工作，在天津市政法干部管理学院做过领导和授课，退休后在天津的西南联大、清华、北大、燕京、浙大、南开校友会创办的天津联合业余大学作领导工作。现在我们和他通过电邮保持联系。

## 三哥寿耄医预系

我的三哥考上医预系，是一个很自傲的书生。功课好，最后在协和毕业，分到长春大的医院放射科作主任医师。

我从小很欣赏他的才智，有一种亲近感，那次到长春开会，很想见到他，就到那家医院去打听，大概有点名气，很快就找到了。他离开燕京后，我俩从来没见过。他非常惊讶的问我怎样找到的。

他告诉我他的父亲得了胃癌，亲自治疗，但不舍得用极大的剂量，结果没治好，就去世了。他们室的一位医生，得了癌后，自己设计治疗方案，结果也没治好，死去。他说，必须用大剂量，把人往死里打，就看他个人的身体素质，如果挺得过来就活了，否则就是死。我看这种治疗方法有问题。

在我出国前听说他死于癌症，我想他一定用他的方案来治疗的，他的身体挺不了，就死了。看来他们室的自我保护措施太差，为什么这样多的医生死于癌症？真不知其它肿瘤医院放射科是否也有如此之多的医生患了癌症。

其实应当配合中药，就有希望活着。现在已有不少例子可供参考。



## 表姐文伟化工系

解放后 1950 年我的表姐三姑妈的大女儿从广州考上燕大化工系，院系调整后合并到天津大学化工系。

曾在青海工作多年，非常艰苦，她专程回到北京买高压锅，不用高压锅，饭就做不熟，成天吃生饭胃痛。在那里工作十多年后，最后回到化工部工作，是高级工程师，在那里退休，一直和我们有较多的联系。

记得她刚考上燕大，为熟悉北京的生活和说普通话，提前到校住在我家一个多月。她琴弹得很好，每天弹一些小曲，有些我没学过，她住到学生宿舍后，我逐渐把这些好听的小曲练了出来。

她每天和爸爸说广东话，真可惜我没跟着学，今天会广东话是很吃得开的。

她很活泼，会跳交际舞。过去我们小孩对跳舞有成见，瞎起哄，认为是乱搞男女关系，或谈恋爱。她告诉我这种看法不对，对我启发很大。

从上大学起我就开始学跳，直跳到现在。我体会跳舞是一项非常好的运动，并可以很好地欣赏音乐。特别是当这位男士能跳出音乐的意境，那真是一种美妙的享受。老年人边跳边说笑，不感孤单。舞伴不需固定，可以和更多的人切磋舞艺，也避免闲话。我见人就宣传跳舞，因为我看到90多岁的人还可跳，还可作许多动作，显得很年青，心情好寿命长。

# （三）燕京复校后的47、48年

## 贡献给村民



### 痛哭

这是1947年入冬之前的下午，保姆递给爸爸当天的邮件。我看见爸爸草草一翻，从中抽出一封，马上打开。看完马上脸变得通红，泪水夺眶而出。爱发问的我马上想进去问爸爸怎么了。但他不想和我说话，站起来关他的书房门。我只好退回来，他不仅关门还锁上了！我从小没见他哭过，现在不仅哭还不许打搅。我想弄个明白，赶忙跑上楼去敲妈妈卧室的门。

妈妈允许我进去。

我报告她：爸爸看了一封信后就哭了，而且锁上了书房门。

妈妈说：可能是他的父亲也去世了。一年多前他的母亲去世时，他也哭了一段时间。由于我们不在家，没看见。让他哭一会吧。

妈妈开始给我讲祖父的故事：爸爸最后一次见祖父是1937年，在姐姐出生后，由于战乱，交通不便，他自己去的，以后就再也没回去过。本来爸爸想在1948年出国回来时弯过老家见祖父。但他去世了，原来的计划成了泡影，就是说再也见不到了。所以爸爸才会这样痛哭。我明白了。我们不去打搅他，先吃了晚饭。太久了妈妈不放心，就下楼去敲他的门，他开了，妈妈进去安慰他。

1976年原住59号的民主人士、严伯伯去世。燕京请北大派车，组织大家一起去。我也去了。受到这悲伤的刺激，回来后大家心情非常激动，三三爸爸妈妈请我去他们家聊天。

三三爸爸非常激动，回忆了我们的老家。他说我祖父建的教堂就在村口。他小时是见过我祖父的，他说老百姓非常爱我的祖父。接着他花了两个多钟头讲老家的样子。他爬树再从树上跳到水里游泳，非常危险。他非常勇敢，战胜了自己的恐惧心理。很多小朋友都不敢。他沉浸在儿时的生活，最后他说他一定要带我和三三姐去老家看看。可惜在他去世前我们没能一起去。三三妈妈告诉我，他太激动了，这是第一次详细地讲他的童年，他们结婚如此之久都没听过。



## 阴错阳差

三三爸爸虽然没有带我回老家，但我下决心一定要回老家，带着爸爸和三三爸爸的心愿去看祖父和祖母。那是1989年五月一日，我正在株洲作科研工作，需要去珠海、深圳调研。看了地图后知道可顺路经过老家，我必须抓住这个机会。坐火车到广州，再坐长途汽车去老家新会慈溪乡。

上了汽车一看大多是当地人，他们说的话我一点也不懂。开始我忙于看这漂亮的风景。公共汽车沿着一条大河行驶，这条大江大概就是珠江。河边种着绿油油的大树，河里有美丽的大树倒影。实物与倒影形成一体，非常漂亮。后来才知道这是荔枝树，如果是荔枝成熟季节，红彤彤的硕果就会挂满枝头。

公路离开了大河，经过大小桥梁跨过许多小河。现在有桥，而在爸爸和三三爸爸早年时期是要坐很多渡船，走很多路的。

爸爸小学三年级就是这样花一整天的时间从家乡到广州读书的。他们只能在放寒暑假时回家。我一边看一边想，乡下人进城读书真是不易呀。

我走到司机旁告诉他我要去的地方。他是否明白我说的地方，我不知道，但他说了一大堆话，我一字也不懂。我着急了：我与他们没有共同语言怎样交流？可能根本找不到这个乡。周围人的表情让我明白他们也为我着急。这时突然一个亲切的普通话飘了过来说他就住这个乡，可以带我去。一块大石头终于掉了下来。老乡们为我高兴，他旁边的人为我让出座位。我坐在他旁边聊了起来。



这位年轻翻译是华南工学院的大三学生，也姓赵。长得瘦、高，非常漂亮、帅气。我告诉他我去看老家，看祖父的教堂、医院，如果可能我想看家谱。他说我们下车就在教堂附近。他认识村长，村长可以安排全部我想作的事。傍晚车到了村口，他指给我教堂的方向，说：太晚了村长家在最后面很远，我们必需快走。

一路上看到整齐密集的砖瓦房子，楼房不多，没见茅草屋、土坯房，大概许多家都有人在香港或国外，是典型的侨乡。我们走到一座崭新的二层楼房，这是村长的家。天已黑了，他们正在吃晚饭。

翻译向村长介绍了我，我感到村长冷冷地盯着我。并说了一大堆话，我一点也不懂。我望着这个小翻译说：他不欢迎我。小翻译说你们互相有误会。我说请村长毫无顾虑问我，我一定尽量回答。

村长一再问我为什么来这里。我讲了祖父去世爸爸伤心大哭、三三爸爸说要来老家看看、及我需出差到珠海、深圳，正好路过。所以没有与村里联系就不请而来了，实在抱歉。我给他看了北航工作证。他突然问我是否认识韶关的亲戚。我告诉他我认识三姑妈三个子女，不认识二姑妈的任何子女，但他们一定在国外不会住在韶关。这样他放松了下来。他说韶关有一个自称是祖父的侄孙子来要这个房子，村长以为我来办这个交接工作，即把房子转给那人。

我明确说刚解放爸爸就同意三姑妈的想法把祖父的教堂和房子送给村民作医院，这是祖父的遗愿。祖父的直系亲属都坚持执行这个决定。请村里保护修缮好这份财产，只作乡村医院，不作其它。如果想扩大可以在他的地面上建筑。他说一定这样。这时他很客气地请我和小翻译吃便饭，又加了一个炒鸡蛋。我才松了口气。

村长说：晚上住在村招待所，在那里有家谱，我可看。第二天带我看村子，看祖父财产，并请了解祖父的村民给我讲一下。我马上问需要付多少钱。他说全由村里付。以后我们姐妹均可受到这样的待遇。我请小翻译再陪我一天。



## 读家谱

村长家离招待所很近，这是村边，很偏僻。有点害怕。他说不用怕，现在没有人，就我一人，他把大门锁上，没问题。他给了我厚厚沉重的崭新的墨笔抄写的家谱。这是华侨捐的钱，刚重抄完的。

我小心地抱着它回到卧室，看了一整夜。第一页是祖宗赵匡义的画像，是皇帝的服装，他是宋太祖死后的皇帝宋太宗，改名为赵光义。后面几页也是画像，是接下来的几个皇帝，他的子孙。然后就是人名。

我想先找爸爸的名字，很靠后，在倒数 30、40 页。爸爸名字与二姑妈、三姑妈在一排，妈妈名字在爸爸旁边注明是妻子。我们三人名字在下一排，全注明是女的。我们这一支就在此结束。在两个姑妈的旁边没有姑父名字，当然更不会有表哥、表姐的名字，他们这一支就结束在姑妈这里。如此的重男轻女！

据说最早女儿是不上家谱的，所以才说“不孝有三无后为大”，新时代女人的名字上了家谱，已是优待。

继续往前找，好不容易找到三三爸爸和他们一家名字。本应当有三三哥哥一家的名字，大概没人报告，所以没有。这支也结束了。再往前面看，可以知道三三爸爸和我们一辈。但不同房，相距极远。我往回找这两房的关系。大概 600 多年前是兄弟。他们是大哥哥，我们是最小的弟弟。经过这么多年辈分就有如此之大的变化了。

这是我第一大收获，真没白来。看完天已大亮，快 7 点了。怕村长来睡死听不见，我只躺在床上，不敢合眼。



## 两眼望穿

不到 8 点我听有人来开锁。马上拿着包，走出房门迎了出去。我知道今晚将住在珠海。

村长问我吃过广东的粥吗。我说没吃过，他说这里没餐馆就是粥店。我们进了一家，粥的种类太多，我吃了一个鱼、鸡、猪肉混和的粥，挺好吃的。

吃完带我去看赵氏祖宗的祠堂，非常旧，大概没有华侨捐款来修。

经过小学时看到校舍是修缮很好的楼房。据说是三三爸爸那一支 100 多年前开始捐钱修建，后来陆陆续续捐，才修成这样，说明大家重视小孩的教育。

然后经过了一个棚子，有几排长凳坐满了很老的村民。他说他们是来看我的。我和大家打招呼，小翻译还没来，没法讲什么。本以为他们应当对我很热情，因为祖父财产给了他们，且祖父为他们讲道、看病。但他们很冷淡，还朝我大声喊。我很奇怪，问村长他们在说什么？村长说不用管。就把我带走了。

他说去见一位老者，他最了解祖父。到了他家，小翻译来了。小翻译说他住的对面就是祖父的教堂和房子，顺着他指的那座不高的白房子其上有十字架，这就是教堂，和我想像不同。旁边是个二层的小楼，这是祖父的医院和住房。

我们到了老人的大门口，村长已经告诉他我会来拜访。只见这是一位中等个，极干瘦的，深褐色皮肤的典型广东老人。他就生在这个房子里，从小在祖父面前长大，祖父把他当儿子，这年爸爸应是82岁，他不到80岁。他长大一点就帮祖父作勤杂工作：整理、清洁教堂，准备茶水给来做礼拜的教徒享用。也帮祖父清洁医院，特别在手术后，有很大的工作量。



我问：祖父在美国上过学吗？

他说：没有。在美国医院作了很长时间的勤杂工，去过大多科室，看过接生，开盲肠、医治疝气、骨科正骨、及骨科手术等，然后看书明白原理，还学了中药。回国之后就用所学，在家或出诊为村民看病，以他的医术和为人名扬周围各县。

他接着说：祖父接生很多小孩，还开盲肠、做疝气，他还给自已开过盲肠，是局部麻醉，半躺着做的。没有护士，大小事全是自已弄。一次一位因车祸一条腿粉碎性骨折，没及时看病造成坏死的病人来看病，祖父亲自给他锯腿从而得救。有许多穷人无钱看病，祖父就不收费或少收。祖父从美国带回来的钱一部分就用在这里了。

他又说：他的另一部分钱在香港开店。他希望爸爸来经营。爸爸不服从，只好让他的侄子管，这些人吃、喝、嫖、赌。把店铺全吃掉了。

他说：祖父去世时已经没有什么钱了。

他越说越激动。

他说："你们不知道祖父是多么的想你们"。自从爸爸和妈妈结婚后每年春节、端午节、中秋节都摆上爸爸妈妈的餐具，并写上名字。我们出生后，又摆上我们的餐具，写上我们的名字。所以村民早就知道我们家每个人的名字。就这样一直摆到他们去世。每年这几个节日祖父母非常难过地等呀等，盼呀盼，谁都没盼来。

村民们非常同情两老，对于妈妈的作为不能原谅，作为儿媳为何如此不理解老人的心！这时我才明白为什么村民对我这样冷。大概他们在骂我：你为什么这么晚才来。这年是祖父离开人世第 42 年。我听后鼻子酸酸的。想想别的人家团聚、高高兴兴地过节，祖父母孤孤单单两人对望，虽然有儿孙，但只是五份空空的餐具摆在餐桌上，这凄凉的场景，真是催人泪下。

我问：祖父在什么地方去世的？

他说：就在这里。

我问：三姑妈在吗？他答：死时不在。但之前来看过，死后是她操办的后事。

我问：祖父为何不去广州和姑妈住在一起。

他说：他不愿意去，没有文凭，在广州既不能当牧师、也不能当医生，只能养老等死。

的确祖父与村民的关系是鱼和水的关系，鱼只有水才能生活，才能有活力。这就是为什么祖父从美国直接回到家乡。他希望在美国自学的知识直接用于村民，不愿自已去做生意，怕风险大，忙于生意，没法用他所学服务于民，所以想培养儿子来管这些生意。这就是祖父一生奋斗目标。他不愿成为别人的负担，愿意工作到最后。他的确这样做的。最后只有这位邻居陪伴到终了。我说：太谢谢这位老者。

## 告别爷爷奶奶

这位老者、村长和小翻译带我去看教堂。这时的教堂是存放中西药的“库房”。祖父住房的楼下是这时的候诊室和医生看病的办公室。这天是五一假，没见医生。楼上是病房，当天没人住院。

走出小楼是小院。小院有高低两部分。在高地的最后面有祖父母两个墓地。我仔细地瞻仰了墓碑上他们的照片，可惜时过千日模糊得看不清。我抚摸着这墓碑流下了悲伤的眼泪。



我对祖父母默默地说：爷爷、奶奶，您们的二孙女来看您们了，对不起，来得太晚了。您们在世时没能相见，我们从没照料过您们，请原谅。祝您们在天堂和我的爸爸妈妈生活在一起，他们一定会照料您们报答您们的养育之恩。

我在墓碑前照了像，就算是和祖父母的合影吧。

我转过头对村长说：不论医院要怎样扩大，请一定保护好他们的墓。让后人记住他们曾为这个村作过这样的贡献。

村长说：一定。

可惜我们没有钱，不能树一块牌说明这是祖父母的遗愿，将他们的财产贡献给村民作医院。

## 感谢

村长说走吧。

我知道这是第一次也是最后一次来拜见祖父母。本想多呆一会，但一想村长不可能陪我一天，今晚我也需赶到珠海见科研合作者。所以恋恋不舍地离开了祖父母和这位照顾祖父母一辈子的老人，我应当称他为叔叔。

这时小翻译告诉我，村长说我来一趟太不容易，要带我去看宋末的古迹。我太高兴了，感谢村长想得这样周到。村长开车带我和小翻译去古井，这是最后小皇帝跳海，宋朝结束的地方。一路上村长边开车边介绍，经过许多桔园、柑园、荔枝园、龙眼园。

田地不多，当地人们忙着去香港、澳门、海外跑买卖。村长自已也是以跑买卖为生。太可惜了，肥沃的土地都荒凉了。

大约半个多小时，我们到了一个山顶的亭子前。下车后可见有一口大炮站在亭下，亭子后面就是南海，这是新会的崖门。这里形势极其险要，有几个小岛在海中形成一个钳形。村长说宋海军占有这些岛，本应挡住敌人，但元军太凶猛，宋惨败。陆秀夫背着 8 岁的小皇帝在这里跳的海。

这里有一个小小的展室介绍这段历史。我和这两位向导在这里照了像。然后村长开车送我到乡政府办公室，让我见了乡长，小翻译和村长就和我说再见了。从此我再也没见到帮我大忙的小翻译。

90 年代初村长和另一位出差到北京，来我校看我。他没想到那时的中国知识分子是如此的穷，住在这样小的公寓楼里。那时校内没餐馆，我留他们在我家吃便饭，他们说不用了，并请我第二天到民族饭店，他们的旅馆去谈谈。

我带女儿骑自行车去的。他请我俩吃了晚饭，并想让我为他们拉个关系。可惜一个教书匠哪有什么大关系。他这时才真正了解我，除了对祖父母的财产有点发言权外，对他们没有更多的使用价值。从此以后再也没见了。十多年以后姐姐和姐夫也回了老家，去看了祖父母。

## 救国与孝顺

离开乡政府，旁边就是去珠海的汽车站。我自言自语：再见了爷爷、奶奶！再见了美丽的侨乡！再见了肥沃的家园！

坐在汽车里思绪万千。祖父对自己的子女严格要求，不许沾他的光，坐享其成。爸爸不到 9 岁就离家出远门到广州学习，交通极其不便。上学期间不能回家，对比今天的小孩，如此之小怎可能离开父母？但为了将来有出息，祖父决不姑息，决不心痛。爸爸懂祖父的想法，一定不辜负祖父的培养。在广州以优异的成绩读完小学、中学，保送到北平燕京大学。

在大学路程遥远，每年只回家一次，回家期间还结合专业做调研，写文章。大学毕业后，祖父要求爸爸继续到美国深造，实现祖父年轻时的梦想。祖父希望爸爸学后回国在香港为他经商，管理店铺。但祖父绝没想到培养得越多，父子二人思想上的差距越大。

爸爸见的世面越大，越不想回老家。因为那时中国的乡村用不上社会学。没有经营头脑的爸爸不愿改行去做生意。从没有把帮助祖父经营看作是自己的责任。他只管自己奋斗。一心想在自己专业达到顶峰。

哪个留学生学成回国第一件事不是去看多年不见的父母。但爸爸从美国回来，和祖父的矛盾日趋尖锐，不仅拒绝为祖父工作，也不回广东去看父母，直接在北方工作。祖父只好把香港的生意让他的侄子、外甥管。这些人只知吃喝嫖赌，根本不管，后来这些生意全被这些人吃光。

由于爸爸婚前对外婆的“保证”、不好强迫妈妈长途跋涉到她脑中想像的华工、村医祖父的“落后”、“蛮人”家乡去见公婆。直到 1937 年暑假虽然已有妻女的爸爸，仍然只好孤身回去看望祖父母，这使祖父很伤心。

爸妈太不理解老人的思念之情。如果他们当时知道祖父母是这样的的思念，会去吗？不好猜测。我们小时从没听说老家有祖父母，在我们上学会写字时从没让我们给祖父母写几个字。如果让我们给他们写信，妈妈给她的公婆写信，这就会拉近关系。也会让老人谅解我们。

我们出生后，日本占据时不许爸爸离开北平、抗日刚胜利爸爸忙于复校、作领导及教授工作、1946 年外婆去世、妈妈病倒这一切使爸爸一直不能去看祖父母。在爸爸可以安排时间即将去看祖父的 1948 年，祖父又去世了，这对爸爸是多么大的打击、后悔自责的心情油然而生，无法控制自己悲痛。

五四运动反封建，把孔子的礼教全否了，我想爸爸受此影响扔掉了“孝”字。爱国是爸爸的心，一心想的是作什么事情来救中国，那时的中国被列强瓜分，贫穷落后，爸爸选学社会学就出自于此。

他觉得照顾祖父、帮助祖父是小家，好男儿应志在四方。就把照顾祖父母的责任全推给了他的三姐。但在农村，孔子的礼教根深蒂固。他们认为爸爸太不孝了，对于妈妈，简直不像个儿媳妇！在农村儿媳就应当照顾公婆，这是天经地义的职责，怎么脸都不露？！从村民来看真是大逆不道。

爸妈应当好好感谢三姑妈。她大学毕业后回到广州作中学校长，三姑父有他的建筑公司。他们有三个比我们大一点的子女，自己的工作已经够忙的了。她不和爸爸计较，主动承担照顾祖父母的责任。但她不可能成天陪在祖父母旁边，交通如此不便，每年去看望多次，已尽力而为。

祖父的侄子、外甥把钱全花光后长年不停地打搅她。既花时间又花钱。记得 1970 年春节我从株洲到广州去看姑妈，只住了三天就见过两次祖父的侄媳来叫苦，要钱。我理解了爸爸不愿在靠近老家地区工作的另一原因，就是想远离这些麻烦。我也觉得妈妈太不知道姑妈的辛苦了。

1956 年的春天，妈妈说我马上高三毕业，应当有手錶了。并说祖父的钱应当在姑妈手上，她写信让姑妈送我，就算是祖父给我的纪念物。我听后很奇怪，为何爸妈有钱不给我买，而让姑妈买，是否在算计祖父的钱，爸爸知道吗？同意吗？但过了一段时间妈妈给我一块瑞士非名牌錶，用了她一个月的工资。并说：祖父没有留下钱。我感谢妈妈，今后一定要珍惜时间。这块錶一直跟着我到了美国，作为对妈妈的纪念。

1970 年我带学生在株洲实习，正好有几天春节假，我给姑妈写信告诉她去广州看她。见了三姑妈她说了一句至今难忘的话：因为我的父亲是她的弟弟，她才愿接待我。

这时父亲已去世十多年，这似乎表示不是因为我是她的侄女，不是因为我们家和她们家的亲戚关系。我隐约感觉她对妈妈有意见。我想起妈妈让她用祖父钱给我买錶一事，爸妈从没帮祖父作生意，也从没照顾祖父母，一切由三姑妈承担，而最后还向她们要钱实在太过分。妈妈不是个好儿媳、不是一个好弟妹。

我回了老家对爸爸有更深的了解。爸爸一生在奋斗，且做出成绩，所以非常相信自己的能力。自己深思熟虑的结果是不会轻易改变的。他的目标很明确，不会被任何人包括自己的父亲而改变。他出国留学、在国内做调研、相信所见所闻、不轻易随声附和。皇家的后代，富饶的家园，有一种优越感，骄傲情绪，固步自封，固执己见。五四运动的影响，敢于反封建，打倒孔家店的旧礼教，不怕孤立，敢于反抗。我认为这些就会成为他是右派的原因。

# 燕京人的关爱

## 后悔

1947年的冬天很早就来了。11月底就可滑冰，一个周末的下午，我们去滑冰。小朋友玩捉人。我滑冰已比过去好一点，但跑得不如其他小孩快。看到他们要捉到我了，我就躲在一位阿姨的身后。我不知她不太会滑。看到他们来捉我，我就抱着她的腰，想让她帮我挡住。没想她站不稳，整个人倒在我身上。我完全站不起来。她的丈夫是爸爸的助教，赶快跑来。她可自己站着，我可不行了。

他们用自行车推我回家。爸爸马上打电话请校医院的主任吴大夫来看病。他看后说不要站，可能骨折，最好到城里的医院去照片子。爸爸叫了学校的小汽车，和这位叔叔送我去城里医院看急诊。

拍X光片后马上知道是左小腿骨裂缝。不幸中的万幸是没折，没碎，不用开刀。当时的医学认识，必需打石膏。这样热乎乎湿漉漉的石膏板从屁股到脚后跟、脚掌全给捆住，不许有任何弯曲，脚趾也不能动，这样我的左腿很快就麻了，我知道在一个相当长的时间，就是这样呆着了。

这是当时的医疗方法，如果现在，用一个木板夹住，除夹住部分外其它部位全可活动，这样腿不会麻，血液循环好，康复时间会大大缩短。

叔叔直向爸爸道歉，爸爸说这是我的问题，不能怪阿姨。我也很后悔，让他们捉住总比躺在床上好吧。

## 生日在床上

这件事很快传到燕南园许多人家。

这时正是我的生日，许多人送我坐在床上玩的玩具。最好玩的是雷姑姑送的美国出的拼图，难度符合我的年岁。图案是月亮，船，热带海滩，椰子树等非常漂亮的安静夜晚。住60号和中国人最能打成一片的美国教育家夏仁德夫人送来坐在床上的靠背，和可折叠放在床上的小桌。这个靠背是没有坐椅的单人小沙发。手臂放在沙发宽扶手上非常舒服。这样白天我可坐着学习，玩，大小便，吃饭梳洗全在床上。



吴大夫告诉妈妈多给我吃鱼骨头。这样每顿饭有一小条醋炖鱼，我必须把它吃得干干净净，开始几天可以吃小刺和脊椎骨，吃鱼头困难。我慢慢地用牙把骨头嚼碎，咽下去。当时市面上很难买到钙片，只能如此。

我的老师让住在附近同学“大头”每天课后给我送功课，把我的作业带回去。我非常感谢他。这样缺课一个月我还是可以跟上，并按时参加大考。从这次生病，让我看到大家的关心帮助，我没感到孤独和无助。

经过一个月的休息，保姆找来一条妈妈的肥大裤子，把我这捆著石膏的腿装了进去。我家大厨常德路师傅把我放在他的肩膀上，即骑着他的脖子，双手抱着他的头。走路一颠一颠地带我到校医院去照片子。我们必须经过小学旁的马路，这时有的班放学了。一路上招来不少同学和大人的观看和议论。我都害羞了，他还是那样神气地走着。我真不懂为什么他不用自行车推我去。

真幸运，骨头全长好。校医把纱布剪开，打掉石膏，重量减轻不少，但我已不会走路了。因为左腿的肌肉无力，膝不会弯，脚趾也不会动。他又用同样方法带我回家。这次体会到这种姿势很舒服，因为人是正坐不是侧坐，双腿舒展不受压，真比侧坐在自行车上要舒服得多。如果他推车我的石膏腿不能弯，他就会很累，所以用了如此聪明的方法带我到医院。我至今都很怀念他。

回家后全家人为我高兴。我一个多月没下楼和大家在一起吃饭。但我的左腿不会弯，脚也不能受力，怎样办？必须马上学会自理。我先围着床走，右腿用大力，右脚使劲一拧，才能把左腿带起来，走一小步。扶住周围的一切东西慢慢走。上下楼梯最吃力，我就用右脚和双手抓住扶手上下楼梯。

大约一周才可不用手去走路。但姿势极差。两脚不能平行而是比八字还要向外撇，且右脚一拧的动作持续20多年，照着镜子练了很长时间才有一点好转。所以同学给我起个外号“八字”。一直到现在走路姿势还没完全改好。

“大头”每天来我家送功课，引来巨大的问题。小朋友哄我和他好，特别是小哥哥，他哄得最厉害。我就再也不和“大头”说话了，也不敢和他打招呼或笑一笑。



## 小情人来了

2012年我回北京想看一下小时的同学。结果召集人三三的姐姐总也请不来大头。他们就住同一小区，我打电话，他也用各种理由推脱，只好激他一下。

我说：“你的小情人专程从美国来看你，你都不赏脸吗？”

他来了，说：“你变得这么逗了，想想小时候你见了我，脸就拉得长长的，我为啥要来看这张臭脸”。

我们都大笑起来，原来他记一辈子仇。我们老同学只来了不到10人。美国妞来了，还是很瘦小，会跳舞，我们俩跳了几支曲子。校医院主任吴大夫的儿子廼言来了，很会聊天。

会唱会跳的红玉来了，她变得又高又大，和小时差别太大。她要考我舞技，我问谁带谁，她说当然是她带我，她考了我探戈，都是基本步，很简单。

俩个初中同学，其一是三三姐的老相好石友兰，现在的名词是闺蜜，那时她们坐同桌，成天泡在一起。另一位是航空中专毕业，后来做航空工作的男生吕岐鸣。我搬到城里的第一年他和另一位男生刘海福来看过我。以后从没见过，直到这次。由于他们是初中才来的，只和我在一起两年，很对不起他们，我们聊小时的事太多了，他们插不上话。



最后三三的哥哥、嫂嫂带来了许多水果，我们又开始大吃起来。真是难得的见面，又跳舞，又讲笑话，我表现足够随和，谈笑风生，大家都说我变得让他们都不认识了。

小时候被妈妈管得很厉害，除功课外，什么都不懂，显得又呆又傻，特别是锻炼方面，体育课总不上，就害怕体育运动。但他们很活泼，勇敢，好玩，会玩。

我说：这是我向大家学习的结果。我到城里中学后就变得很活泼，一直到现在，是永远的文娱干事。

我们在一起共进晚餐，玩得非常高兴，大家纷纷离去。最后只剩东道主三三姐和“大头”。在陪我等车时，“大头”突然说：“我可以抱抱你吗？”我说：当然可以。

我们都是各有家室，各有子女的人了，如此之老，分在两国，以后是否还能相见，谁能知道。他一把把我抱起来，我亲了他的“大头”。儿时的小情人就此结束。这也是我对他儿时帮助的感谢吧。

# 多事的 1948 年

## 争取，送行

1947 年妈妈显得精神一点。虽然仍然把自己关在房里，但可到厕所大小便，偶尔也和我们一起在楼下吃饭。

下半年我听见爸爸告诉妈妈学校给他一年休假，可去美英两国看二战之后美英教育的变化。看得出他是想去的。

妈妈不愿他去，问他：必须去吗？

爸爸说：他去对于他的法学院是极其重要的。因为司徒当大使后，不再为燕京跑钱，他若去，可以到华尔街和洛克菲勒基金会去要钱。

妈妈听后不再说话。因为爸爸不去会让别人去，每人只会为自己单位找钱。钱是很不容易找的，找到后也不愿分给别的单位。所以这次公开名义是访问，实际是去募款。妈妈最后同意了。但她总是往坏处想：飞机会出事，在美国会被抢，再也回不来等都在她的脑里。所以她并不高兴。我们小孩不以为然。

过了年爸爸就要出发了。走的那天不是周末，我还不能上学，就让我去送他。这个车里有一个躺在担架上的上海女生，她长得非常清秀，但面部苍白，眼神无力。她的脊椎骨有结核，不能动，学校安排爸爸和她同飞机到上海送她回家。

爸爸的一个助教张绪生叔也来送行。我们的车直接开到飞机旁，机场工作人员把病人抬到机上。爸爸提着自己的行李上了飞机，回头冲我们摆摆手，就进去了。

飞机较小，没见很多人上飞机，我忙着东张西望，这是第一次看到真飞机，和第一次送人走，很是新鲜。没多久飞机就起飞了。这时我才明白要一年后才能见到爸爸，有点伤感，但没哭。我后悔自己太冷淡了，爸爸会生我的气吗？正在自责时，只听张叔对司机说我们回去吧，司机开着车送我和张叔回家了。

## 新颖春节

爸爸走后，两位未婚的爸爸助教瘦高个张叔、中等个沈家驹叔常来看我们。

不久就是春节，他们俩人推了两辆自行车带我们到离燕园很远的大钟寺去看春节活动。这是第一次带我们走出象牙塔，让我们看看老百姓是怎样过年的。

那时燕京到大钟寺没有马路可走，那年雪大，农田全被雪覆盖着，农村小路与农田分不开，他们不熟悉，很快就迷路了。自行车在凹凸不平的田里实在走不动。他们满头大汗，我真想说，让我们走一走。但怕如果摔跤，再骨折，就更麻烦了。大约三个多小时才走完这一个多小时的路。



我们先去看了这巨大的钟。燕京钟亭的钟就显得小得可怜，抱着这个大木棍撞了大钟。钟声洪亮，很深沉，燕京的钟声比这个声音音调高。然后走进去，人真多，太新奇了，什么都没见过。

吹玻璃：把玻璃溶液吹成不同的形状，有小彩色葫芦形，有螺丝圈，有的套在一根棍上。

套圈：地上放着各种泥娃娃，小狗，小猫，用一个小圈去套，套上就付钱把这个玩具买走。

剪纸，写春联，这里有做好的，也有根据买主的要求现场来做。

卖各种春节玩具，卖小吃，烤白薯，真有意思。

我们只套了圈，吃了点烤白薯。已是下午三点多，天黑得早，又怕找不到小路，就回家了。他们打听了路，所以回去很顺利。按现在来说这算是带我们接了地气。看到了校外人民的生活。给我们的思想来了一个小冲击。其实，我们都没见过我家保姆家里的生活。

## 盼

爸爸出国后常来信，一封给妈妈的长信，一封给我们仨的。我们看完很想知道更多，妈妈只是简单地说爸爸见了什么人，谁请他吃了饭，去了那些城市：旧金山，洛山矶，芝加哥，他大学所在的城市，华盛顿，波士顿，纽约等。

还不时地寄来包裹。我最喜欢的是：葡萄干、无花果干、李子干；美国做的方便面，那个调料是鸡汤味的还有一层黄黄的鸡油漂在上面，真香；各色巧克力，我最喜欢有果仁的；还寄来圣诞树的装饰灯，装饰物等 。大概每三个月寄来一个包裹。

我们经常算计着爸爸该来信了，该有包裹寄来了。我们时刻念叨着远方的爸爸。



## 他是谁?

爸爸走前已把家安排好了。原来只用几位保姆，没有男工，爸爸一走家中无男人太不安全，就雇了常师傅入住，据说他是个餐馆的厨师。极瘦、中等高度，很帅气，30岁左右。原来做厨房工的保姆年老，早就希望不干，冬天在地窖子烧锅炉，搬煤下楼，用铲子把煤送进锅炉，再把灰掏出来送到楼外太吃力了。但她工作很好，妈妈病了，不愿换掉她。现在正好要男工，她马上就同意走。这时三三家的大厨推荐这个大师傅来。所以就相信他是可靠的人了。

他来后很想表现厨艺，可惜我家不常请客，又是小女孩，吃的少。我家最重视的两种基本营养不用他买。牛奶来自燕京牛奶场，每天专人送；鸡蛋是从一些常来送蛋的农村妇女处买的。其它的菜很简单就是青菜，猪肉。

燕京在远离城市的郊区，本来就没有什么好菜。虾，鱼，鸡很难碰到，有时可买到猪肝，猪腰，这就是上等菜了。大厨就用这些菜来表现他的手艺。他的溜猪肝极嫩，滑滑的非常好吃。原来是只为吃营养，盐水煮，很老，很硬，不好吃。他做的炒猪腰非常嫩，腰花切得漂亮，没任何骚味。做的青菜颜色翠绿。只做过一次松鼠鱼，像松鼠一样卧在盘上，调的汁酸甜可口。

由于做菜不能表现他的手艺，就用主食来表现。他最漂亮的动作是作银丝卷时的抻面，一块面发好后，两手向外抻然后叠起来再抻，反来复去就成了极细的丝，蒸出的花卷又香又甜。他做的菜包子，豆沙包子也特好吃。



他会骑车，干事麻利，搞卫生，洗衣，做饭很快就完了。骑车去海淀买菜也很快就回来了。所以晚上 7 点后他就锁上厨房门，回到他的卧室。

自从他送我上医院，听别人的议论，说我是谁的女儿，那个班的学生，滑冰摔折了腿等之外，最多的是大厨演双簧、数来宝、相声等等有趣的样子，有趣的段子。看来他是个公众人物，有许多粉丝。这是我们家人一点也不知道的。我想他扛着我走得一颠一颠地很有节奏，一定心理在唱什么，也许是二人转，也许是戏曲，也许是扭秧歌。他很享受他的知名度，所以人家议论，他越走越得意。

后来我常到厨房去看他做饭。清早可见他从他房里扫出许多花生、瓜子皮，不像他自己吃的，我问他，他说朋友来玩扑克，聊天吃的。有时一个晚上都不在家，他说到学生或工友的晚会去演出了。一次我说再有演出告诉我，我去看看。

1948 年是学生反饥饿、反内战与国民党斗争最激烈的一年，贝公楼常有演出。一天他告诉我当晚有演出。我去看了，他在演双簧。他是前面做动作的，脸抹的全是白粉，很逗。我们只是认为他是个好热闹、喜欢交朋友的人。

爸爸一回来，他马上就走了，并且介绍另一个大厨来。

解放后，爸爸参加北京市政会议回来说在会上看见了这位爱热闹的大厨。他坐在主席台上的领导席，不用在我家的名字。散会后，爸爸碰到他，他只是礼貌地点个头就过去了。这时我们才明白，他住我家是因为这一年没学生来，也没有请客，容易隐藏。可能是海淀地下党的领导，那时正准备打北京，也许他来收集国军的军力部署。他和几个人家的大厨有关系，解放后这几人是海淀区地下党的成员。似乎他与燕京地下党无关。我们这才知道，他白天很快干完我家活，其它时间在做地下工作。





## 学做衣

除大厨外，妈妈有一个专用保姆淑芹，30多岁，瘦小，很安静，总是笑嘻嘻的。很适合妈妈的要求。工作很耐心，说话细声细气，有空时也作点针线活。

管我们仨的保姆是一个40岁左右的大个子，大块头、上过高中的妇女吴金如。她走路大步流星，嗓门挺大，人很聪明。打一手好毛活、作棉衣、作布活都好，没看她作绸缎的活。我们不需要她来辅导功课，她只是监督我们执行妈妈定的规矩。铺床，帮我们洗澡，大部分时间是为我们作衣服，织毛活。

她看我这个光身的可怜娃娃，就拿小碎布为它做了大蓬袖的连衣裙，又做裤子，我看懂了也找布来做。后来她用一点毛线给它打了毛衣、毛裤、毛袜、毛手套。我非常想学她的本领，特别是打毛活。我仔细观察她是怎样做的，看会了就要毛线给娃娃做，这样我的娃娃最富有，我会玩娃娃了。更重要的是我学了做衣服、打毛活的本领。

妈妈股票的分红是给毛线，家里有很多毛线，由于打毛活很花时间，妈妈总让我穿姐姐穿不下的，从不给我做新的。如果我会作，就可为自己打了。我让妈妈看了我给我的穷娃娃织的毛衣、裤、手套、袜子表明我学会了，就向妈妈要毛线，从此，我的毛衣、裤、袜子、手套全是自己织的，高兴极了，没人能和我争。熟能生巧我可以边看小说边打毛活，真是自己动手丰衣足食，大大改变我的面貌。

我非常感谢这位保姆。后来我有了自己的小孩，就为她和我自己作连衣裙，文革后市场还没推出连衣裙时，我是学校第一个穿自作连衣裙的，很多人羡慕地问我在哪买的，一些人借去参考。这就是童年学到的。那时我才是七，八岁的小女孩。



这位保姆的儿子比我姐姐大几岁，听说她的丈夫要带他们走，就离开我家，再也没见。真可惜，如果她再工作几年，我会学做更多的衣服。她走后就没有专门照顾我们的保姆了。

我们长大了，妈妈也想省一点钱。妈妈的专用保姆给我们做棉衣，她不会打毛活。爸爸走后妈妈不可能总躺在屋里，她自己上厕所，下楼吃饭，这位保姆一直做到我们离开燕京。

每年家里雇花园工，他们种了不少蔬菜。这让我看到了这些蔬菜的种植过程，对我后来在困难时期种菜很有帮助。我们在家也帮助浇水，或摘採成熟的蔬菜。我最喜欢摘草莓。在藤萝花盛开时，大厨摘了花为我们做花饼，非常香甜好吃。

## 小红萝卜——主任校医晚间亲自出诊

自从我们的保姆走后，我们自己照顾自己。

我懒得用水好好洗手，只是用一点肥皂擦在手指上，就算洗完了。冬天常没戴手套，一周后手背全是小口子血印出来，双手冻得红红的像小红萝卜疼得要命。一天已是睡觉时间，妈妈来检查，发现了。

马上给吴大夫打电话，问他：该怎么办？

他说：他要来亲自看看，处理一下。

很快就骑车来了。他打开热水，发现已不够热。因为吃完晚饭大厨走前把大灶中的火封了，所以热水锅炉的水已不热。他亲自到厨房烧了开水，拿到楼上，放在小脸盆里，调好温度。让我卷起袖子，把双手放在热水里泡。然后用肥皂擦在整个手上特别是手背。又泡到水里开始搓，黑黑的脏油泥不断地搓到水里。换了水又洗，直到手背没有黑油泥。擦干、抹上厚厚的凡士林油，用沙布裹上。然后上床睡觉，真舒服，谢谢大夫。他太认真负责了，本来可让我明天到校医院让护士处理。但他一定要亲自来处理。

他教会了我们怎样洗手，以后再也没出现问题。解放后才知道他和李大钊是战友，是那时的共产党员，李大钊被杀后他帮过李的家人。

吴大夫一直对我家帮助很大：抗日时爸爸出狱后，他指导爸爸如何尽快恢复健康。复校后，妈妈这场病他更是常来指导，当然妈妈的固执，接受不了任何人的意见。我腿折也是他夜晚赶来指导，马上到大医院去看病，并建议多吃鱼骨头。

解放后燕京关闭我家搬到城里后，再也没见过这位好医生。



## 换币忙

这一年国民党在衰败，货币贬值厉害。特别是金园卷的发行，钱已不值钱了。每月爸爸工资一到，就见妈妈打电话给在银行工作的汪二哥。打听兑换货币的比值，把这些容易贬值的纸币，变成硬币银元等，真紧张。看妈妈思路敏捷，真不像有病，真希望永远如此。

我们学琴也变成付银元了，一小时一个银元。

虽然有大厨住在这里，但妈妈到晚上总觉楼上不安全，她叫大哥来住。大哥白天上课，晚上做功课，画图，上图书馆忙完才回来。有时我们根本看不到他。但他的到来让妈妈安心。





## 看演出

这一年学校在地下党的领导下积极参加反饥饿，反内战的斗争。一方面到市内游行，一方面进步社团进行各种演出。有时一位叔叔会来带我们去。

记得有一次真把我吓坏了：我们到了贝公楼的门口。许多人都挤在门口，他们不放人进去，据说有国民党的特务要进去捣乱。这位叔叔已和他们打过招呼。他走在前面拉着我的手。当让他进去后很多年轻力壮的男人抢在我前面要衝进去，而叔叔是要让我进去，我的胳膊简直要挤断了。我说不看了，但也挤不出去。这时叔叔告诉他们我是谁的女儿，看门的一个强壮的大学男生扒开那些人把我抱了进去。

这次之后我下决心以后不去凑这个热闹。

这种演出是小节目，皮影戏，秧歌小剧，相声，数来宝，舞蹈等，有关反饥饿，反内战的。这年燕京的各剧团演了不少大，中型话剧：有俄国的“罗亭”，高尔基的“錶”，“第41”，中国的“大团圆”，“家”等。

过去晚上妈妈不让我们出去，现在有叔叔带着，妈妈也管得不那么严了。后来出去几次没出问题，没有叔叔带也可以出去看节目了。我感到自已长大了，看了这些反映俄国两次革命的话剧，让我认识到那时大学生搞的游行是属于革命的一部分。

## 走形式

燕京是美国人办的大学，国民党不敢冒犯。但这次燕大搞得很突出，他们要求一定要进校来抓那些黑名单上的学生。一个星期天他们进来了。在他们要求进来前，那些黑名单上学生早在进步的中美教授帮助之下离开，已经去了解放区。国民党也知道，但他们要进来威风一下，也好向上级报告。

那天妈妈让大哥呆在家里，不许出去。他是念书不关心政治的，但总怕国民党疯狂，随便抓几个去交差。

我们小孩很淘气，假装在院子干活。中饭后来了两个穿国民党军服的小官在燕南园走了一圈。他们都不敢抬头看我们各家，一看就是走形式，不是来搜人的。他们走后我们这些小孩马上跑到游戏场，大家叙述着自己的见闻。并说大家所知道的黑名单上的人是怎样走掉的。真有意思，我们似乎也参加了与国民党的斗争。

## 有“客”自远方来

1948年中国的政局动荡不安，各派力量都在拉人。

在我家第一个出现的是一个自称是爸爸的赵姓新会老乡，国民党的什么小人物来看妈妈。说了许多政治问题，妈妈表现没兴趣，他也不走。妈妈想也许他是来蹭饭的，马上让大厨开饭，请他吃我们营养午餐。他表现失望。妈妈说现在教授也没钱，我们就是这样度日的，话不投机，吃完就夹着尾巴走了。

后来来了一位自称在美国认识爸爸的美国人。他会说中文，他要求见几位教授谈谈。过几日妈妈请了几位，有我家的常客著名的民主人士妇：严伯伯、雷姑姑，他们很有水平对付各种人，妈妈胆子就壮了。极简单的饭菜，这人看着无利可图，吃完就走了。

妈妈打了两个漂亮仗。



## 定心丸

下半年局势更紧张。解放后曾有解放军问我们是否听见枪声。他说解放军曾打过仗，但觉得还太仓促就停了下来。把重点放在先解放东北，然后入关，而不是两边夹击。

成都燕大校长梅贻宝教授带着夫人来看妈妈，他是当时清华校长梅贻琦的弟弟。他们劝妈妈带我们到美国去找爸爸，这是一个出国的最好机会。妈妈说她和爸爸都不想在国外流浪，过有家不能归的生活。如果爸爸想在国外生活，得到博士学位就可找工作了。

他们的确给妈妈提出个问题：如果爸爸回不来，家里的经济怎么办？

妈妈跑去找校长，校长明确表示，他不会走，他有饭，我们就有饭。他给妈妈一个大定心丸。

当妈妈做这个决定时绝不会想到后来如此之多的运动，爸爸成为右派早死，文革时把她的家全抄了还搞了个轰动全校的“老妖奢侈生活展”。经历了这些无妄之灾之后，她是如何想自己的决定，我们谁也不知，因为要求进步的我们当然不希望她说出后悔的话。这件事是个永远的迷，但死前她写的那些短篇小说不能发表的原因就是政治环境不允许。

从我家这一个点，可看到各种势力的争夺。爸爸走后就有新闻系的人来给妈妈送解放区的小说，大厨是地下党，这些进步的叔叔带我们去参加反饥饿，反内战的活动。上面说的那几位来找妈妈是国民党一边的。当时我父母认为国民党贪污腐败，不可能把中国统治好，寄希望于共产党。应当说是真正的进步之家，不是骑墙派。



## 分化

在国民党失守长春、四平后，燕京的人也开始分化。绝大多数的人是不走的，其中一小部分是盼解放，更多的是没钱，没地方可去，谁来统治无所谓。另外有人不喜欢共产党，有钱有地方可去，他们收拾东西去买机票准备走。

校长是坚定不走的，一定和大学在一起。

住我家后面的，复校时为我家接风的总务长家就走了。

林嘉通教务长家也走了。

他们都是和爸爸一起在日本监狱的狱友。现在全都分化开来。

这两家还不一样，教务长家到了上海就不走了，总务长家直奔美国。他家的一个儿子后来是力学专家。80年代曾到我校作学术报告，我没去和他打招呼。因为在燕京我没见过他，他可能知道姐姐的名字，当然如果说爸爸的名字，他会记得的。他们和‘脖子哥’是有联系的，因为家长都是上海人。他回美后帮助‘脖子哥’出国并在美国找了工作。

那位清华校长梅贻琦和他的弟弟梅贻宝去了台湾，后来成了台湾清华大学的校长和著名教授。

# 长大

## 月光在我心中

自从我们晚上可以出去看节目后，我的同学朋友都会给我消息。

一个夜晚在女生体育馆有演出。我们去得太晚，这个大篮球场已席地坐满了人。我们只好就坐在门口，麦克风不好，前面的节目听不清。突然大厅的灯光全暗，一束侧光打在坐在钢琴面前的男士身上，并报幕“贝多芬的月光奏鸣曲”。周围有人说他是校长的二儿子陆卓明。这是我第一次看大人的钢琴独奏。他弹得非常好，让我听懂了。第一乐章让我感到了美丽月光下安静的夜晚，第三乐章让我感到大浪冲击海边的岩石，作者心潮澎湃。



我下决心将来一定要弹这个曲子，但由于社会的变迁，直到 40 岁我买了自己的钢琴后才弹的。

这位业余钢琴家，是北大极受欢迎的世界经济地理学教授，西方古典音乐爱好者。为丰富学生的业余生活、音乐水平，开设了大学生音乐欣赏课，分析了许多著名的大曲子。我校的音乐欣赏课老师曾向他请教。

## 音乐系实践环节

这年燕大音乐系，钢琴专业最大的班级已是四年级了，他们设有教钢琴实习课，把这个班的大学生分给学琴的小学生。我们三人的老师全换了。我姐姐的老师后来就成了我们的干嫂子。她注重技巧，但不讲曲子的背景故事，有时就显得干瘪不吸引小孩。我的老师是个极漂亮的天津阔小姐，她给我的功课比原来的老师容易得多。有时回天津没回来就放假了，因为她不在乎这份收入。妹妹的老师是个大高个女士，由于她才学了一年多，看不出这个老师的特点。

当时学琴的小孩多，大学的琴不够用，我们住在燕南园离老师宿舍近，就到家里来教。

我常到其他人家的外面去听他们弹到什么地方了。也喜欢到音乐系楼外听大学生练琴。看他们弹什么和练琴方法。我的语文老师是班主任，她听说我会弹琴，问我什么时候练，我说午饭后。

有一天我正在练琴，从红黑色发亮的钢琴木板上反映出窗外有人。马上回头一看，这位老师正站在客厅窗外。

我一面喊楼上的妈妈：我班主任李老师来了。

一面去开客厅玻璃门。老师告诉妈妈她想看我弹琴。妈妈马上问她是否会弹，她说会。妈妈请她表演，她坐下来自信、熟练地弹了起来，弹得雄壮有力，突然她停了说：下一段太长了，不弹完了。

我和妈妈非常感谢她的演奏，让我知道有如此之多的好听曲子。我也要像她一样把钢琴坚持学下去，成为我的终身伴侣。她告诉我这是舒伯特的军队进行曲。

在我 54 岁出国之前得到了原版的曲子，这个曲子又长又难。我虽然弹完，但后一半没弹好。这时我才知道老师虽不是钢琴专业的，但她的钢琴造诣非常深。

## 伴奏

我学了 4 年琴后，开始做小学合唱团的钢琴伴奏。我的钢琴老师从不教怎样配伴奏，我模仿音乐老师的做法。她是右手弹主弦律左手弹同音的 8 度，并打着拍子，这样我也很快弹伴奏了。

一个下午，我正为合唱团弹伴奏。一个很瘦、个子不高的大学男生站在音乐教室外面，很长时间也不走。我正奇怪他想干嘛，他极礼貌地敲门。我马上开了门。





他礼貌地问我：是否让他来试试弹这个伴奏。

我一直希望有人教我。我想他一定会，如果他弹得不如我，他不会来现丑的。

我也礼貌地说：欢迎他来弹。

他坐下弹起了前奏，然后大家随他的琴声唱。他用的全是大和弦，声音非常丰富，矫健有力，最后还来个琶音的尾声，太棒了！我们大家热烈鼓掌，让他再弹一次。这真是一次极好的学习。他花了不少时间，把歌听会，伴奏想好，有把握后才敲门，给我作示范。我盼望他再来，可惜没实现。

## 多一门技术多一条生路

以后的岁月，我当了很长时间的钢琴伴奏。

中学时我还成了合唱团的团长。因为我可弹琴带着团员唱好各自的声部，准备好了再请老师指导，老师省了不少时间。

上大学也当了一年合唱团伴奏，然后参加女低音声部。

留校工作后我是校教师合唱团伴奏。

文革时校宣传队合唱团的伴奏。那时时兴毛主席诗词大联唱，我是伴奏。音乐学院指挥系四年级的一位女学生大串联来帮助练习。她指挥时我伴奏，学生指挥时我请她伴奏，从旁学了好多招。这是我弹伴奏收获最大的一次。

在中国业余时间教我小孩、邻居小孩、同事的小孩弹琴。

到美国后，我在餐馆弹过琴，挣不到钱。有朱莉娅钢琴系毕业的老太太说我的水平最好是教钢琴，不是演奏。她说我如果想演奏应当花钱去好好学几年。我告诉她我没钱才想来餐馆弹琴挣钱的，她坚持说去教琴。

在美国买了钢琴从拜耳这本书练起，经常一天 6 个小时。弹了许多练习曲，去年弹完肖邦练习曲，收获很大。

现在在两个老人中心任教，你能想象 50 多人一起听我的课吗？这里中国老年人很想把年轻时的弹琴梦给圆上。我理解他们，尽力帮助。

看来钢琴真要陪我一辈子了，它给我带来愉快，充实。我感谢妈妈坚持要我们学琴。她并没有要求我们必须成为钢琴家，她当年说：多一门技能，多一条出路，多一种对生活的享受。她很后悔小时没学琴。接受她自己的教训，坚持要我们学，妈妈是对的。

# 守护正校门

## 赶回来

解放军解放四平后，姐姐的地理老师石文博叔叔高兴地告诉他们锦州解放了，接下来是解放平津。姐姐回家后立刻告诉妈妈，妈妈去见陆校长申请让爸爸提前回来。

在美国，爸爸非常关心中国的战局。当看到沈阳已经解放了，他马上申请提前回国。他怕两个月后返回时，因北京解放，不通飞机，就回不去了。燕京在美国的董事会批准后，爸爸马上买机票回来。



妈妈和爸爸的世界观和人生观是一样的，谁也没想让爸爸留在美国。爸爸对共产党的盼望、对家庭的责任感、希望和相信一定会解放、会出现一个新中国。他必须尽快赶回来参加国家的建设。

那时想回来的人是很少的，回来的机票很好买。

这时已是深秋。一天午饭后，妈妈说下午爸爸到家。我高兴之极，爸爸走时我不懂，没有好好和爸爸说告别的话，只顾看飞机，看乘客。走后我一直自责。全家就我一人到机场，我应当让他感到家的温暖，家人在等他安全回家。我们一定照顾好妈妈，和我们自已。我怕爸爸还记得我送他走时的冷淡，怕爸爸不理我，有一点害怕见到他。

下午的课没有听好，一直在想怎样见爸爸。下了课我忐忑地跑回家。到了楼下就听见广东人大嗓门的爸爸在和妈妈说话。我高兴之极忘了下午上课时的踌躇，马上跑到爸妈的卧室一头栽到爸爸的怀里，大滴的眼泪急速地落到爸爸裤子上。

爸爸抚摸着我的头，拍我的背，然后说：老二让爸爸看看你。

他边说边拿出他的手绢擦我的泪，我不好意思地低着头傻傻地站在那里。

妈妈解围说：看到爸爸了，回房间去念书，吃饭时再和爸爸说话吧。

## 燕京大学解放了

爸爸一回来不久，国民党的兵往后撤。学校不想让国军撤到大学里，在校内形成战场，所以由教师学生组成护校队，把燕京各个门守起来。

爸爸马上参加。由于是学校最年轻的院长，就让他负责燕大的正校门。一天 24 小时，都要有人管。爸爸要掌管全局，有时白天，有时夜晚，忙得要命。他的时差就在这混乱中倒过来了。

过了几周，他高兴地回来说燕京解放了，国军几次攻大门都被他们阻止了。最后国军退到市内，海淀解放了。



## 难得的生日聚会

爸爸是 11 月 13 日到家的，12 月 23 日北平西郊解放，这一个多月爸爸忙于护校。

12 月 7 日是我 10 岁生日，妈妈记起，说：给我大过这个 10 岁生日，爸爸回来后从没好好休息，也没好好聚过，趁此让爸爸放松一下。

从珍珠港事件 1941 年 12 月 7 日那天我过的生日后，到这时妈妈从来没给我们姐妹庆祝过生日。因为抗日，无心情作。

胜利后妈妈病倒，也不可能作。

这次允许我请小朋友来。我请了 8 位，女生有三三的姐姐；一个会唱歌的好友、后来是煤矿文工团歌唱演员；一个跳皮筋特好的后来在河南学医的好友；一个来自上海民主人士的女儿；小哥哥；大头；脖子哥；小学唱团指挥。大哥也来了。妈妈问我想吃什么样的蛋糕，最后决定是栗子面的蛋糕，新厨师是西餐大拿，他做了一个漂亮好吃的大蛋糕，还有其它小点心，花生，葡萄干等。我们主要是照相，聊天。大家相互不熟，且爸爸、妈妈、大哥都在，谁也不敢瞎聊鬼故事，所以吃完就散了。



以后在中国不提倡庆祝生日，运动太多，没有心情过，只是自己家人一起买个蛋糕就算庆祝了。



回想我有小孩后，我和丈夫、小孩三人在小孩生日时买个中关村西点店的蛋糕来庆祝我们全家三口的生日。把蛋糕分成三份，冻在冰室，慢慢吃。我们的小孩经常“偷”吃我们的。为此我还和她斗嘴，让她尊重我的权利。她爸爸就心甘情愿地让她“偷”，很有意思。

来美国后，72 岁本命年我在点心店请了十多位朋友来庆祝我的生日。其它的那些年是在老人中心或舞会上集体庆祝的。

我女儿每年来为我庆祝生日，就是我俩，一起玩，一起照相，很开心。

那几年是燕京最蓬勃发展的几年，现在燕京大学解放了，以后会怎样？谁也看不透。

# （四）解放初的燕京大学

## 燕京大学刚解放

### 秧歌、锣鼓喧嚣

1948 年 12 月 23 日燕京大学和北平西郊解放了！

解放区的天是明朗的天，解放区的人民好喜欢，民主政府爱人民，共产党的恩情说不完，……

东方红，太阳升，中国出了个毛泽东，他为人民谋幸福，他是人民的大救星，……

向前、向前、向前，我们的队伍向太阳，脚踏着祖国的大地，背负着人民的希望，我们是一支不可战胜的力量，……

我们都是神枪手，每一寸土地都是我们自己的，我们都是飞行军，哪怕那山高水又深，在那密密的树林里，到处都有我们的好兄弟……

咱们工人有力量，嘿！白天黑夜工作忙，修建了高楼大厦，修筑了铁路煤矿……

同志们向太阳向自由，向着那光明的路，……

团结就是力量，……这力量是铁，这力量是钢，……

燕京解放了！这些解放区的歌声响遍校园每个角落，在贝公楼每次开会之前，每个单位都高声唱起，此起彼伏，好像在比赛，谁也不甘落后。这就是在 1948 年 12 月中旬燕京解放后的景象。开始有文工团员来教唱，我抓紧时间去学，绝不能落在后面。回想燕京复校后红玉经常唱抗日歌曲："大刀进行曲"、"在松花江上"，"黄河颂"，……我从没听过。我在幼儿园唱的是儿歌：

有一只小鸟落在一树上，一只飞去还剩几只？小小鸟，小小鸟飞去了。

我想这次一定不能落后。岛亭也开了，在那里经常有人教，我从家里跑过去学。

在女生体育馆前的操场上，有一个极年轻的穿草绿色军装的文工团女战士在教扭秧歌：



锵锵起锵起，锵锵锵锵起锵起，……

她的两个短辫从军帽中落下来，一边跳一边甩。她比我高不了多少，年岁比我大不了几岁，就大大方方地站在这些陌生人面前教扭秧歌，我很佩服。我想将来我到了她这个年纪是否也会这样能干。

开始我只站在旁边看，因为笨手笨脚的我怀疑自己是否能学会，不想丢人现眼。但她很热情，到我面前鼓励我和大家一起学。我被动员得不好意思，只好站到圈上，跟着走。我发现不难，进三步退一步，我可以跟上队。她又让大家甩起双手，开始我不行，手脚配不上，左手左脚，越说越不会，停一下，我突然发现就是走路，把动作做得大一点就对了。后来又教走十字步，脚要交叉，又教边扭边跳的难动作，我也学会了。

最后在这群学员中我算不错的，还可帮附近不会的人。这应当感谢我会弹琴，节奏好。我充满自信，下决心：解放了，我应当改变自己，不能总像一个傻子，干什么事情只会往后溜，要勇敢地往前站！看到住 60 号最支持进步学生的美国教授夏仁德，又瘦又高像高粱秆也跟在这群中国人里学着扭，我是个中国人为什么怕丢人现眼！

后来回想，刚解放就这两三周的时间，通过唱歌跳舞，就说出了新社会什么样，谁领导，谁是领袖，谁是领导阶级，有怎样的军队，怎样取得胜利的，等等。不仅大人知道，就连我们这些小孩都清楚，从那时起一直唱了一辈子。

燕京有宗教学院宣传基督教都没有这样高效率。中国没有任何一次改朝换代会做得如次漂亮。国民党也没有。苏联有歌颂革命和领袖的歌，但没有如此家喻户晓。梵蒂冈教皇是全世界天主教的领导有大量圣诗是歌颂上帝和他的儿子耶稣的，而不是歌颂每个教皇。这就是中国共产党最好的发动群众方法。



## 借道运尸

在燕京周围还是打了几仗的。解放军清理战场后怎样运送尸体，以及埋到何处是个问题。后决定埋到东面的荒野地区。

那时农村路窄，不容易走卡车，燕京内有水泥马路，就想借道燕京。原来燕京是从不让国军进校作什么的，现在是解放军借道，就网开一面。运尸体的大卡车允许穿过燕京，从南门进，走燕南园旁的大马路到东门出去。

我们小孩常在燕南园的墙边玩，我就看到至少两三车。上面盖一大块深绿帆布，有的绳子没拉住，掀开一角，可以看见尸体大多没衣服，光着，满满一车。我们小孩看了直咂嘴、吐舌头、嫌恶心。这是第一次看死尸，心理很不舒服，给我幼小心灵极大的冲击。

让我陷入深思。这一个月呆在家里等待解放，并没听到激烈的枪炮声，为什么会有这样多的死尸呢？大概是土枪、土炮、拚刺刀，所以枪炮声不多。

但战争就是战争，双方都会死大量人的，这场解放战争双方尸骨将会堆成多少座万里长城呢？如果没有这些素不相识解放军战士的牺牲就不会有这胜利。我们这些活着的人实际上就是站在这些尸骨上来求生存、求发展的。

回想文革之初，我步行串联从长沙到韶山、礼陵、景德镇、萍乡，莲花、井冈山、赣州、瑞金、南昌。在大井、小井、黄洋界、六盘山的井冈山地区和莲花彭德怀战斗过的地方，拜访了一些参加过五次围剿、长征过的军人、逃兵、烈士的家属。当我访问逃兵时他们说得很朴实、很实在。他们说开始是和同村的人随着彭的部队从江西到了湖南、向贵州跑。天上飞机轰炸，地上国军追，天天都提着脑袋，不知什么时候会被打死，离家越来越远，什么时候会结束？想着家中的父母、老婆孩子，他们怎么生活？于是就返回家了。





我问：逃兵不是要被抢毙吗？

他说：那时很多人都不跟着跑，回家了，怎么能枪毙这么多人呢？

听后使我看到，参加革命不是那样轻而易举的，必须有强大的信念、理想和自我牺牲的精神。我们革命能胜利就是那些有信念，有牺牲精神的勇士完成的。所有能活下来的人都是踩着这些尸骨的肩膀上站起来的。

我也访问了一些烈士家属，他们的确很伟大，把自己的亲人送到战场上，参加创建新中国的斗争。他们自己在家苦苦挣扎，当知道亲人去世后，只有靠自己奋斗，没有怨言，无私的奉献。我见他们时虽然已解放 17 年，但他们的生活还是那样的困难。有的村里还记得他们是烈士家属给点补助，但有许多已被遗忘，或因村子太穷，或有几个烈士、虽没被遗忘但无能为力。

看到现在一些中国人用合法或非法或以权谋私或贪污盗窃，发了大财，是否想着自己是站在这些尸骨上於新中国得到的呢。是否应当感谢这些英烈。

长大后通过学习看到这一百多年，发生在中国这块土地上的战争、死亡，是最频繁、最残酷的、社会变迁也是最大的。正义的战争和非正义的战争都是双方为各自利益斗争达到激烈化的结果。战争与和平永远是世界的大课题。人民不要战争，但利益的最大获得者为了他的利益就会把战祸落到你的头上。真希望有一天世界获得永久的和平。

## 爆竹战，雪山草地

1948 年下半年由于解放军的战事快速发展，国民党节节败退，一些外国教授的合同到期，他们想不再延长了，燕南园有一些人家搬走了。

52 号的物理系主任美国老夫妇，53 号赖皮狗家，57 号外国单身男教授，58 号美国女钢琴家和她的合住教授，都走了。

但燕京派出访问的教授陆续回来，包子父母著名化学家，解放后中科院院士蔡镏生教授及其夫人回来住在 52 号。

美国妞父母著名经济学家郑林庄教授，社会学家关瑞吾教授回来住在 58 号。

又聘请了中文教授、著名诗人诗歌理论家林庚教授、夫人生物学家王希庆教授从厦门大学来燕京住 53 号。他们有两个女儿：大女容和我姐同岁同班，和她父亲一样喜欢唱歌，后来上了音乐学院；小女音比我妹妹小，我不熟悉。

57 号住进了一位年轻才子吴兴华，中英文极好，会写诗，是燕京英文老师。他爱上了一位来自上海的极瘦、极高、穿着极其时髦港式服装、漂亮的大学女生，淘气的我们见了她就喊：

港式的衣服齐后腰，海派的衣服掐细腰。

就是现在时兴的露后腰和露肚子的超短上衣，那时是燕京独此一家。穿一条捆住屁股和大、小腿的牛仔裤。我们也叫她 WC。这是女厕所的意思，转意为臭美。

他们看着我们笑，我们看着他们喊。她从没因为我们叫喊而改变，但解放后半年多的时间再看到，她全变了。解放是真厉害，比我们的喊叫有力量得多！你能想象这位才子在后来的运动中被活活整死吗！

1948年12月燕京解放了，但学校没想让我们回去上课，我们每天就是唱呀、跳呀、疯玩。

好几天没见小哥哥了，他没来学唱、跳。我奇怪这样好玩的人怎么安静了？是不是落后，跟不上形势？

过了一些天他出来了，他说今年过春节，除夕的晚上我们打爆竹战好吗？噢！？小哥哥真能紧跟形势，刚解放就效仿解放军打仗。大家同意。



他嘱咐道：别买钢炮、二踢脚、烟花这种大家伙，这会伤人。就用小鞭炮，也可用极小会闪亮、在地上转的耗子屎。

我从没放过炮仗。姐姐放得极好。她不仅可把炮仗、烟花放在地上用香去点，还可一手拿小鞭另一手用香点，然后扔出去。这次她的技术可以用上了。要不是解放，要不是小哥哥的倡议，我才不会参战呢。

现在我必须向解放军那样勇敢，我下定决心，必须要自己放出炮仗。和爸爸要了一点零钱，到老虎洞去买。我买的耗子屎多于小鞭，我不怕耗子屎，因为它不响，不吓人。

到了除夕的夜晚大家都出来了，天太黑，没月亮，我看不清有多少人：小哥哥、小姐姐，大头家有几个，三个包子，脖子哥，美国妞，老黄的大女主人红玉，我们姐仨，大头姐文心等。大家各自站在离自己家近的游戏场内，互相不敢靠近以防挨打。这样小哥哥就没法宣布规则，也无法分成战斗的双方。

战斗就乱七八糟地打响了。实际是各自为战，见有人过来就冲他扔一个炮仗，我也就在这混战中把我的“子弹”全打光了。

站在旁边继续为别人出招：有人来了，快扔、快跑，……口干舌燥，筋疲力尽。

最后大家的炮仗都放完了也就散了，没有输赢。第二天出来一看游戏场一片狼藉，一堆一堆的炮仗皮，真是玩了不少。

过去过年都是在自家院里点爆竹。我从小是看爸爸点，大哥点。后来姐姐学会点爆竹、放烟花。我从来不喜欢。怕冷、怕响。常躲在屋里看。这次最大的收获就是我点了炮仗。

这个冬天下了一场极大的雪。由于大学没有多少人，也就没人及时扫冰，不能滑冰了。

我们正觉得不知玩什么时，小哥哥抱着一个大家伙出来了。

他说：走，我们去爬雪山走草地，滑雪去。

我们这批小哥哥的崇拜者跟着他跑起来。下了小坡，经过小学旁边的马路，到了去校医院的山坡处。

小哥哥一声令下：不许走石阶，必须走没有路，全是大树、树丛、乱石杂草的山地。

我很害怕，因为一片白，谁知这一脚踩下去会踩到什么上，那几个比我小的男孩勇敢地走到雪地上，小哥哥抱着这大家伙一溜就下去了。我看着男孩可以下，就鼓励自己必须勇敢，向解放军学习。我们几个女孩就踩着男孩的脚印下去，我不是最差的。

下了山来到结了冰的小湖，走在小湖的冰雪上算是过草地吧。我们来到临湖轩的后山上，白雪皑皑，没人踩过，山、小马路、未名湖的冰雪全连成一体，这个坡上只有高大的树，没有小树丛，坡度平缓比较光滑。

小哥哥说在这里滑雪。他把这大家伙放在雪上，我这时才看明白这是他自制的雪橇。他用几块木条钉成一个板子，下面在两侧钉上木条，在这两侧的木条下钉了铁条，前端有一个把手。小哥哥坐在最前面，后面再坐三人，每人抱着前面人的腰，小哥哥掌握方向。

我是第一批滑的，开始双脚登着雪地，大家喊着号：左、右。加速后抬脚，雪车快速地冲下山，一直冲到湖里的冰雪上，真好玩。小哥哥把一条大长绳子绑在车上，让我们把这冰车拉到山上去。这时我们才意识到滑得越得意，越要出大力把车拉上来。

大家轮流地滑着，兴奋的我们，每个人的脸都通红，像美丽的大苹果。

冬天天黑得早，天黑了下来，不早了，我们恋恋不舍地准备返回。这时我才注意到我的裤子全湿透了。我想这回一定要挨说了。又想管它呢，玩得痛快就够本了。我们又走这来路返回。由于大家都累了，爬上山太不容易，手脚并用像动物一样地爬了上来。

回到家不敢直接进去，先把脏鞋、袜、裤脱在洗衣房。大厨看了好生气，问我干什么了，这样脏。应当让我自己洗。我只好说好话，求他帮忙，并保证以后不再这样玩了。但我心里美滋滋地，我又有了一个新尝试。



通过这两次玩我感到自己只会随着别人玩，小哥哥会自己出招来玩。同是学解放军，我只会跟着学唱、学跳。小哥哥就发挥出打仗、走雪山草地和滑雪。他太聪明了。

# 圣人、 罪人

## 燕京人立了功

燕京解放后，解放军很快就包围了北平，大人们非常关心怎样解放北平。爸妈在议论、严伯伯、雷姑姑也来说这事。开始不懂，我想这是解放军领导的事，大人们为什么这样关心。后来从他们的谈话才听出来北平是三千多年的古都，有如此之多的名胜古迹，故宫珍藏大量的珍品，如果是打仗特别是打巷战来解放，怎样不伤害古迹就是大家最着急的事情。

一天伯伯、姑姑高兴地跑来说：有希望了。解放军把北京包围后，共产党和这些大学的教授想到一起了！共产党希望国民党投降，以保护北京的文物。为解放北平不能对不起老祖宗和子孙后代，一定要力争和平解放。傅作义与中共谈判陷入僵局的情况下，怎样把驻守北平的傅作义的要求和共产党的要求联系上？他们说住燕东园的著名哲学家张东荪先生的经历是最有可能发挥缓冲、调停作用的最好人选。他早年留日，回国后作袁世凯临时政府的总统秘书，后又参加上海共产主义小组会议，民盟创始人之一，1941 年 12 月被日本捉去，是爸爸的狱友，在狱里和日宪兵作坚决的斗争。在上世纪的前五十年是中国非常有影响的民主人士。中央来请他作这个说和工作。

张先生知道自己擅长做说和工作，高兴地接受这个邀请。每天坐小汽车城里城外地跑。张不辱使命，在与傅作义的会晤中帮助傅下定和平解放的决心。全校都为张的工作感到骄傲，燕京有如此能人，为国家、为人类作如此重要的工作，为北平和平解放作如此重大的贡献！大人们一说起这事，就兴奋不已，他在做一件极其伟大的工作，也是在为燕京争光！我听后很羡慕。我们小孩也对他的功劳拍手称快。

经过一个多月的工作，及傅作义身边地下党人的工作，傅终于同意投诚。

1949 年 1 月底北平和平解放！

大家提着的心终於放了下来。解放军进城了！一件件喜事频传。傅作义因保护北平的古迹有功，新中国成立后作了水利部部长。

后来从大人那里知道：中央在颐和园的一次会上，毛主席表扬了张先生说：在和平解放北平，张先生是第一功。

民国四公子之一张伯驹先生也称赞：东荪先生倡议和平乃冒险入城，奔走斡旋，以为保全。杯酒之间，化雾瘴为光明。



张自己也认为使千年古都免遭刀兵战火，是他一生中所作的最得意的一件事。新中国成立后为了肯定张的工作，聘他为中央政府委员，政务院文教委员会委员，全国政协委员。

关于北平和平解放的故事我在网上看到一些，现综合如下：

燕京、清华解放后，一位解放军负责人去著名建筑专家梁思成家，拿出一张北平地图，请他们夫妇标出应保护的古迹。如果打炮就不打标出的地方。他们非常感动，想着共产党真好，不仅要解放，还想着古迹，为子孙后代着想。中国的古迹不仅是中国的也是世界的极重要遗产，想得很周全。

在 1948 年的下半年林彪、罗荣桓的四野从东北进关后就开始包围北平，傅作义不想按蒋介石的要求南撤，就拼出全力和解放军打，使解放军有不少损失。

这时北平地下党找到在天津大公报工作的地下党员傅的长女傅冬菊，派她做为陪伴父亲去收集情报。她每天向她的上级汇报，傅再也无法胜利，多次想自杀。

傅的高级机要秘书闫又文也是地下党，他也向他的上级报告情况，特别是傅的和平条件与中共中央的条件相差太大，被否定后，傅非常生气，让闫写文章骂毛。闫请示上级怎样写。最上级的大领导毛回答：骂得越狠越好。他写后傅非常高兴，感到出了闷气。这才有张东荪工作的机会。

总之北平的和平解放是三部分：解放军、地下党、张东荪共同努力的结果。

## 叛国

突然听爸妈议论那位为北平和平解放作调解工作的著名哲学家，也是爸爸的狱友，要被捕了，说他里通外国。我当时不懂这个词，很惊讶：立功者、那么出名的人也会被捕。后来听说他给美国什么人的信被劫住，并被拆看，说他向美政府报告了中国的部分军情。

我很奇怪如果他不是支持共产党的，他就不需要做这个调解工作，来出这个大名。如果他想为美国作事，为何不逃到美国去，他真想为美国当特务吗？他真有能力当美国的特务吗？

张叛国罪公布后，马上传到全校。当时的兴奋，欢乐，骄傲的气氛，一扫而光。没人再说张立功一事。大家全躲开他，不敢再和老外，及在国外的人联系。如果非写信不可，就先让领导审查以免犯错。真是杀鸡警猴，知识分子马上夹紧了尾巴，闭上了嘴。谁能想象刚立了功，就成了犯人！

这些功臣后来情况如何？网上有记载。

## 英雄 、狗熊

张东荪：他一直主张第三条路线。1949 年 1 月在西柏坡最高领导毛与张有不愉快的谈话。张反对外交政策一边倒。中国想发展就不能和美交恶，不能当苏美两大国冲突的牺牲品。这就是在朝鲜战争时他的卖国罪的思想根源。

1950 年朝鲜战争时他怕美国打中国，怕第三次世界大战。想利用他个人的声望，利用一个自称可以和美国政府联系的民间渠道给美国政府写信请美国不要打中国。为示意友好，并附上政协委员名单，标明可以联系的人，及第九兵团行动计划，运行时间，可能投入方向。

不久这个人被捉住，他是美国特务，交出了张的信。张的卖国罪由此而生。

最上领导之一周说：民盟出了个张东荪，他在解放后还供给美国情报，这件事不可饶恕。



最大领导毛说：作为人民内部矛盾，养起来。取消所有国家的职务，被民盟开除，放在北大哲学教研室呆着。

真侥幸毛放了他，但仍然从英雄变成了狗熊。

## 孙子兵法失灵

第九兵团曾是在解放战争中立过大功，非常著名的兵团，那时是准备解放台湾的部队，一直在浙江、福建训练。大多是南方人，他们只有南方的冬季军装，南方作战的训练。在张说出九兵团的行动后，最大领导就提前把第九兵团开到零下 40 度冰天冻地的朝鲜。没有抗严寒的冬装，没有做好在严寒地区作战的准备，所以入朝后损失惨重。

第九兵团刚入朝时有十五万，在第一次战斗中他们打死、打伤美军一万三千，这两万美军剩余部分大约七千多人全转移到航空母舰上。但第九兵团除被打死、打伤外，还有四、五万战士冻死、饿死。经过几次战役这个团文秘人员都参战还是成不了一个团，合并到其它团，连名子也没有了。有人就把这罪责全归于张的卖国。

按孙子兵法：知己知彼才能百战百胜，不打无准备的仗。张东荪既然向美国报告第九兵团的行动计划，使敌人知己知彼，又没有抗寒战斗准备，为什么还派去？很奇怪那些熟知孙子兵法的领导人会做出这种决定。

是否有人本来就打算牺牲第九兵团，来显示张卖国罪大恶极？用此说明旧中国来的知识分子不可靠必须清扫干净。用十五万人的生命当儿戏，作文章，为稳固自己至高无上统治地位。



## 株连三代

1968 年 82 岁的张被捕，放到秦城监狱，使家人五年都找不到，1973 年在监狱死后才通知。不知为什么从原来的结论“养着”而变成“老了要蹲监狱”？

在 1972 年尼克松访问中国后， 张说：他认为不能与美国交恶的观点是没有错的，现在不是还是要和美国建交吗？！

看来几十年的洗脑全白费了。

他的长子美国留学后在北大工作，文革中被逮到秦城监狱。父子不能见面。在狱中精神错乱，1975 年出狱。二子张宗燧是留英美的世界著名的理论物理学家，回国后在中科院工作，文革中 1969 年在宿舍自杀。三子和三儿媳文革开始在工作单位自杀。两个孙子劳改 15、16 年。一个人卖国，竟株连三代！

## 被人遗忘

傅作义在新中国成立后当了水利部部长。他要求在美国留学学水利的，并作水利工作的弟弟回国建设。但最后饿死在夹边沟右派的劳改农场。傅后悔当时不应当把他弟弟招回来为新中国贡献力量。

傅长女傅冬菊：解放后她所在的党支部不承认她是党员，让她重新申请，最后她找到她当时的领导，才证明她是 1938 年入党的老党员。但她不被信任。虽然她是人民日报的记者，1950 年她要求去朝鲜采访，不批准。政治上一直受到歧视。生活非常拮据，当可以买单位分配给自己的住房时，她没有足够的钱来买。

谁还记得她曾是和平解放北平的功臣呢？谁还惦记这位功臣后来的生活呢？

## 隐蔽革命者的结果

阎又文：解放前是傅作义的高级机要秘书，地下党员，有单线联系人。和平解放北平后，中央领导决定仍以国民党高级起义人员身份出现，便于作统战工作。他就没有机会公开以共产党员的身份露面。

实在可惜，才 49 岁就去世了。最高领导人之一周送了花圈给他的夫人。她保存了有这位领导人名字的缎带。但不被她所在的单位承认。他们有 6 个子女，他们填表为革干出身，但他们上级说他历史问题不清楚。北平和平解放时为能让傅高兴，在毛的指示下让他写的替傅痛快骂毛的信就成了他是极端反动的证据。这6个子女不能参军、上大学、不能有什么较好的工作。

20多年后子女都成家了，仍然背此黑锅。直到他的单线联系人知道他去世，努力寻找他的家人，找到后才把他的事迹公布出来。出了电影、电视连续剧、写了文章。太晚了！当然比背一辈子黑锅好。

当然他也算幸运的，没有像不少地下党员解放后长期关在自己曾经抛头颅洒热血为之奋斗的党的监狱，甚至死在里面。我看了电视连续剧“伪装者”后，心想那三料人（汪精卫政府的高官，蒋介石军统的高官，共产党上海地下党负责人）明楼，解放后会如何？

像上海地下党的负责人潘汉年因叛徒罪就被关进监狱、死在劳改队里。有人指使他与日本、敌人联系提供情报、达成妥协、接受经费，供给中央、革命根据地、延安解放区等。为保存党的机密，让他做替罪羊，而给他任务的领导却无事。这是党的什么原则！

1949年对地下党员解放后使用原则：降级安排，控制使用，就地消化，逐步淘汰。

如果地下工作者一开始就知道这个政策，是否还会作呢？北平还能和平解放吗？如果全国没有地下党员在非解放区工作，还能解放全中国吗？

当你看了和平解放北平功臣们的故事后有何感想呢？聪明的人应当从这段历史吸取很多经验教训，可惜不轮到自己头上就看不懂。爸爸就没看懂，从而后来出了这样大的问题。

# 兴奋的爸爸

## 两重天

1948 年下半年，解放军从东北出关，逐渐向北平包围时，北大校长胡适、清华校长梅贻琦都离开大陆到美国或台湾。燕京陆志韦校长没有走，并与地下党配合得好。爸爸非常高兴和得意，在校长的领导下，全校同心协力把燕京保存好，国民党的军队一点也没进来。这样就可以把一所完整无损的大学交给新政府，应当给此记一大功。清华大学校长走了，一位老教授作临时校长，国民党的军队进去了一下，但破坏不严重。



燕京解放后 1948 年底到 1949 年一月初，解放军的干部开始做深入细致的思想工作。首先需要摸清知识分子的思想动态，党的干部来家里拜访爸爸和其它教授，宣传党的政策，使爸爸觉得受到了尊重。对比国民党时期，这些穷教授从来没被重视，从来没有干部来拜访。

爸爸非常感动地说：共产党与国民党相比，真是两重天呀！今后一定要更好地工作，以报答党的恩情。

每解放一个地区，都要让人民尽快知道解放的含义，共产党领导的国家将是什么样。所以派干部到处做报告，许多文工团到基层演出。

过去妈妈受地下党的影响曾向往到解放区去，现在解放了就想尽快了解。这时也变得有了精神，她起来读书看报，也和爸爸去贝公楼听解放区干部的报告、观看了军乐队的演奏、还看了解放区自编的话剧、歌剧：杨勇立功、夫妻识字、赤夜河、白毛女等。

这些话剧、歌剧是歌颂解放区人民的幸福生活，踊跃报名参军解放全中国，揭露恶霸地主剥削欺凌妇女，号召贫下中农积极参加土改，打倒封建势力。我们小孩没有得到票，没法偷偷溜进去，因为这时一切要有秩序了。

白毛女拍成电影后，我才看了。但这个歌剧的许多唱段是我的朋友经常唱的。记得红玉与和我同姓的、后毕业于中央戏剧学院的同学赵常如在小学对唱了杨白劳与喜儿的几个唱段，很受欢迎。白毛女的几个钢琴曲，我弹过一些。

后来我上女一中高一时，班上有能人把著名民歌女高音歌唱家白毛女的扮演者郭蓝英请到学校为我们介绍她的经历。她穿着非常俭朴，灰色列宁服，瘦小，但非常精神、非常热情没有架子。在大家的盛情邀请下，虽然没有任何伴奏，她还是给我们唱了喜儿的一段和“蓝花花”。她高亢的民歌嗓音，至今还在我脑海中回荡，充分表现陕北黄土高原的风情，受到同学热烈欢迎。

共产党还需要民主人士和进步知识分子为共产党做更多的宣传工作，所以非常热情的招待他们。

北平解放后的一天，爸爸非常高兴地告诉我们中央邀请他去参加在北京饭店举行的第一次民主人士招待会。那时爸爸还没有加入民进，是属于无党派民主人士。严伯伯、雷姑姑、红玉的爸爸翁伯伯等燕京的民主党派的人士都参加了。

回来后他说与朱德总司令握了手，还寒喧了几句。爸爸作了自我介绍。

朱回答：听过爸爸的名字。

爸爸说：他穿着非常普通的黄绿色布军装，和蔼可亲，非常随和，平易近人，不像曾经领导几百万大军的将领，没有任何傲气。

爸爸说：从将领的样子就反映出解放军是人民的子弟兵。

爸爸非常激动、感慨万分。刚解放的这前半年让爸爸感到中共中央非常重视像爸爸这样的知识分子，非常兴奋。这半年所看到的真是与解放前完全不同。所以爸爸经常感叹解放前和解放后是不同的两重天。而且暗暗自喜自己在解放前夕赶回来是对的。

## 捷报频传

北平和平解放后，爸妈非常关心天津会和平解放吗？五公公、大舅、二舅家安全吗？听说是巷战，妈急得要命。爸爸安慰说他们会保护好自己的。一听说天津解放，马上写信问候。

大家关心战事的进展，过淮河，过黄河，都还算容易。一直打到长江，是否过江是大人们议论的中心。因为美国又想调停，以长江为界把中国分成南北两部分，与东西德、南北朝鲜一样。伯伯、姑姑把他们听到最高领导的想法告诉爸妈：一定一股作气打过长江，解放全中国。

解放军没舰队，没大船，怎样过江？过江时怎样做不至于挨打。用木排、战士要马上会游泳。

大家都为解放军过长江捏了一把汗，过了几个月传来了好消息，解放军过江了！很快又传来，南京解放了！蒋介石表面上退了位，李宗仁上台，国民党让几个官员来北平与最高领导谈判最后也留下了。这些事都使爸爸非常兴奋，认为共产党真棒，除了战事的力量无可比拟，也感染了来和谈的国民党的代表，让他们看清了形势，留了下来。

捷报频传，敲锣打鼓热烈欢庆。几个野战军向全国继续进军，需要干部，贝公楼开大会动员大学生参军和南下工作团。每次开会必先唱歌，敲锣打鼓，响彻云霄，气氛浓重。表明全体大学生响应号召的决心。我们中、小学生也常参加。

动员大会上，先讲大道理，然后喊口号：打过长江去，解放全中国！中国共产党万岁！人民解放军万岁！毛主席万岁、万万岁！最后到楼外去报名，在贝公楼的外面几张铺有大红桌布的桌上，铺着大白纸，请大学生报名。很多学生挽起袖子，提起毛笔，沾了墨汁，挥笔写上自己的名字。我们小孩在旁边看，鼓掌，鼓励这些报名者。

当然也有不少大学生听完报告，夹着书包默默地离开。

这半年人们生活在兴奋之中，似乎没法安下心来学习。

## 斗地主

解放区不断扩大，需要土改工作队，又在贝公楼开大会。这次不仅是动员学生，也包括教职工。校长、雷姑姑也参加了土改工作队。

一天我的一个住海淀的同学告诉我们下午海淀有斗地主群众大会。下了课我们几个好奇的同学就跟着他去看。这里有个大洼地，洼地的一端设置了主席台，地主在台上的一角跪着，老百姓站在洼地里和高台上。我们去的有点晚了，只能站在高台外边，远远地看过去。没麦克风，什么也听不见，斗争会并不热烈，也没看见群众激愤的场面。

很多老百姓往外走，主持人直喊：别走，斗争会还没结束。虽然那个地主跪在台上，但没见农民控诉，只是主持人一直在启发，让大家讲。最后喊口号：打倒地主、恶霸！打倒封建势力！中国共产党万岁！中国人民解放军万岁！毛主席万岁、万万岁！没有什么声音，没有什么人跟着他喊，大家忙着离开，大概怕挤。

我们一看要散场了，马上跑开，也怕挤着。真是开了眼界，比起大学生各种集会的热烈气氛，真是相差十万八千里。没有意思，和电影、小说中的描写完全不一样。也许是没动员好吧，也许不是罪大恶极招人恨的地主，也许贫下中农怕秋后算账。这些猜想不知对否？后来再也不去了。

## 盗泉之水

爸妈除关心时局的发展外 另一个问题是燕京的钱从哪来？校长已向共产党表明愿把燕京交给共产党。但全国没解放哪有这样多的钱来接收如此之大的大学。听说可能要像解放军干部一样实行供给制，一年给每人几套衣服，集体吃大锅饭等。妈妈从不做家事这一大家的事没保姆怎样过？正在着急时，司徒老校长让美国托事部继续给燕京钱，共产党是认可的。



领导人周说“盗泉之水，可以养母”只要美国不干涉燕京事，中央是认可的。

这样就解决了燕京的生计问题。每年学生的学费根本不够让大学运转。而在解放上海之前蒋介石已把国民党的硬通货金、银、财宝完全运到台湾了，既使上海解放也是没有钱。所以在中国与美国没断交前燕京用的还是美国的钱。

## 首都、国旗、国歌

南京解放后，国民党政府南迁，最后搬到重庆。共产党会建新中国吗？何时建？这是大人们成天猜想的问题。

六、七月份成立了新政协的筹备委员会，爸爸不是筹备会的成员，但有时参加一些征求意见的会议。

一次他回来对我们说有一个议题是征求对新中国首都、国旗、国歌的意见。爸爸说大家讨论热烈：首都，不去用国民党的首都南京。没问题是北平，改名为北京。

国歌：有点争论，但大多数同意“义勇军进行曲”。作曲者聂耳是著名的进步歌曲的作者，作词是著名的进步作家田汉。

这首歌是在抗日时期中国东三省全部沦陷，处于最危难的时刻，为了唤醒全国人民创作的。的确把中国人民振奋起来，团结一致奋力抗战，消灭日本的侵略，所起作用非凡。有人认为词应该改一点，因为时代不同了。但经过充分讨论，认为不改。现在中国处在一个新时代的开始，应当团结起来，齐心合力建设新中国。

国旗：争论极大。后来向全国发出征求图案，大约近三千幅，直到九月二十七号才定下来。



## 铿锵有力

爸爸又被邀请参加全国政协第一次会议，他是列席。回来后非常激动，在会上毛主席发表了非常激动人心的讲话，当他说“中国人民从此站起来了。”爸爸说他和周围的听众都激动得流出了眼泪，许多戴眼镜的听众摘下眼镜来擦泪水。这正是他们这一代人奋斗的目标。

百年来帝国主义的侵略，分割土地，战争不断。特别是日本的侵略，屠杀大批中国人民，人民痛恨之极。国民党节节败退，只有少数将领带着自己的部队拼死作战。蒋介石从没有对全国人民发表激动人心、鼓舞斗志的讲演。倒是第一夫人宋美龄在美国多次讲演，打动美国领导和人民的心，对中国抗日做了各种支援，包括“飞虎队”。

说到这里，爸爸仍然非常激动，热泪盈眶。他说在会上见到了一些著名的民主人士，有些是刚从港澳、国外归来。爸爸说共产党肯定能搞好，因为它有这样大的号召力，大家可以齐心协力把国家建设好。

解放后的北平仅半年时间社会风气已大大改变：

关闭公开的大烟馆，开始打击毒贩，提出缉毒要求；

严禁卖淫，取缔妓女，免费治疗她们的性病，教她们掌握一技之长，分配适合工作，自力更生。

金融稳定，不允许黑市交易金、银等硬货币。物价稳定，严格打击粮商投机倒把，粮价稳定。

粮食基本保证，这是社会安定的必要条件。人民的基本生活得到保证，这与半年前国民党的金元券，哄抬物价，人心混乱形成鲜明对比。

解放军和解放区的干部平易近人，关心群众生活。

这些明显的变化，爸爸经常和妈妈、和我们说起。看得出他出自内心地为自己选择回国参加新中国的建设而高兴：自己选对了。



## 不适应之始

爸爸是法学院院长，下学期要在贝公楼开全校的政治大课，面对全校四个年级所有系的学生。

虽然他是进步教授，和进步学生在一起，在政治态度上早已站在革命一边。但他深知过去学的是西方社会学，远不能适应新中国社会科学的需要。为了尽快适应，尽快赶上去，只有日夜攻读马列主义。在教学中力图用马列主义观点来教新课，在刚解放的老教授中这是非常难能可贵的。

政治课是他不懂的东西，到处找资料，了解解放区的学校是怎样进行教学的，了解苏联大学政治课的内容，从而订出教学大纲，教学计划及需要聘请的授课教师。为了能看更多的苏联资料，他开始自学俄文。这件事给他很大的压力。

1945 年秋入学的大学生暑假前毕业，这也是第一批解放后的毕业生。北平市的新政府给出要服从分配的指示。并给出了需要人的单位。

这也是大学第一次做国家统一分配，学生到国家需要的地方去。

过去是教授帮助推荐，学生自已寻找。这个大变化使很多学生不适应。因为燕京是私立大学，学费昂贵，大多学生来自有钱人家。他们各有办法找工作。

现在全国没完全解放，大多都分到东北，北平、天津附近。所以作好学生的服从分配的思想工作是极重要的，学生刚解放的热情，遇到这个毕业分配就有点凉了。

我大哥就是这批毕业生，他是机械系，北平当时没有多少工厂，他的功课又不拔尖，不可能留校做教师。分到东北鞍山某工厂，他不想去，但自已又没有其它门路。爸爸劝他还是服从分配，去那里工作为好。

他刚爱上的钢琴系的同届毕业生程娜留在北平的音乐学院，怕把她丢了，但也不可能让她去鞍山，或沈阳，所以这时大哥是很不愉快的。我看在心里，但不知该说什么。像大哥这样不想去的学生是大有人在，所以让学生服从分配是花了点力气的。

祝一路平安

南京解放后不久，大人们在下面偷偷传着一条小道消息：陆志韦校长在大领导的指示下，邀请司徒老校长回校过生日。自从去当大使后，几年没见，很是想念，很想见他。另外大家也想听听他对解放后燕京怎样办的想法。但他的生日已过去了，也没见他的人影。其实大家明白他是属于美国政府管的，行动不自由。



生吞大石

几个月过去了，大家盼望老校长回来的心已逐渐冷了下来。突然看到报上的文章“别了，司徒雷登”，大家读后全哑了，似乎吞了一块大石头堵在嗓子眼，咽不下去。

该文把大家热爱的老校长说成是敌人！写文章的人难道忘了，有许多燕京人抗日时燕京关门前到解放区去工作，就有老校长的支持。怎么忘了邓大姐来燕京养病，也是老校长睁一眼、闭一眼的态度而至。怎么忘了斯诺是从燕京出发去解放区采访的，斯诺的书是在燕京写的，在世界广泛传播，把解放区和许多领导人介绍给全世界，才使世人知道解放区是中国的希望，这也是老校长支持的结果。等等，太多了，许多事情不可能在此一一列举。

大家盼望的心变成了冰凉的心。冷气逼人，害怕表现出对老校长热爱的心情，不敢再说他对燕京的贡献。大家都闭上了嘴。共产党要求在大学里认真学习这五篇批美国白皮书的文章。爸爸这些教授就是文中所说的自由主义者、民主个人主义者，

“对美国存在幻想，要对他们进行说服、争取、教育和团结的工作……”。这一大瓢冷水泼到这些人的头上，大家全蔫了。这是第一次洗脑。

大家也为老校长懊悔：如果当时不去作大使，一直是燕京的校长，他就好过多了。当大使代表美国政府，不能按自己的意愿办事。虽然国民党在当时不得人心，贪污腐败，使美国政府很生气，但美国政府还是支持国民党的，司徒一定要按政府的要求去做。他总想在中国建立联合政府，不打仗，这根本做不到。

就在他当大使这四年，国民党丢了大陆，最后退到台湾。这个失败，自然成了司徒雷登的罪责。他想来燕京，美国政府不让他来，他不可能不听话，否则就是叛国罪。他回去后处于半不自由的状态，实在让人看到政治的残忍。

燕京人只能默默的含泪遥视老校长一路平安，请多保重，安度晚年。我们一定坚持校训，让燕京放出它应有的光辉。



## 不应“别”

最近我在网上读了李茗公先生“别不了，司徒雷登”和黄华回忆录中，两文均提到南京解放后，美国政府曾让司徒和中共联系，表示不同制度不会影响两国关系，愿与新中国建交。还表示建交后美国可一次性贷款 50 亿美元。结果由于外交的一边倒，怕被美国算计，且要去自己的阵营抱团，就拒绝了。

1949 年底最高领导人第一次访苏，老大哥的傲慢态度，把他当作来休养的，参加了斯大林的生日宴会后，就放到了郊外，去度假。跟本就没把他放在眼里，像对待乞丐一样的鄙视。过了一个多月把办外事的周召来，才有了点变化。

据说美国宣布不去保护台湾和南韩后，苏才同意贷款，同意中共自己去解放台湾，苏联不会出舰队和航空兵。这表明苏联不想在二次大战结束 4 年后直接与美国作战。

我想如果走独立自主的外交政策，不是一边倒。如果接受了美国的贷款，再去苏联。他们就不会如此的傲气，而是要来拉拢，来壮大社会主义阵营的力量。如果这样，中国一开始就在世界舞台上占有分量，后来的世界就不是现在所看到的样子。和台湾的关系，朝鲜战争是否发生等都不同了。后悔话是人民说的，领导怎样说，谁知道？



美国政府对共产党的态度，司徒雷登大使不情愿的走了，这使大多识时务的美国人不再抱任何幻想的回国了。但还有曾经帮助进步学生到解放区，与地下党人联系多的夏教授抱希望能让他们为新中国工作，他们仍留在这里，直到抗美援朝。

老校长在美国艰难的生活了十五年左右，完全不能得到普通美国人应有的待遇，而是他秘书傅先生全家的照顾。他太天真了，想去世后安葬在他记忆中的美丽的校园，安葬在他永远深爱的夫人旁，但他不知道没有人知道他夫人的去处。他忘了中国是共产党的天下，燕京也不存在，只留着他辛苦讨来的钱所盖的美丽的校舍，但换了主人！他忘了他被大领导批作敌人，连小学生都知道。他是敌人，怎能自已做主他的安葬？怀念老校长的燕京人虽然生活在这个国家，但跟本没有发言权。

总之一切全变了！最后应当感谢浙江杭州的领导让他安葬在他的出生地，他父母旁边。

# 奋斗

## 迷惑

1948 年的秋季我进入了五年级。这一年除体育、音乐、手工课继续外，数学、语文比四年级加深了许多。还新增了许多课：地理、历史、自然、珠算等。地理课我很喜欢，用地图去了解中国和世界，很有意思。自然、珠算不难。

这门历史课，成了大问题。我上课不知该听什么，特别喜欢去想每个历史事件的发生背景，原因、发生的过程和结果。像听故事，上课时我只听故事。但拿到考题一看全傻眼了，没考这些有意思的故事，考的是时间、地点、人名。这些事情一点也没注意听，更甭说去记他们，考试时什么都不会，不适应，成绩极差。

另外数学太难了，不再是加、减、乘、除的式子题，而是文字的应用题。我读不懂题目，分不清是哪种题，只能照猫画虎，今天讲加法文字题，作业肯定是加法。但我不懂为什么。就这样稀里糊涂地学下来，作业可完成，没人知道我不懂，但自己清楚。班上其他同学有很懂的，小个子的吕班长可紧跟老师，随时回答老师的问题，大头和三三姐都很明白，课上作题很快。

我不服输，放不下自己的脸面，耻於下问。又不愿问老师，因为一问老师不就露出自己很笨吗。也不愿问姐姐，她会，为什么我不会。大哥、三哥是可以问的，但他们很忙，没时间听我的问题。我硬着头皮去问妈妈。妈妈说很简单，题的最后出现“和”字就是加法；“差”字是减法；“积”字是乘法；“分”字是除法。两个数中较大的就是被减数或被除数，因为那时没学负数、分数，这种说法可应付。听后觉不解渴，万一题中没这四个字呢，怎样作？

应当感谢这个解放，1948 年 12 月就停课了，放了一个长寒假，寒假后也不补那个大考，这样功课不好就没暴露出来。

一开始我喜欢这少有的疯玩。各种新鲜事，敲锣打鼓让我非常激动。但时间一久，让我思考我一生就在锣鼓声中渡过吗？就会唱那几个歌，扭那点秧歌，还会干什么？长大后能做什么工作？我是个小学生，应当学习！

从此以后我就尽量不去参加可去可不去的活动，管住自己，让心沉下来念书。可惜大考前我还没赶上，侥幸的是大考题不难，成绩还可以，没人发现我没学好，但我知道不能自欺其人。我下决心要赶快改变这种糟糕的状态。一定要利用即将开始的暑假赶上去。



## 帮助、温情

1948年美国妞随父母从美返国后，小哥哥又开始哄我和美国妞好，我很讨厌，他专门欺负我。怎么办？一个奇怪的念头突然出现在脑里，如果我常和小哥哥在一起，他还会哄吗？过完寒假我就开始找小哥哥，平时他总来游戏场玩，但一连几个礼拜都没见，我猜他是否改邪归正好好念书了？后来听说他得了肺积水，我祷告上帝，让他快点好。我想是否滑雪太累了，感冒后没休息好，就得了这场大病。

过了两个多月，春天来了，阳光照在身上感到很温暖，一天，我出来玩，小哥哥在游戏场放了一个篮球筐架，一个人正在那里投球。有时干投、有时带球跑，反身跳投，花样繁多。我想这正是我和他接近的机会，就走过去问候他的病。他说：水还没吸收完，需很小心，不可感冒，应多休息。接着他说：看天气这样好，就到户外慢慢活动起来。

我问：能教我投球吗？

他点头。告诉我要利用筐后面的长方形来投球，如果把球先碰在这个长方形的框内，球反弹进筐，投中率很高，干投很难。我听后就按他说的练了起来，不久我也投进不少。他又教我端尿盆式的投法，和三步上篮。一个下午很快就过去了，学了不少东西。

以后他又弄了个排球网，教我怎样托排球，特别嘱咐不可用手掌托球。我怕球戳手指，总也托不好。排球学得不如篮球好。以后又带我到女体育馆，他想让我学拿大顶，车轱辘转，我说我连前滚翻、后滚翻都不敢作。他听后笑话我，体育老师都教过，你怎么学的？！我说每年冬天我总感冒，生病，我妈就替我请假，所以垫上运动，垒球等我都不会。

他就开始教我前滚翻，告诉我必须抱腿才会干净利索地站起来。又耐心地教我后滚翻，让我把双手放在肩膀后、双脚往后时双手使劲推垫子、配合好使头钻过来，就成功了。我居然很快都学会了，他讲的要领真是到位，容易理解和效仿。 我想他长大后一定会像他妈妈那样是一个好的体育老师。

一天，他突然问我还学琴吗？他说大家都认为解放了，还学什么琴？！我说我都学了五年了，我很喜欢。如果妈妈给我付学费我就学。他说大概只有我和脖子哥、三三哥还学，别人都不学了。又问我和谁学，什么时候上课，我一一作了回答。

这一年的钢琴课也有大变化，上学期音乐系作教学实习，老师全换了。我的老师是天津人，快解放时她怕回不了家很早就回天津，不上课了。下学期音乐系不再作实习，我又回到原来的老师李菊红那里继续学习。她结了婚住在朗润园，很远。我每次背着几本厚琴书走到她家实在够重的。

不知从什么时候开始，小哥哥总在我的必经之路上遇到，他说上他的车他送我去。先把我的沉重书包夹在后架子上。我不知怎样爬上车，他一把抓着我就放在车的大樑上，坐在他的车上去学琴省了我不少力气。

很有意思的是他总骑大学生多的小路，从不走小学旁边的大马路，也从不骑到老师家门口。进了朗润园，往右拐的第一个湖旁的小路上，他命令我跳下来，让我自己走去。我不知怎样从车上跳下，第一次有点害怕，他一把拉我下来，我明白就是顺势一溜，很容易。把我放在路口，沿着美丽的湖，走在柳树下，到了大高墙边最后一个中式平房就是老师的家。

这个房子是中式，有砖墙围着，一个门楼式的有漂亮瓦顶的大门，进了门有一长条院子，然后是一个具有深廊子的中式大瓦平房，在廊子瓦顶的侧外边有一条象颐和园长廊那样手画的画廊。虽然长年没人修善，但仍可看到过去的风采。可想而知这是清朝官员大花园中的房子，真是古色古香。



老师的丈夫是张汉差，读侯复兴的“从塘头厦到燕南园”一书后知道他是燕京 1939 年英文系、1940 年转入宗教学院，抗日后是燕京体育系教师，1952 —— 1977 是北大体育教授，指导过北京棒球队，是国家体委最早颁发的 3 位终身国家级裁判之一，著有“棒垒球练习法”和“棒垒球裁判法“。1978 年在香港著有”香港公司法原理与实务“，曾辅导、培训国内的法律工作者、大学教师、司法局和公证处人员。真是一位多面手。他比老师大几岁，他们在老师刚从天津来上大学时就是大学著名的一对。一直等到最后一学期才结婚。老师的父亲是天津人去世较早，母亲是欧洲人，没有什么好工作。老师从小学琴，父亲死后她就用教钢琴来养家，那时她才是个中学生。一到燕京上学，她马上就边学边教，非常辛苦。

我很喜欢她，在教曲子时她总可讲一些背景故事，启发我们对曲子的理解。开始我很奇怪，她怎么知道这些故事的？后来我发现她有一本极小极厚的外文书，这本书告诉她这些故事。

有一次她突然对我说，好好练琴，解放了，如果中国的经济发展得好，音乐就会发展快。美国、欧洲和苏联都是这样，到时会需要很多音乐人才。我说我愿意好好学琴，但我将来不一定想作音乐工作。她听后有点伤心。可能她认为我可以在这方面发展。解放后她是中央音乐学院钢琴系教授。

一小时下课后，我背着这沉重的书包慢慢往回走。这时突然听到有人不停地打车铃，我让路，还打个不停。回头一看是小哥哥！我高兴极了，不用自己背书包走了。小哥哥真厉害，他怎么找到的呢。又是骑大学生多的小路，把我放到女生四院门前，什么也不说一溜又骑走了，让我自已走回家。开始我想问他为什么走小路，后来一想，一路上从没碰上认识的人，这说明他怕别人哄他。我心理也觉好笑：他也怕人哄！

有时我走一大段路都没见他，就有点伤心，怎么忘了？不送了？他送我成了正常，不送成了不正常，他娇惯我了。我从没好好说过感谢的话。有时也想一定要说，让他高兴，但一见他又觉说“谢”有点生分。

就这样有一年的时间，直到老师搬到东门外靠近清华西门的平房。去这个平房是出东门走一条大石块，烂泥，小水沟混在一起，非常难走的“路”，根本不能骑车。小哥哥也要到城里上中学，我再也没机会坐小哥哥的车了。



## 飞来横祸

解放了，体育课马上就跟上了形势，要学军事体育。

首先增加了手榴弹投掷课。我们到操场的南端从北向南投。先教原地投掷的基本动作。大家已经投了几圈，应当说会投了，有点放松，快下课了，大家站的有点乱。

一个女生站在线后，拿着手榴弹要投，老师没有站在她的旁边去校正拿手榴弹的方法，也没人叫号：预备，投。我站在她的右斜后方，看着她。她突然举着手榴弹，手在右侧还不应当脱手时就从她的手中飞了出来。我看见了，但因太近躲不开，手榴弹就正落在我右脑门上。当时感觉两眼冒金星，头嗡的一下，似乎要崩了。我大叫，“哎哟”！

大家开始是往前看，找不到手榴弹的去向，听我一叫，才知手榴弹没向前扔，而是跑到右后方。三三姐马上跑到我面前扶着我不要倒，她一看如此大包，马上对体育老师说应当送我去医院。几个女生扶着我，向校医院跑去。因为怕下班。我跑几步后，头似乎清醒了点，但痛得更厉害。

到了医院，医生、护士不停地说太幸运，差一点就砸到眼睛了。医生轻轻按了我的头，可以确定头盖骨没裂，有一点脑震荡，主要是皮下水肿。医生用纱布裹住伤处，并捆住整个额头。我休息了一下，已太晚，怕同学家长着急，就让她们赶快回家。我说不用为我着急，我自己可以慢慢走的。他们这才走了，我也觉得安静了一点，坐了一会，就慢慢走回去。



一路走碰到认识的和不认识的、走路的或骑车的人都会停下来问候，问是否要送我回家，我一一谢绝，自己慢慢走最安全。我感到了燕京人之间的关爱。走到燕南园大墙边，无论大人，小孩，被我头上裹着的白纱布感到奇怪，都跑过来围着我问长问短，弄得我都没法走回家了。

正在这时，看见小哥哥骑车过来，他看这样多人围着一个人，就跨在车上一脚踩地，问周围人怎么了，一听说我被手榴弹砸了，马上放下车挤进来站在我面前，他面带难过的表情，问我厉害吗？痛吗？然后说让他仔细看看。我从没想到一个淘气包会如此温暖深情，平时只见他损人、逗人，没见他关心人。

我感动得眼眶充满泪水。有点不好意思让他看我的伤。他翻开纱布一边看一边摇头，说这包真太大了，但幸亏没伤眼睛，没破，等包消下去应当问题不大。我体会他担心是否损伤面容。后来他推着车说：走，回家吧。这已是晚饭时间，大家纷纷回家，我和他一路，他叮嘱我好好休息，别害怕。我非常感谢他对我的鼓励，真是一位好的“大”小哥哥。

本来是怀着讨厌他哄我的心情来跟他接近的。但经过多半年的活动，我学到了很多运动，骑车带我去学琴，对我受伤后的特殊关心。许多事情让我非常感动，彻底地改变我对他的看法。如果一段时间见不到，我还挺想念他的。

回想自己，我比他班次低，从没想在功课上帮他，直到高三毕业我考上大学后，他落榜了。他的班长直埋怨我，太自私，没有帮他，和他一起复习。我说他从来没好好念书，只半年时间是帮不上去的。如果我们这时都是小学五年级同班同学，我和他暑假一起奋斗学习，也许会有帮助。也许就改变了我们后来生活的轨迹。



## 暑假奋斗

放暑假了，一天，爸爸推来一辆 26 型的旧自行车给我说：这是大学生走时卖掉的，很便宜。一年后就要到蔚秀园去上中学了，走路太花时间，最好会骑车。建议我利用这个假期学会，然后经常骑一下，到时就可用上了。我非常高兴，爸爸太了解我了。本来也打算借姐姐的车来学，还没说出口，车就来了。

平常总认为爸爸忙公事，从不管家。家里的事是妈妈躺在床上操纵，由保姆来作，或喊大哥、二哥或三哥来作。这次让我看到其实爸爸还是非常关心我们成长的。

谁教我呢？回想姐姐学车是家里的大事。我现在记不清谁教的，可能是大哥，或大厨。可现在的大厨显得年岁大了点，让他教不合适；大哥分配工作不理想，情绪不好，住在城里他妈妈家，以便陪女朋友，不能叫他来；三哥假期住城里，也不行。我想硬着头皮让小哥哥教吧。

我到游戏场正好碰见他，首先告诉他我有自行车的好消息，他说拿出来看看。我把自行车歪歪扭扭地费了九牛二虎之力推了出来。他说为什么这么长时间，都想走了。我说不会推，他说太笨了，自行车也不会推。他接过车就跨上去骑了起来。说：不错，挺好骑的。并说：走，到大坡下的大马路上去溜坡，一会儿就会骑。他骑在车上慢慢地等着，我走在旁边紧跟。到了大马路，我才注意到这马路不平，有一个坡度极小很长的坡。

我们来到坡的上方，他坐在后坐上，一手扶着把，另一手帮我上了车，坐在车坐上。他说大胆地蹬，让车走起来。他双脚蹬在地上帮我转动车轮，逐渐地他可双脚离地，顺着坡我可蹬整轮了。但车把还是来回晃，他教了好半天，我进步太慢，他失去了耐心。说：你就这样溜坡吧，慢慢学。



他走了，这时一大堆比我小，看热闹的男女小孩，非常同情，说：我们帮你学。他们分站在车两边，先扶我坐好，我开始蹬，他们扶着后坐跟着跑。我必须自己控制把，没几次，我可以扶好把了。我开始学上车，最简单的做法是把右脚跨过弯樑踩在右脚蹬上，左脚使劲点地，抬起臀部坐在座上，然后就可自己骑了。

这一堆小孩为我的进步鼓掌，逐渐地他们不用跟着跑了，我可用这种方法上下车，这一个下午的学习就结束了。大家非常高兴，真是三个臭皮匠胜过一个诸葛亮。大家知道团结合作的力量，不会骑车的小孩也可教大孩学车。

我不满意，因为我不会像会骑车的人那样从左侧上车。大师傅把车放在过道，靠在墙上，我想试试，左脚踩在左脚蹬上双手扶把站住，车不倒，我突然醒悟：车子歪到这样大的角度，都不会倒，这样我就有足够时间溜车子跨右腿了。第二天我按这种方法，马上就会了。我太高兴，暑假旗开得胜！

接下来是为数学应用题奋斗。我找到一本姐姐已不用的四则应用习题集，比较厚，有例题，有讲解，有解答。我从第一页看起来，先读例题，不看解答，自己作，作完后不论是否作对都认真读讲解。比较我的作法和它的作法。经过几个例题、比较，我突然感到开窍了。我明白自己为什么不懂，我学会自己分析问题。一个复杂的有大小括号的包含加、减、乘、除的应用题我可以很快分析出一步步的作法，最后综合成一个大式子。

我高兴之极，难以言表。大约一个月作完了这本题集。又去找别的书看，通过一本书的深抠，找到了学习方法，增加了信心。似乎一通百通。看别的书也不困难。后来我学习其它课都不太困难了。

通过实践我体会到每个人都可以开窍，如果一门课开了窍，其它各门也容易开窍。70、80年代我的小孩上小学、中学时，她没法开窍，为什么这样呢？她上小学前我们工作忙，没有教她小学一年级的内容。开学后，她就成了班上落后学生，压力很大。我一直想帮她安排出时间自己好好抠懂一门课，开了窍，其它课也就容易翻身了。但是题海战术的年代，每个老师生怕被扣上教学不负责的罪名，每门课大量作业，真是没有时间深入抠通一门课。只会照猫画虎，赶作业，连暑假也不放过。有时作题到夜里12点，还作不完，我只好和她一起作，根本不能好好分析、弄懂。

这种学习方法，使得小孩不能发挥学习的积极性、创造性。我总对她说要想办法开窍。直到大学毕业后她在外企工作，老板让她去使用一个软件。没人教，又不是她的专业，只好自己啃，慢慢抠懂了，开了窍。最后成了推广该软件的老师，到处出差培训，使该软件在公司里得到很好应用。

现在有的家长给小孩上许多复习班、补课班。这种方法不是智力开发，而是灌知识，会把人弄得很死板，缺乏学习兴趣。塞得太多，消化不了，这是压题，也许考试获高分，并不表示能力强。希望我的学习经验能对现在的中、小学教育及学生家长有所启发。

# 国庆大典

## 首长轿车落石

开学了我的六年级开始了，这时一件奇怪的事情发生了。

原来小学北房后面是大学的花房，花房外种了各种蔬菜。没见什么人走来走去。现在成天有许多工人在清理一部分场地。花房、蔬菜地缩小了一半。好奇、好打听的我就走到工地去问工人是否要盖大花房。他们说是给我们学校盖房子。



我心想解放了小学也要大发展。后来从男生那里知道不是扩充小学，是盖中学。我想不错，明年我不用骑车去燕京正校门外的蔚秀园上中学了。我庆幸骑不好车的我不用穿过香山到北京的唯一大马路去上中学，这样安全多了，也省了不少时间。

对我来说是福，但仔细一想，如果中学来了，学生多但操场不扩大，玩的地方就少了。如果在蔚秀园，那里有山、有水，风景优美，是清皇亲的宅邸。那时住户不多，学生可在园里自由玩耍，是很好的成长地方。

为什么要搬到大学校园内？事情逐渐清楚了。过去中学生的确在园里玩耍，没有人给予任何规定。现在解放了，中央领导的车队往来香山和北京必经这唯一的大马路。有一天一块小石头打到一个车窗上，解放军马上封锁，仔细分析谁打的，为什么打。最后查到附中，发现一个学生用弹弓打鸟，打到校外大马路上，不巧中央首长车路过，正被打中。 这件事引起大学领导的重视，不能影响首长安全。不能再有这种不安全的事情发生，影响学校的声誉。你说这不就是因祸得福吗？

学校有了初中生出现，显得很是热闹。操场上他们激烈的打篮球，引来许多路过的大人观看。小姐姐懿娴常和男生一块打，打得很突出、很棒。没有任何其它女生有这种勇气和男生打球。这就是中国女篮队员诞生的基础吧。

## 钢琴毕业演奏会

这学期是钢琴李老师和后来的大嫂程老师的最后一学期，钢琴系毕业生是要开独奏音乐会的。我参加了这两位老师的独奏音乐会。

这两场音乐会都在姊妹北楼一层大厅举行，这个厅是平地，没有舞台，采用欧洲室内音乐会的形式。一架黑色锃亮的新钢琴，摆在西端，带背的木椅子，一排排的向西摆着，便于听众进门后入座。

会场很朴素、简单，没有挂横幅。只在门口有人迎宾，发放曲目单。每人要表演一个半小时。工作量大，让我开了眼界。他们弹的曲目我都没听过，但我坐得住，一动不动从头听到尾。都是古典曲目，可以看到许多技巧，曲子类型多样：有感情极深的夜曲，庄严肃穆的叙事曲，激动人心的狂想曲，序曲，活泼跳跃的舞曲等，太好听了。听后我感觉自己长大了，懂事了，知道人类原来有这么复杂的感情。

这两场演出的参加者有很大的不同，前者的听众是本校人为主，没见什么新面孔。后者来了许多穿着打扮极其高贵的夫人、女士，抱着大把漂亮的鲜花。我从没看过这样正式、庄重的打扮，一点也不俗气，显得非常高雅。散场后她们到楼外和演奏者合影，呆了好一段时间，我就利用这段时间来欣赏她们的打扮，这是另一收获。

## 大嫂立功粉碎阴谋

报上已公布 10 月 1 日将在天安门宣布新中国诞生。并在各种报刊，各种场合告诫大家提高警惕，港台国民党不甘心失败，他们一定要搞破坏。8 月底新学期一开始，大学、中学和小学就开始讲新中国要诞生，让大家一方面好好练队准备去天安门，另一方面要宣传提高警惕，让大家都睁大眼睛，让敌人无法动作。在这样强大的舆论压力之下，的确收到了效果。

大哥大嫂还没结婚，但我们已经称她为大嫂。她出生在国民党高官家庭，住在王府大街的小草厂胡同的大房子里。他们家有 8 个小孩。前 6 个是女孩，最后两个是男孩程本、程正。我大嫂是老六，她的姐姐全在美国，欧洲和香港。只有她和两个弟弟在燕京上大学。这个夏天大嫂毕业分配到音乐学院钢琴系。



一天她家来了一个男士自称是她香港姐姐的朋友。他说她姐姐同意让他的东西放在这里。大嫂就让他把东西留下了。这时街道、报上都在说国民党的破坏：可能当天轰炸、可能暗杀、还可能在什么地方炮打。说到炮打，大嫂突然警惕放在家里的东西是否与炮打有关？这个东西已放在这里几天，从没人来过，她有点害怕。在如此强大的政治攻势下，如果这真是国民党破坏的元件，出了事就成了大问题，自己的命也就保不住了。

经过前思后想，下决心报到街道上。街道极其重视，报告给公安局，马上来人查看。这正是炮打需要的重要部件。政府感谢大嫂报案，清除了一大隐患。大嫂立了一大功。

这个部件是国民党打算从前门打天安门的重要装置。公安局并不确切知道国民党已派特务做具体的准备，更不知道这个东西藏在这里。北京如此之大，这个胡同如此之小，无名气。这个小胡同的房子显得又破又小。

我第一次去大嫂家时，根本找不到。门牌号很不顺，一溜的灰短墙，极小的单门，一个极普通的门锁，各家都极其相似。每家成天关着门，根本不会知道谁家来了客人。进去后，就出现了高大的正门，然后是几层院子几排房子。

王府大街是著名大街，但这种偏僻的小胡同有许多。国民党就利用这一点，以为一定会得逞。他们万万没想到共产党的宣传家喻户晓，深入人心，连这样出身的人都受到影响。打破了敌人的美梦。十一新中国安全、成功的建立。

这件事后来在晚报上报导了。大哥也来报告。我们为大嫂立功而高兴。从此事表明她愿意背叛她的家庭，愿意为新中国服务。后来她的一个弟弟程正毕业分配在长春汽车制造厂工作，是著名的汽车外形设计师，设计了中国各类大小汽车。为中国的汽车工业的发展贡献了毕生的精力。



## 十一队伍的总领队

1949 年 10 月 1 日中华人民共和国成立！

1949 年新中国成立，爸爸是燕京国庆游行队伍的总领队。这年爸爸 42 岁，刚从美国回来，身体好，有一定的名气，可以胜任这个既光荣又艰巨又劳累的任务。光荣是站在燕京队伍的最前面，接受毛主席的检阅。艰巨和劳累是凌晨出发，走长路，花一整天，要随时处理发生的各种情况。这件事就是爸爸十一前的中心工作，在九月要花不少时间练习，还要与其它领导研究队伍的样子，举什么牌子等。

经过周密的研究决定燕京队伍由燕大校旗和红旗组成第一个队。紧接着是大红灯笼队。然后是各个院系的队伍，举着各种口号的牌子和花朵。大红灯笼分给各系来完成，学生各个摩拳擦掌要拿出最漂亮的灯笼让毛主席、中央首长检阅。机械系有自己的工厂，利用这有利的条件作了一个有齿轮、电机图案的四人抬的大灯笼。化学系在教室作了一个大地球仪的灯笼，可惜设计不够周密，太大了没法运出教室，只好作罢。其它各系也作好自己特色的大灯笼。

爸爸非常高兴做这个工作。认为是党的信任，表明自己是进步教授。爸爸准备穿一身白色上衣，白色笔挺的西服裤，一双新的白球鞋。我看了他在家试穿。简直太帅了好像是个大学生，年轻了近二十岁。我们家只他一人参加十一游行。燕大队伍由大学生和教职员工组成，没有家属和中小学生。

十一前的那晚，爸爸很兴奋，似乎无法入睡。我们小孩不能等到爸爸出发就回房间睡觉了。早上醒来，队伍早走了，我家没有收音机，什么情况都不了解。到了晚上六点该吃晚饭了还没回来，全家很是着急。因为最担心的是国民党破坏。周围没有人可问，因为伯伯、姑姑也去天安门了。 一直等到 10 点，没见爸爸，我们只好先去睡觉。

很晚很晚我睡一大觉天已蒙蒙亮了爸爸才回来，赶快爬起来听爸爸讲话。他非常兴奋，说毛主席看见他们了。当燕京队伍走过天安门时，毛主席喊“燕京大学同志们万岁！”大家听后忘记了一天的疲劳，兴奋地跳了起来，使劲地高喊“中华人民共和国万岁”，“中国共产党万岁！”“毛主席万岁！”

我们好奇地问为什么这样长的时间。他说进城就是五个小时，9 月 30 日晚 11 点参加游行者到学生饭厅吃夜餐，然后走到清华园火车站上敞篷火车，到朝阳门车站下车，这已是早上 5 点。吃了早餐向集合地点慢慢走，由于各个队伍交叉碰撞互相让路，绕了很多路才走到等待地点。近 30 万人要安排到位是需要很多时间的。

下午三点林伯渠宣布开国盛典开始。这时到处看到人们兴奋激动的情绪，跳呀，扔帽子、扔围巾，广场沸腾了，手都拍红了。奏国歌，同时升起五星红旗，这是中国第一面国旗，第一次升到祖国的天空。第一次唱国歌，第一次见到毛主席站在天安门向全世界宣布“中华人民共和国中央人民政府已于本日成立了“。大家热泪盈眶，参加大典的人就是中华人民共和国成立的见证人。多少个第一都让他们看到了。

54 门礼炮齐鸣 28 响，这表示 54 个民族同声庆祝这伟大的日子。从1921年建党开始，中国人民在中国共产党领导下和蒋介石所代表的国民党反动派、帝国主义作了不屈不饶的斗争，28年后的今天才建立了新中国。太不容易，多少人前仆后继，流血牺牲。

燕京人在集合地点是看不到大会的，上面所写来自于看记录片。由于天安门广场周围有围墙，城门洞窄，每排十人，各队之间间距太长，每个队伍拖得太长，所以直到晚上11点左右才让点上马灯放在大红灯笼里，队伍前进到天安门。毛主席看到燕大校旗后，通过扩音器马上喊“燕京大学同志们万岁”。大家兴奋地喊着、跳着。在回来的路上，大家激动地说着这一天的所见所闻，回到学校已是清晨4点多。

回想毛主席在政协第一次会议开幕式的演说，激动地说：中国人民从此站起来了！真是这样。过去被帝国主义压得抬不起头谁能说这句简单的话呢。新中国成立这不仅是中国翻天覆地的变化，也是全世界的巨大变化。

这一天，燕京有一些人是站在天安门广场来观看这伟大的日子的。陆校长站在天安门城楼上，这是燕京的光荣，我猜因为他是燕京校长，没有像北大、清华校长随蒋跑掉。

回想1948年下半年胡适曾专程从南京中央研究院到北平来见校长。他们是老朋友，但从来谈话不投机，这次他的出现是蒋派来的，直接到他家拜访，不见是不可能了。他是来动员校长跟着蒋去台湾，校长明确表示坚决不去。

陆校长的观点：几十年来办学看到国民党政府歧视私立学校，真是越办越灰心。他没有对不起国家，只有国家对不起他。特别是这个夏天国民党的大兵和1941年日本大兵一样进校捉学生，使他心寒，从这时起对国民党彻底绝望了。

胡适的观点：只有蒋介石才可阻止中国陷入一场空前绝后的灾难。共产党统治下决没有自由。不要相信共产党那一套。在大陆不仅没有说话的自由，特别可怕的是失去不说话的自由。在苏俄有面包没自由，在美国有面包又有自由，在共产党的中国没有面包，也没有自由。现在学生还可举行反饥饿、反内战反对蒋统治的游行。将来学生在共产党的统治下是不可能举行反政府的示威游行的。

两位校长完全相反的看法，是不能简单地辩论清楚的，要由历史作裁判。

有人曾对蒋夫人说国民党贪污腐化，使他们失去人心。蒋夫人说：共产党才建国，几十年后才能得结论。由于不讲法制，他们会比国民党更糟。

司徒老校长回国后，美国燕京托事部的基金会希望在台湾再建一个燕京，如果校长与胡适走了，可能就是下一个燕京的校长了。托事部把燕京的基金放在台湾，由于燕京反蒋，学运活跃，对解放全中国起了很大的作用。蒋怀恨在心，不许用燕京这个名字。就用这份钱建了另一个大学。台湾陈诚认为在大陆时那些大学学潮不断，影响不好，基本上拒绝使用那时大学的名字。如此进步的陆校长留下后的最后 20 年发生了什么故事呢？



42 岁的爸爸是这样的有生命力，充满了希望。一切是这样的美好，将来一定更美好。他自己和周围认识他的人绝不会想到如此充满活力的人，10 年后只能在我的心里为他举行葬礼。

什么事情发生了？这是为什么？请问：是解放前的国民党可怕，还是解放后的包括旧知识分子在内的各个时期的敌人更可怕？是解放战争消灭的敌人多，还是解放后消灭的敌人多？中国的敌人是否永远也消灭不了，甚至越打击越多？

## 竭尽全力

从燕京解放到全国解放，新中国诞生，爸爸看到了共产党领导的新中国真是欣欣向荣。相信共产党一定能把新中国建设成自己年轻时为了救国所向往的国家。认为自己解放前一直支持的革命、解放战争是正确的，一定要继续尽全力支持。

在百废待兴的时刻，要把它建设起来是需要大量资金的。怎样尽自己微薄之力呢？爸爸想自己这后半辈子就是在中国参加建设了，不会跑到美国成为游子。燕京给工作人员存在美国的养老金如果继续放在美国没有什么意义，不怕断了万一想出国的退路，毫不犹豫把它调回，这正是一笔可以使用的资金。当时在美国有存款的人中，作此举动的是极少数。这表明爸爸是多么的进步，不是口头派，而是实干派，举双手真心实意支持新政府。

爸爸只有这点钱，不去考虑如何让钱升值快。新中国第一次发行公债卷时，不去考虑它的利率是如此之低。只要国家需要，就全部投入，尽自己全力支持新国家的建设。



## 旗开不得胜

十一过后，大学教学秩序正常。爸爸开始按政治课教学委员会制定的政治课教学计划来上大课。那时没有毛选，只有一些小册子。虽然在美国读过马克思的资本论和恩格斯的自然辩证法，其目的只是了解。现在要当政治课来讲那可就不容易了。社会发展史、政治经济学、新民主主义论、中国革命和中国共产党，等书籍更是现囤现卖。爸爸花不少时间和精力，备课、上课，讲了几次课后，学生意见不断。有人建议请解放区的教授来讲。爸爸接受了。

一个周末的下午爸爸说学校派一个小车送他去北京西山请解放区的一位教授。爸爸让我们跟他一起去。我很高兴，妈妈也想去。爸爸坐在副驾驶位置，我和妈妈坐在后排。

这时正是稻米成熟的季节，汽车沿颐和园南墙外的土马路开向西山。一路上闻着稻米香味，看着这美丽的西山风景，看着沿街整齐的民房，很快来到一个黄土高坡，一排特别干净，看上去相差不多的房子出现在眼前。我们车停在一个又小又矮的土坯房前，门是开着的。敲了这小小的正门，从小北房走出一位又瘦又小的老先生。

爸爸自我介绍后就让我在外面玩，我从开着的房门看到屋里，这是他的堂屋有一个四方本色的木桌，四条长木凳，设施非常间单，房间非常干净。妈妈和爸爸一起与教授及他的太太谈话，我站在屋外仔细看了这小小的院子。



这小院是三合土打成的硬硬的地面，一丝草也没有，扫得极其干净。在院子当中有一颗小树，其周围没有杂草。在小北房的窗下有几个小花盆，种的是很小的草花。有一盆是小红椒，看来是吃辣的人家。这个院内只有三间小北房，很朴素，简单。站在门口可以看到外面大片稻田，非常开阔。看到邻居家红红的小枣挂满树上，房子都一样，整齐、干净，没见鸡、狗、猫，十分安静。这是解放区的干部宿舍，大概是供给制。对比我们家真是极大的区别。给我很深印象。这表明解放区干部是人民的公仆，和人民同甘共苦。

回家的路上，爸爸简单地说他同意来讲一次课，并商量了讲课内容。

我真想对爸爸说：不用逞能，负责政治课并不是说必须亲自讲。可以请校内外的各种能人来讲。不一定非由教授讲，校外请共产党的专家讲，校内请党员干部、民主人士讲。对于政治课目的，学习内容，学习方法等问题应多到管教育的政府部门讨论，到解放区办的华北大学听课，请教。这样效果会好，压力也会大大减轻。 我是小孩哪敢说呢？

他用了非常奇怪的办法，来释放和疏解内心的压力：每次一回家见到妹妹就像斗鸡一样的打斗起来。两人把手攥成拳头，端在胸前。爸爸先进攻，妹妹后退，直退到墙角，妹妹反击爸爸后退。我们站在旁边为双方使劲，几个回合才会结束。

解放前爸爸从没这样对待我们，总是很严肃，很自信，充满朝气。现在只觉得在打斗时放松，有笑容。但打斗后就是皱眉头，显得无能为力，很是疲劳，缺少自信。我为爸爸担心，但不知该怎样说。因为我们在他眼里永远是孩子，不是讨论工作的对象。

在政治课中曾请来一些著名的专家：沈志远、许立群、陈翰伯、艾思奇、魏巍，钱俊瑞、王云生和褚安平等，但远远不够。据说那时在学生中有一股暗流，希望一切政治完全退出大学和中学。所以谁来讲都不会受欢迎。

经过一段时间爸爸悟出政治课的目的应当是自觉用马列主义改造思想，爸爸的讲课也朝着这个方向努力。不再是只讲那些条条，枯燥的理论。而是把自己摆进去，结合自己和学生的思想来讲，生动活泼，亲切精辟。受到学生的赞扬，学生给政治课教学委员会写信表扬。

解放后的政治课是爸爸在业务上第一次感到不能适应新政府的工作。没过多久教育部门传达教育方面必须完全学苏联：保持苏联有的课，去掉苏联没有的课。逐渐增加苏联有，中国没有的课程。

爸爸的社会学是苏联没有的课，就必须下马。这是爸爸一辈子奋斗的学科。回想年轻时选择社会学，就是为了救国救民，因为这个学科可以帮助中国落后地区发展。他们已经到农村去调查，有了一些想法。大领导不是做了许多中国农村的调查吗？用打倒地主进行土改的方法，极大的鼓舞贫下中农支援革命。社会学到农村去是和大领导的思路一致的。为什么社会学系就不能继续了呢？这些知识分子到农村发展，是不会把农民“教坏”的。只能帮助共产党把中国建设好。实在是不可思议的决定！

爸爸在组织上服从，但心理不明白。而且不能与教育部门探讨，毫无民主，强迫执行。在业务上不讲民主，让爸爸也觉得奇怪。解放前共产党宣传的口号是要民主、要自由，怎么掌握政权后就不讲民主了呢？

据说苏联有劳动系，研究按劳分配，劳动者与领导的关系，劳动保护，各工种的工资制定原则等。爸爸系的大多数教师都愿意做与社会学关系密切的民族学。苏联有这个系。这样原社会系就分成民族系和劳动系。



爸爸主动去承担这个没人敢做，没人想做的工作去建立这个全新的劳动系。爸爸没想清楚，旧社会来的大学教授怎能指导政府的工作呢？劳动系不由政府亲自参与就是白做工。从这时开始，爸爸就掉进了这个难啃的吃力不讨好的系，直到去世。

如果爸爸也跟着大多数作民族研究，日子会好过些。但他从没作这方面工作，所以与那些人相比他就属于老末。从一个系住任、法学院院长，变成老末，他怎会甘心，怎能放下架子？这就是爸爸解放后在业务上可悲的地方。说句实话就是英雄无用武之处。没有了业务，一辈子重业务的知识分子，心里能高兴吗？

爸爸是典型的中国旧知识分子，他一辈子没房、没地、没股票和其他投资项目。自己教书攒的养老金全部投到国家公债，支援建社，唯一具有的就是社会学知识，而且造诣不浅。现在的状态爸爸连唯一具有的那点知识也视为零。除了有妻女外，是真正的一无所有！成了一切方面的穷光蛋！！实在是太凄惨了！解放前是社会学界在中国排得上名的专家、学者、教授，解放后成了废物，使不上劲的空教授。哪一个知识分子愿意处于无用状态？！社会学不是没用的知识，在解放后就这样人为地打入冷宫。

既然爸爸已主动承担这个新系，就不能让它放空炮，必须有人来教这个课。爸爸知道新中国对工人阶级的劳动研究是非常重要的，所以只有再一次边学边干。对于一个四十多岁的老教授，又是院长、又是系主任，在繁忙的工作之余去学一门新课，已很不容易，更何况要对学生讲。经过刻苦奋斗，很快招生，教起这门新课程，完成了自己说出口的任务。

# 红领巾

## 入队

北平解放后不久，小学就建立了解放区的儿童团。如果愿意填申请表，就可入。我们都申请了。

第一个大活动就是四月四日中国过去的儿童节举行全区儿童团的建团活动。这是最后一次在这天庆祝儿童节。以后新中国就庆祝六月一日国际儿童节了。

我们排着队在老师的带领下大约花了一小时整齐地走到海淀区的一个大操场。这是第一次到校外参加活动，老师要求我们遵守纪律、表现好。大家明白要和别的学校比一比。

人真不少， 操场的一部分看台用来开大会。宣布开会后，区领导讲话，各校领导也表了态。然后各小学演小节目。由于天太冷，节目没有吸引力，主持人在混乱的会场宣布散会。

这是唯一一次参加区里的活动。似乎是雷声大雨点小，领导花不少力气但没什么效果。区权威没法建立，各校友谊也没法增进。我的印象就是挨冻。

十一过后，团中央把解放区的儿童团和少先队合并成中国少年儿童队。在 1949 年 10 月 13 日成立，我们是这第一批中国少年儿童队员。我校小学儿童团和中学的少儿队合并，队伍壮大，成熟了。我们是一个大队。小学是两个中队，中学一个中队，各班是小队。建队非常隆重，少儿队员按小队、中队排好，站在大操场上。大队辅导员站在讲台上宣布燕大附小附中少儿队成立，升大队旗，唱郭沫若作词、马思聪作曲当时的队歌：

我们新中国的儿童，我们新少年的先锋，团结起来，继承我们的父兄，不怕艰难，……

然后带读誓词：我是中国少年先锋队员，我在队旗下宣誓，我决心遵照中国共产党的教导，好好学习，好好劳动，好好工作，准备着为共产主义贡献力量。

接着辅导员喊“准备着，为共产主义而奋斗”！我们队员喊“时刻准备着！”然后辅导员给大队长我姐姐带上红领巾，并配戴三道红杠大队长臂章。然后给各中队长、小队长带红领巾，及两道红杠的中队长臂章，及一道红杠的小队长臂章。每个队员的红领巾大会结束后回小队颁发。

这样隆重的建队给每个队员为之一震。这可比儿童团要严肃、庄重得多。这是模仿苏联少先队、红领巾的结果。使得学校很有生气。红领巾象征着红旗的一角，代表无数先烈为革命流血牺牲。每天带领巾，使我们必须牢记，不忘先烈，准备为革命奋斗终身，提高我们的革命自觉性。

姐姐是一位大家拥护的、大家尊重的大队长，办事认真、公正。每次开大队会她都站在全体队员面前讲话，我为她骄傲。

1953 年中国少年儿童队改名为中国少年先锋队。

红领巾给我一生很大的影响。记得后来我多次参加少先队十一、五一到天安门的游行，白衬衫配着红领巾真是形成红色的海洋。的确是祖国的花朵，革命的接班人。

一带红领巾就有一种责任感，就想将来我是什么样呢？

回想 1966 年底我步行串联在井冈山上看到：“山上山下，红旗漫卷西风”的场面。那时大多数步行串联到井冈山上的是带红领巾的少先队员。他们来自两湖、两广、福建、江西，像我如此之“老”的教师实在太少。他们大多举着大队、中队旗，每人带着红领巾，形成了红色的海洋。走在山的不同高度，站在对面的山上望着，就是那首诗的场景了。看着这么多的接班人，高举红旗，走在革命的路上，很是令人鼓舞。就觉中国是那样的有生气，有希望。

## 偷营

暑假到了，在苏联小说如“铁木尔及其伙伴”和其它书的影响下，决定举办夏令营，来培养少先队员学习解放军遵守纪律、吃苦耐劳、团结战斗的好品质。

首先去借帐篷、和相关设备。然后决定地点是校内还是校外。校外最近的地点是圆明园。由于是小孩的夏令营，安全应是第一。如果在校外，至少要请一两位大学的保卫协助。还需解决大批人用水、作饭、厕所等问题。最后决定在校内。就在面对未名湖的校医院背面的小山上。



夏令营开营的那天，我们每人带一张席子、一床被单，牙刷、牙膏、饭盒、勺等极其简单的东西。到校集合时男同学已把帐篷放到手推车上，我们排队走到小山下，把帐篷扛到地点。大家七手八脚地把它打开，男生先把中间的木棍竖好，然后爬到木棍上把中间帐篷顶放到木棍顶上，我们女生使劲把帐篷的下面向外拉开。本来觉得这事很容易，但是这个帐篷很重，大家力量不均匀，弄得帐篷歪歪扭扭。男生讽刺我们女生，说我们是吃货，干不了这个活，最后还是男生把帐篷搭好。

为偷营，每边各有男、女两个帐篷，共搭好四个。首先铺好铺位，人多，篷小，铺位一个挨一个，一点空隙也没有。铺好后到外面集合，集体做饭。在大锅里放了水、米、黄豆、红豆等用我们带来的树枝，树根等柴禾煮成稠粥。我不懂怎样做，就仔细站在旁边观察。

只见农村来的男女同学熟练地用砖架起大锅，把废纸放在下面，上面先放细树枝然后放粗杆，都放得很松，留有足够通气的空间，便于燃烧。放好后开始把纸点着，细枝很快着了，最后粗杆着了，这时火足够大，水大开后，把火关小焖这个粥，同学用大扇子扇着风，控制火的大小。

我明白了怎样在野外作饭，这个能力使我大串联在井冈山过元旦时用上了。在美国生壁炉也需这样做，我做得很好，受到过表扬。

晚饭后，两边分别布置夜晚的偷营活动。每队都需防守和进攻。我们队让女生看家守营房，男生去对方偷营。辅导员说：偷营多半在后半夜，让大家到营房抓紧睡觉，半夜 12 点起来站岗和去偷营。这时才七点多，不是平时的睡觉时间，再加上第一次睡帐篷，很新鲜，很兴奋，大家睡在一起，似乎有许多话要讲。所以这五个小时一点也没睡。

到了 12 点，每人分了一块地去站岗，实际是趴在潮湿的草地上，盯着自己的前方。开始还可以。互相看不见，即使看见也不许说话，一片漆黑，吹着微风，挺舒服的。这时可怕的瞌睡虫在满脑子里爬，我使劲强迫自己千万别睡。但不知何时就进入了梦乡。

我猜大概半夜三点左右，敌人来了，不只我一人睡着，他们就从我们这里进了我们营。我们都不知道。直到辅导员到各处寻找我们站岗的，才发现太多人都舒服地睡在草地上了。他简直气死了。没结婚，没小孩的男老师是不会理解和原谅我们的。我一直都记得我自己和这个讨厌的瞌睡虫斗争的痛苦情形。

现在来看，这应该是策略的错误。把我们想成是大人，有很好的克制力。总怕站着容易让敌人发现，如果允许我们趴着和站着交换进行，我想我可以不睡的。我们的男生偷营成功，似乎有一点小战斗，因为俘虏了他们看营的人才得以进入敌方的营房。

天亮了，辅导员总结了偷营活动批评了睡觉的我们。我们无话可说。只能检讨。这次夏令营虽只一天时间，可让我记了一辈子，是我在少先队中最有意思的活动。辅导员组织这次活动是花费不少力气的。以后还组织吗？

## （五）新中国成立后的燕京大学

怎样称呼这个时期呢？我看到有人称这是“燕京末日”时期。我不喜欢，太没有正能量，太阴暗了。这是燕京大学的疾风暴雨、太阳落山时期。还是让读者自己决定吧。



### 理解国家，全校大搬家

新中国成立后，全国各行各业都要大发展，教育事业特别是高等教育必须面向工农兵大发展。高等教育为国家培养高级建设人才，凡满足入学业务要求，身体健康，有志努力学习，参加国家建设，无论有钱没钱全可上大学。所有大学生都是公费。学杂费，个人生活费根据学生家庭的经济条件，自费，全免或半免。特别困难者国家发助学金，生活补助费，和棉衣等。这样学生大大增加，扩大教职员工的队伍势在必行。

燕京、清华在郊区，离城市远，交通不便，过去学校提供各类住房让教职工住。现在也须提供新人员的住宿，房子不能马上盖出，只有在现有的住房中想办法。本来燕京教授住宿是按美国一般大学教授的住房条件提供的，现在解放了，一切要向解放区老干部看齐。住房面积要大大压缩。

校领导开始动员，总务部门提出方案。规定凡楼房楼上、楼下各住一家，特大平房也要住两家。按职称，家庭人口数算出每个教职工的分数，按分数的高低总务人员一家一家让大家选房。爸爸听过动员后，马上告诉我们压缩住房的精神和方案，我和妈妈看过解放区老教授的住房后，感觉我们家应当缩小。

一个晚饭后，总务人员来我家，他拿出两张单子，一张是分数由高到低，看到比爸爸分数高的人都选完了。另一张单子是全部住房按面积由大到小排好。我们看后一致同意燕南园58号。过去是外国单身女教授的住所，这时美国妞家住在那里。

全校挑完房子后，安排了搬家次序。这个工作做得深入细致，很得人心，这两张单子公开让大家看，没有任何后门可走。大家没有怨言，理解国家的要求，学校的困难，都忙着收拾东西，高兴地搬家。这是我这一辈子所看到分房子工作做得最好的。



## 寂静的三合院58号

58号是燕南园最东南角的一个平房。它东、南两面是大石块垒的大高墙，墙外是海淀的土主干道，每天有不少马拉大车经过，马车走过有尘土卷起，飘到院里。经常听到甩鞭子和吆喝牲口、赶大车的声音。成天可见不同层次、不同装束的老百姓走过：挎着蓝子去卖鸡蛋的中年妇女；赶路的商人、农民；也有穿红袄，戴红头花的，穿马褂，戴瓜皮小帽，坐在小毛驴车上的新婚小夫妻。如果我是个画家，一定可画出生动的各色人物。

可以说它比61号接地气。这个房子离游戏场最远。不会听到游戏场的任何动静，是安心念书、弹琴的好地方。

院子的北面是中式带瓦顶黑色双开大门，门下的黑色条木又宽又厚，使门显得很庄重。对于骑自行车的我们，搬车进出很困难。但锻炼我们扛重物的体力。我就在这里重重的崴了脚，尝到了中式大门的苦处。大门旁是高高的中式典型带孔的花砖墙，有藤萝爬在墙上，开花时花香飘满美丽的院子和院外的马路。

该大门与住房的大门之间由一条窄的砖路相连。路西是一个供工作人员住的小房间，向阳，冬暖夏凉，大哥患肺结核时就住在这里。旁边是洗衣房，有朝南的门，和通向厨房的门。然后是厨房，厨房对外有南北两门，对内除通向洗衣房门之外还有通向饭厅的门。



厨房南门、洗衣房南门、工人住房门外面形成了一条极小的院子。晴天有充足的阳光撒在这小院，空气极好，大哥养病时常在这里晒太阳、呼吸新鲜空气。

厨房北门外有放垃圾、清扫工具、工人厕所，锅炉房等几个小屋子。形成一个没有阳光的小院子。

这小路的东边是一片草地直达东大墙，沿东大墙从前院走到后院经过一窄条没草地的院子，靠窗户一侧有黄刺玫花丛。

后院是一片非常好的草地，最南端靠近大墙有一、两棵大树。西边是两个大的葡萄架形成与 57 号院子的分界，这两个葡萄树挨在一起向相反方向发展。这个后院的北面在南房的南墙下有一棵开粉红色小花的蔷薇，爬满这块墙。

58 号和 57 号合在一起是一个中式的长方形的四合院。在长的边一分为二，就形成了 57 号 58 号两个三合院。四合院中间的小院由一个绿色木质大月洞门和砖墙隔开。如果两家联合举行大派对，这个门可以打开，饭厅门也可打开。我们住在这里从没打开过。

这中间小院，可从北排房间的门进入。如果有小幼儿、或痴呆老人，可以放在里面自己玩，或晒太阳、散步，跑不出去，很安全。对于忙于工作或学习的我们，外面已够跑的了，没有时间去欣赏这个小院。

这所房子从外面看是中式的，但内部设施，安排全是西式的，有设备完全的西式厕所、厨房，暖气设备，客厅内有西式大壁炉等。但也有两个中式两扇门对开的黑色房门其上有雕刻非常精致的花木框架，其一是北排大厅的门直通大门，另一个是靠近大门的卧室房门。当客人从大门进来时落入眼帘的就是这两个中式房门。给房子增加许多中式古色古香色彩。

我家这三合院的北面一排是一个没有隔断的大厅。我家把饭桌、放餐具的大玻璃柜摆在与厨房门相连的西边一段，形成一个开放式的饭厅。中间有壁炉的部分放大、小沙发、小茶几桌和钢琴，形成客厅。靠近大门用爸妈的全部书架围出爸爸的书房，除了爸爸大书桌、卡片柜之外，还放了一张床，作为客房。

东、南两排房内靠中间小院一侧是一个过道，使这两排各个房间之间方便进出。东排有两个小卧室，中间有一个没有洗澡设备，与这两个卧室相连的小厕所。我们三姐妹分住在东排两卧室，每天就合用这个小厕所。

我和妹妹住在近大门的全房最小、最黑的卧室，没有小储藏室，只有一个朝东的较小窗户。外面的大黄刺玫树丛既挡住了所有的光，也挡住了外面的尘土，使我们可以开窗。

姐姐住在东排南端有朝东和朝南两面窗户的稍大卧室。放我们小孩衣服的两个橱柜摆在这里。有一个储藏室除放我们小孩的衣物外，全部漂亮的字与画包裹得很好地存在这里。妈妈一直生病，没人主持布置，从此没打开过。我再也没看过我喜爱的那几张，如果早知如此，搬家前应留下它们的照片，以作纪念。

东过道南端连接南边这排，姐姐房外有一个通向室外水泥作的没顶阳台的门。这门的旁边是一个较大的卧室，妈妈独自住，因为妈妈病又重了，成天关在屋里，很少和我们在一起吃饭。再往西是一个较大的厕所，有洗澡盆和淋浴喷头。最西边是最大的卧室，爸爸住在这里，还堆了全部箱子，是个大储藏室。说句笑话爸爸睡在储藏室里。

这时爸爸已睡不好觉，有点失眠。爸妈身体都不好，为了健康，为了爸爸尽可能安静的休息，就作了如此的安排。

我和妹妹住在大门旁，每天就是在自己房里学习、睡觉，到客厅练琴，到饭厅吃三顿饭。除每周到南排取衣、洗澡外，其它地方很少去，妈妈若不召见可能几个礼拜也看不见她。

每天我只在三顿饭时见到爸爸。姐姐上初中又是大队长很忙，也是三顿饭才见。虽与妹妹住在一起，但很少聊天，也不一起玩。虽然开窗透气，但总觉暗无天日，很憋闷、很压抑。

除了每天爸和妹在过道上打斗时全家有点欢笑外，这次搬家后全家人之间显得冷冷的，好像住集体宿舍，没感到家庭的温馨。



## 保姆、妓女、少奶奶？

这次搬家与以前两次不同。那时是妈妈亲自和工人一起包红木家具、各种瓷器、玻璃器具、字画等精细活。这次在搬家时妈妈又躺下了。仅靠这位照顾妈妈的保姆是忙不过来的。为此又请了一位，据说是个寡妇。

房子小了，院子小了，妈妈躺倒了。院子除自家人看外，外人看不到，又没有可种菜的地，就不再请院子工人，大厨搭把手清除野草、修剪草坪即可。我们长大，不需专门一位保姆照料，不知何故没有马上让这新人走。

回想 第一天见到她时，我根本没看出她是保姆。细皮嫩肉，雪白透亮的肌肤，一点也不像干活的人。还会抽烟，没干什么活就累了，便到外面抽烟。我猜过去她是个戏子，或是阔人的老婆，也许过去还抽过大烟。这个人的活太轻，就出问题了。

她的细腻雪白的皮肤，见了男人眉来眼去酸溜溜的笑容。

穿着天蓝紧身中式侧开襟小褂，把丰满的乳房高高的突显出来。腰卡得细细的，又突显她的敦实的臀部。抽烟时拿烟的手摆出一个跳舞的兰花指，另一手托着这个手，一副勾引男人的欢场女子作派。

我真不知她来我家目的，是来挣工资的，还是来勾引男人的？！我们小孩对她没好感，爸爸从不理她，由妈妈通过另一保姆来指挥她。当时我们不太懂，现在回想见识广的爸爸肯定把她看透了，防止她的勾引。

可这位 50 多岁有妻室的大厨给迷上了。在手边的大肥肉不尝白不尝。两人在厨房、洗衣房偷情，最后这个寡妇肚子大了，我家解雇了她。她和大厨私了，即这个孩子生下来，大厨给她和这个孩子抚养费到小孩工作。大厨的老婆不作追究。大厨没想过偷腥的结果是要赔钱的。念他厨艺不错，我们继续雇用，直做到我们搬进城。最后他在西点店做点心，挣钱还完这笔孽债。

俗话说："好事不出门，坏事传千里"，这桩丑事一下子在燕京家庭服务员中传开了，成了当时的新闻。有人向我们打听消息、背后议论折腾了好一阵，一段时间后才消停下来。我当时想真倒霉，如果刚搬完家解雇她，就没这糟糕事发生了。



## 红木家俱在哪？

在我们白天上学时，搬家工人很快就把家搬完了。下午到了新家，看到除了字和画没挂外，原来我最喜欢的漂亮红木家俱：红木方桌、两把太师椅、四个高腿两层花架等不见了。其它普通家具如放玩具的大柜子、院子的藤桌椅等也没了。那些漂亮的放在红木花架上的八个漂亮青瓷、黄瓷花盆，放圣诞树的大花瓷盆等也都没看见。上哪儿去了？

我走遍各个房间，里里外外都没见到。还能摆在何处？我不敢问妈妈，就向照顾妈妈的那位保姆打听？她说让收购旧物打鼓的拿走了。打鼓的是每天挑着两个大筐子走街串巷，手里摇着拨浪鼓的“收破烂”者。

燕京从不许这样的人到学校，怎会有人来买呢？我想一定是住城里的朋友帮助找的。我为妈妈难受，这些贵重的东西是妈妈心爱的嫁妆，抗日时期都不舍得扔，全从燕东园搬到城里堆起来，相信一定能等到有一天可打开使用。这是因为相信日本必败。但这次却一件也不留。因为他们相信，在他们盼望的共产党统治下，后半生只能住在58号，这个房子已装不下这些家具，只有割爱、卖掉他们。是否这就是妈妈又躺倒没法说出的原因呢？



我太傻了，以为妈妈都不能保留的东西，谁还会要呢？打鼓的难道会蚀本？后来搬到城里，妈妈卖字和画时，我见到来买东西的打鼓的，大约50岁左右。

我问：收红木家具吗？他说：收。好卖吗？好卖。我一连串的追问：谁敢要？谁能要？是卖给大使馆吗？

他很生气的说：你甭管。你找到，你卖给他们，甭找我。

他错怪我了，他认为我想直接找到买主，可卖大价钱。

他说：字和画更好卖。特别是古玩。

我这才明白，在共产党统治的地方仍然有人住大房子，欣赏和懂得古董、家具、古玩。这些东西在任何时代都是给上层用的，解放后能住大房的人、新的上层人物就会要它。

一直在大学工作，住学校房子的爸妈一辈子没有自己的房子，只能任人摆布，按人家所给房子决定可保留的家具。我真希望能放跟踪器在那些卖掉的东西上，以便知道它们究竟上哪儿了，甚至可以去看看它们变成什么样了。这只是自嘲的笑话。

## 燕南园飘起小旗子

58号原住着经济学家，美国妞的爸爸较早地搬出了燕南园，住进朗润园。他们走后，我们家马上搬进。我们住过的61号，经过学校的大修整，把一楼有顶的阳台用木制结构装成了一个大间，楼上是著名历史学家、北京地理专家、后来北大的教务长侯仁之教授的住所。

我很少接触新搬来的人家，只知道我认识人的去处：

51号大头与64号小哥哥家合住在53号。大头新家我没进去过，只去过小哥哥的房间。他喜欢买苏联歌曲的唱片，自己焊出一台电唱机，他让我去听音乐，我去了。他住在朝南小屋，非常阴暗潮湿。我很不喜欢，还没坐下来，就走了。使得兴冲冲要表现自己成果的小哥哥非常扫兴。我走后觉得太对不起他的诚意。

原住53号厦门大学来的诗人林庚教授一家搬到62号大平房的后段。

62号前段是原住59号的严伯伯和雷姑姑，我们俩家住得“太远”，他们再也没来过我家，我们小孩很难见到他们。

57号是原住66号历史学家，民主人士老黄的主人翁独健教授家。虽然我们是邻居，但互不来往。

59号是从65号搬来的著名物理学家褚聖麟教授。每天上学都路过这里，经常听到脖子哥练琴，我暗暗地追赶他。

65号是52号搬来的著名化学家蔡镏生教授的住所，三个包子就住这。

64号是著名体育教授，体育系主任，我们的本家赵占元教授，从燕东园搬来。三三姐和我同班，这里成为我常来打搅的地方，直到文革他们搬出。

燕南园的老房子经过改造，显得极拥挤，住人后到处挂“旗子”晾衣服，各家都像个大杂院。我们这批孩子长大，新小孩子不多，游戏场再也没有往日孩子们奔跑、打闹、欢笑的场景，显得极其冷清。

原来自给自足的燕京为适应大发展，盖校园、校舍、修公路把原来供全校使用的牛奶场掀掉、把果园里的果树连根拔掉，大家喜欢的那大水蜜桃、每年冬天各家储存的国光苹果再也没了。司徒校长妻子、我外婆等安葬的坟地全部铲掉。铲之前虽曾通知家属移走，但什么地方可不被打搅？为划清界线谁也不敢询问司徒校长妻子的去向。

北京是首都，各国大使馆所在地，各种国际会议在此举行，外宾多，政府机关在此，人民生活水平不断提高。所以在北京近、远郊要统一安排奶、蛋、果、菜的生产，各单位不需自行安排。的确如此，一两年后的确供应了奶、蛋、果、菜、肉、鱼等。

空出的大片土地陆续盖了教学大楼，和学生宿舍、教职工的住处。燕京正在缓慢地扩大中。

# 对人生的思考

## 狗的启示

老黄是一只浅黄色的大公狗。它是燕京复原后一年出现在66号红玉家里的。老黄很安静，被训练得很好，非常懂事，非常忠实，非常友好。从不无缘无故的乱叫，总围着它的四个小女主人。我们小孩都不怕它，喜欢和它玩。

一天我们几个小孩正在54号和60号之间的小马路上玩。老黄老远地摇着它漂亮的尾巴、高兴地冲我们跑来。我们正想逗它玩，发现它的兴趣不在我们，顺着它兴奋的目光看去，只见从另一个方向跑来一支深棕色长毛的小狗。

它们似乎认识，我们可从没见过这个小狗，这时它们开始追屁股。老黄用舌头去舔小狗的屁股，小狗欣赏他的舔，然后小狗又开始舔老黄的屁股，两狗不停地轮换舔着，我们小孩大喊：太脏了。就想把它们分开，但完全无用，它们好像粘在一起。这时只见老黄突然跨过小狗，它的下边伸长了一个东西插到小狗的屁股里。我们小孩不懂，还想拉开它们，但跟本拉不开。

我突然明白它们在性交，因为我过去曾看过飞虫的交配。

我大喊：别拉了，他们在性交。

这时所有其他小孩也大喊：妈呀！就都跑开了。这对我们小孩是一个极大的刺激。害羞地互不敢看，各自跑回家去。

我突然意识到我们小孩就是这样产生的。后来在美国看过色情片，他们的作爱，和狗的作爱没什么两样。这说明人和动物在恋爱、在繁衍下代是极其相似的。

老黄和小狗结婚后没过几个月，大家都看到小狗肚子天天变大。原来看不见的乳头也变大形成两排。又过了一段时间小狗又出现了肚子也小了。大家互相问：谁看见老黄的孩子了？谁也不知它在什么地方生产。老黄和小狗这对夫妻就此结束。

它们又各自去找它们的新欢。

过了很长时间都没见老黄，我们问红玉，她难过地说老死了。我们问多大了就算老了？他们也不清楚。

一天我和大厨说起老黄之死。他得意地说是他第一个发现的。那天清早他来上班，路过 59 号和游戏场之间的小马路边上见老黄躺在那里，仔细一看是死的。后来他把它安葬在我家两棵葡萄树之间。

我说：这多脏呀。

他说：动物尸体是葡萄树的最好肥料，今年的葡萄肯定会好。



他是对的。葡萄是大丰收，结得多，颗粒大，特别甜。第二年就没有那么好的葡萄了。老黄上了天堂，还为我们贡献了它的全部身体。

从狗的一生反映了人的一生。生、老、病、死、繁衍后代、代代相传。我十二岁时就看到了这个过程，这也是恩格斯说的：生即意味着死。我长大了，开始成熟了。

## 向往苏联，学习古丽雅

小哥哥搬完家又作了一件伟大的事情：他从他的小房间拉出一条电线联到他挂在树上的小喇叭。他在屋里欣赏苏联歌曲时，我们路过的人都可以听到，听到想学的就站在路上听一会。最常听的是：再见吧妈妈，别悲伤，别难过，祝福我们一路平安。这是“共青团员之歌”。听着这首歌就有母亲送子参军的告别场面，非常激动人心。二战在欧洲战场，德国攻到莫斯科城下，苏联人民在斯大林的领导下，绝不投降，奋力抗争，最后攻克柏林。

我经常听这支歌时流泪。为了国家多少年轻人贡献了自己的生命，多少家庭失去自己的儿女和丈夫。他们为二次大战的胜利作出了不可磨灭的贡献。

这时在贝公楼大礼堂经常放苏联电影，我看了许多："斯大林格勒大血战"、"攻克柏林"、"他们没有祖国"、"无罪的人"、"幸福生活"等。

原来中小学没有图书馆，现在有了，我喜欢看故事性强的简单的苏联小说，作完作业、练完琴，边打毛活边看苏联小说，忘了吃饭、忘了睡觉。

我看过的有："铁木尔极其伙伴"、"卓娅与舒拉的故事"、"钢铁是怎样炼成的"、"古丽雅的道路"、"我的大学"等。对我影响最大的是"古丽雅的道路"。

一个普通小女孩成长为跳水运动员的故事。使我体会到任何人要想成才，就必须一步一个脚印地奋斗上去，绝无捷径可走。古丽雅从池边开始，到小跳板、三米跳板、十米跳板。每升高一次都是从头开始，要克服许多心理障碍、身体障碍。太难了，克服了就胜利了。

现在我们缺少对少年儿童的这类好书。我国有许多优秀运动员，描述奖金、奖牌多、刻苦奋斗克服困难的事迹太少。对于其它事业有成就的人描述得就更少了。青年人的轻生增多，可能和这方面的教育有关。

在我一生中遇到无数困难，古丽雅不懈地奋斗，时刻激励我前进。

苏联歌曲是我参加合唱团最常选用的。它们的多声部和声非常好。我们小朋友在一起也喜欢唱这些歌曲，自动唱出了不同声部，非常和谐、悦耳。我们常唱的歌曲是："海港之夜"、"三套车"、"红梅花开"、"丰收之歌"、"我们的祖国"、"白桦树"、"小路"、"和平的旗帜"、"卡秋莎"，"莫斯科郊外的夜晚"等。

记得在北航年近五十岁的我和同事们凑在一起唱这些歌

时，经常泪流满面。因为想起了年轻时的远大理想、抱负，再看现在一事无成的状态，内心充满失落感，深感痛心，恨不得再重活一遍。

解放初期苏联文化的确对我们这一代有极其深远的影响，向往到那里学习。那时做梦都去过苏联。

我真正去苏联是 2008 年，和女儿去玩的。在圣彼得堡，我们买票看了苏联红军歌舞团的演出，演员不再是 50 年代的那批，而曲目没变，随着演出我心里一直在唱，又把我带回到 50 年代，还是同样地激动、同样地泪流满面。



从中国或其它当时的社会主义国家来的，像我这个年纪观众太少了，会场的气氛和 60 年前完全不同。我和女儿对苏联的感情也是巨大的差别。她对演出只是做为一般的歌舞节目，她对二战苏联红军的贡献了解得少，只是来自历史课。没看过那个年代的苏联电影、小说、也没唱什么苏联歌曲。这就是代沟吧。

其实现在的俄国年轻人也没有那样的感情。整个俄国的气氛也完全不同。莫斯科像一个商业大城市，没有莫斯科郊外的夜晚气氛。真是世界在大踏步地前进。

听说这个歌舞团在一次空难中有 60 多人殉难，真太可惜了。肯定有不少是那晚为我们演出的演员，损失太大了。

## 爸妈眼中大姑娘

暑假来了，在女生四院一大堆外国男女进进出出，好不热闹。解放后外国人越来越少，哪来的这一大批年轻男女？打听后才知他们是来中国演出的罗马尼亚歌舞团成员，由于人多，不可能让他们住北京饭店、和平宾馆。那时北京没有什么适合接待外国人的低档饭店，燕京的校舍是最漂亮、最舒适的，还有不少会作西餐的大厨。所以这个接待任务燕京是当仁不让的。

女生四院和燕南园只隔着女生体育场，歌舞团不是每晚演出，不演出时晚饭后他们会出来散步。暑假期间我们小孩吃完了晚饭总会出来玩，见了他们就和他们一起比划着说话，说不清就画图。因为他们不说俄语，我们一点也不懂他们国家的语言。

那些男演员喜欢和我们说话。我认识的两位都是跳舞的。他们给我们跳几步，他俩都结婚有小孩。还告诉我去过颐和园、长城、故宫、香山等地，也喜欢吃中国餐。实在可惜，他们不在燕京演出，没机会欣赏。

妈妈知道我吃过晚饭总出去玩，从不出屋的妈妈突然出来问我每天晚饭后上哪去了？我告诉她。

她说：外国人不好，要小心。

我说：我们就在院子聊天不进屋。

两周后他们演出结束，在即将回国的那晚，我正准备去告别。妈妈又一次走出她的卧室，坚决不许去。她说我是女孩会被人欺负。我说我会保护自己的。而且告诉她不是我一人去。我们许多人一起去告别，他们这晚马上离开。经过好说歹说这才让我去。

从这件事使我感觉在爸妈眼中我已不是小孩而是个大姑娘了。妈妈虽然生病，我很少看见她，但她无时无刻地在关心我们、呵护着我们，就像母鸡保护小鸡一样，我在她强壮的羽翼下逐渐成长。

# 爸爸支持我进步

1950年我报名参加十一天安门国庆游行。回家后告诉爸爸。他没说话。九月份在操场练队，我们将兴高采烈地带着红领巾去见毛主席。想起爸爸去年带领燕京大学队伍，走过天安门、看到城楼上毛主席的激动心情至今还在耳边。

一天晚饭前爸爸递给我一个纸包，说他今天在城里开会逛了东安市场买的，也许我可以穿它参加国庆游行。我很快打开，真漂亮。一件长袖衬衫。是粉色、天蓝、浅绿、浅黄、浅灰的细条拼成的多层小方格。我是老二从没有新衣服，为了游行，爸爸特意在城里为我买了一件，这是第一件新衣。



真没想到爸爸有如此的审美观，衣服非常雅致，一点也不花俏、俗气。我马上试穿，不大不小，太合身了，平时虽然吃三顿饭在一起，我觉得爸爸从没注意看过我。他怎么知道我的尺寸呢？我既佩服，又感动。

平时妈妈总认为我们还会长大，要把衣服穿得够本，她给的衣服总是很大。记得一次我住在三三家，我洗完内裤放到院子的绳上去晒。三三爸爸晚饭时问我们大家，院子为什么有孕妇的内裤？三三妈问是什么样的？他形容后我不好意思地说是我的。他说：一半就足够大了，这条裤子是给怀孕八、九个月时用的。回去让妈妈买针织的，又舒服、又合身。我这才知道男人虽不做衣服，但尺寸概念很清楚。

还有三、四天就该去游行了。老师宣布十一早上在我校操场三点集合、出发。

我告诉爸爸：我应当在两点起床，请爸爸给我准备闹钟。

爸爸突然说：让我不要去了，因为我身体不好，会生病的。

我说：我一定要去，我们已经练了很久，怎能突然不去？

他说：如果我不好说，他去说。

我固执地说：如果他去说我也要去。 我们不欢而散。

直到头天晚上要睡觉了，还没给我闹钟，我怎么起床呢？但不想再和爸爸顶嘴，就先到厨房准备早餐和随身带的午餐、水，放到饭桌上，用这个行动告诉爸爸我一定要去。果不其然爸爸把闹钟送到我的卧室，并说闹钟声音不大，我如果睡死了那就去不了。回想偷营的夜晚我就是那时睡着的，赶忙把闹钟放到枕边，心想上帝保佑让我听见闹钟响吧。开始由于担心起不来，好久没睡着，不知何时进入的梦乡。

突然有人摇我说还去吗？一看是爸爸。我的眼泪刷地流了下来，闹钟的响声没叫醒我。爸爸大概一直没睡，等着叫我。他睡觉如此之糟，为了我去游行又让他睡不好了。爸爸太好了！我明白他不让我去的原因一方面是怕我生病，另一方面是不希望影响他睡觉。我没做好，真的影响他了。

爸爸不希望我们落后，宁可牺牲自己的睡眠，支持我参加政治活动，让我非常感动。我也为不能自理而自责。这两种复杂的心情让我大哭起来。爸爸拍拍我的头说别哭了，快走吧。平时不觉关心我们的爸爸，是这样地爱护着我们，他真是一个好爸爸。我过去错怪了他。

是不能再哭了。如果爸爸不叫我，虽然我要去，但自我管理能力差，险些去不成。我赶快叠好被子，穿上长袖卫生衣，把爸爸给的新衣穿在外面，带好红领巾，梳妆打扮完毕，塞了几口早点，提着水壶、午餐面包，赶快跑到学校。

我按时到达。同学们异样的眼光看着我，因为他们和爸爸想得一样：我是去不了的。从四年级骨折，六年级又得斑疹伤寒，两个冬天生病在家，其它冬天妈妈给请假不上体育课，我是学校有名的病包。现在我出现在大家面前，感觉许多怀疑的眼光看着我这娇弱的人也能去游行？！我知道必须用自己的行动说明我行。

三点整我们出发，走铁道东门到清华园西站上火车，这是临时开的货车。我们站在里面，吹着风。很快到了西直门车站，下了车，老师查了人数。并说我们集合地点是东单，这是北京城的一大对角线。北京道路都是互相垂直的，一定要拐来拐去。我们走了一会，有路就跑，没路就停。这种走法特别累。我坚持少喝水，不上厕所，一定不给大家添麻烦。

走了很长时间才到集合地点。这是北京少先队的队伍，北京市内的学校练得很好，每个方队举着不同的牌子，第一方队举着“时刻准备着”大牌子。有的方队举的是“好好学习，天天向上”等其它标语牌。我们是杂牌队，来自郊区中小学，是临时组成，没拿什么，到时向天安门上招手欢呼就行。

到集合地点不久，庆祝大会开始，大喇叭传来礼炮声和国歌。毛主席站在检阅车上检阅各军种，然后是威武雄壮的军队迈着矫健的步伐走到天安门接受党和国家领导人的检阅。



游行开始了，走在最前面的是祖国的花朵少先队各方队，我们杂牌是少先队最后的一个方队。当看见毛主席向我们招手时，大家拚命喊着口号，跳跃、欢呼，嗓子都喊哑了，希望毛主席他老人家能看见自己。久久盼望见到毛主席的愿望实现了，顿时激动的热泪不由自主地流在面颊上。这使我深深地理解了去年爸爸的激动心情。毛主席是如此英明伟大，领导共产党建立了新中国。这正是父辈几十年来救国情怀，盼望国家昌盛富强的愿望终于可以实现了，真是千言万语想对他老人家讲。

过了天安门，稍事休息在老师带领下安全回到学校。 我这个病包坚持到底，暗中自喜，对自己增加了不少信心。

# 燕京人的好品质

## 帮助和鼓励——通过劳卫制

三三家搬到 64 号后，我改变了自己一人回家的习惯。过去因为大头和美国妞是男孩，且小哥哥总哄我和他们好，所以下课后我独自回家。

现在一下课，三三姐来找我一起走。经过操场时，她突然说她想跑几圈再回去。那时的劳卫制，我们要跑 300 公尺，就是这个小操场的三圈。我抱着她的书包，操场上就她一人在跑。过了两三天，她邀请我和她一起跑。我们把书包放在操场边的草地上，我跑在她的后面。很高兴我没掉队。经过几周的锻炼，可以和她并排跑了。后来我感到我可跑得比这个速度快，最后还有冲刺的体力。我暗中庆祝自己的进步。

她看我跑步没问题了，就说跑步之后再去拉杠子。这里有单杠、双杠两种，我因冬天总生病，这两样都不会。

她先在双杠上撑起，一悠就把两腿分开放在两条杠子上。再悠两腿下来，再悠两腿侧坐在一条杠上。转身两手抓住这个杠子，两腿离开用臂力撑住身体，一推，最后跳下。

开始时我跳起来撑不住就掉下去，经过几天的练习，可以撑住了。她教我把双腿伸直、绷脚尖。悠起来分开腿，放到杠子上。然后逐一做其它动作，直到跳下，我好不容易学会了。她还有其它动作，我因双臂无力，不能作更多，只能欣赏。她还要去拉单杠，她可引体向上 5、6 个。我一点也作不出，只能吊一吊。我一辈子也不会玩单杠。

经过几个月的锻炼我发现不爱感冒，有点力气了。有时她有别的事要做，不能和我一起回家，我也坚持自己跑步、拉杠子，因为我尝到了坚持锻炼的甜头。

老师给我们讲了劳卫制的条例，根据年龄、性别我应当在一分四十秒完成300公尺跑步、跳绳1分钟60下、爬绳（竿）3米、手榴弹16米等，我已记不准确。我们就按这个要求练，跳绳从小就玩没问题，手榴弹刚学完，就剩爬竿不会了。

学爬竿。老师先教，双手举过头抓紧竿。身体跳起双脚夹住竿，手往上拉身体，腿弯起，放到高一点的位置双脚赶快夹住。手可松开放到更高一点的地方如此重复。关键是手必须抓紧，臂力要好，有的男生爬竿全靠手和臂，一点也不用脚。我臂无力，必须靠脚夹紧竿，保证不会滑下来。经过几周的锻炼我可爬3米了。这样最后一个项目也可达标，使我喜出望外，充满信心通过劳卫制。



在测验的那天我很快都过了。三三姐高兴地拍着我的肩膀跳，我也高兴之极。她是我的好老师，陪着我慢慢地练，非常有耐心。后来我上高中、大学时也像她一样陪着不能通过的同学练。有的项目好帮助，但百公尺的17秒，对一些个矮的女生实在困难，我费了九牛二虎之力都不能使她们通过。

## 开动脑筋

一天我们学了与化学有关的知识：用试纸判断是酸性还是碱性。下了课三三姐喊我回家。走过一个土厕所，

她突然说：走，进去刮点墙上的灰。

我问：干什么？

她说：我们采一点各色草花，紫的、粉的。弄点水看是否会变色。

啊，她想得真快，刚学的知识就设计实验了。我们带着墙粉、紫花、粉花，走到一个自来水处作起实验。真有意思，的确验证了老师所讲。

这件事给我极大的刺激：考试分数相同，并不表明具有相同的才干、能力。她能活学活用，我只会背知识。从来没想设计实验，验证什么。我学习太死板。要好好向她学。做到举一反三。

## 游泳与天奋斗

暑假来了，三三姐每天在他们爸爸带领下去颐和园游泳，我很羡慕。

我就问："我能和你们一起去吗？"

她说："如果你妈爸同意。"

我回来就问爸爸，他说可以。并把他的黑色纯羊毛泳衣递给我。他说过去他可以游泳，后来腿老抽筋，由于他大姐死于腿抽筋，就不敢游，不可能教我们游。如果有可靠的人教，就可以去学。三三爸爸是体育专家，跟他学一定安全，不会出事。

我打开这件泳衣一看是上下联体的，很合身，但被虫子咬了。我自己补好后，就对三三姐说："我爸爸同意，感谢你们愿意教我。如果能带我，我和你们一起去。"

一天，下午三点半以后太阳已不像中午那样炎热，我和他们家一起在她爸的带领下，出了西校门穿过稻田埂直插铜牛的侧门。走前我们已穿着泳衣，脱下罩衫就踩着石头下到水里。她们让我练习在水中走。然后扶着石头学漂。这时他们的爸爸教他们返身，一曲身，脚蹬这个墙边冲出去。

我自己慢慢练漂，不久可以漂了。在夕阳西下的时候，踏着归程，这是有生以来第一次，也是我们姊妹中第一个学游泳的。

这个暑假他们去游就带上我，三三和她姐轮流来教我，先托着我腹部让我直腿打水，腿不可弯，不可追求水花高。我可以做了，又教我自由泳手滑水，可以做了，但学换气不容易。又改教蛙泳，这个姿势腿手动作难、配合难，但呼吸时头易出水面。

我又开始先学蛙腿，翻脚掌总也作不好，所以游不快。直到上大学教游泳的王老师也是小哥哥的冰球朋友才帮我改正。但除翻脚掌外我可配合好，也可换气，我高兴的想，不会淹死了，这个暑假收获真大，今后就须自已好好练习。

我家住城里后的第一个暑假，为了向他们多学一点我又打搅他们，住在他们家一周多，巩固了蛙泳，也练了自由泳换气。虽然都游不快，但有两种姿势可轮换游，更安全了。于是我开始练习游长距，在长游中改正姿势。



在城里泳池的浅水区我自学了仰游。先躺在水上，一手抓池边，一手慢慢向下压水，头抬起体会仰着漂，很快我可松手，不喝水。能漂后可学各种仰泳姿势。从这时起有了这几种姿势，我可勇敢地在池里、湖里、河里、江里、海里游泳。

记得八十年代暑假株洲出差，烈日似火，炎热难忍，当地百姓靠扇子、电扇度日。会游泳的我不甘心这样生活，到处打听可游泳的地方。那时厂里没泳池，附近的小河、小溪、池塘水太脏不可游，一位厂技术员告诉我厂内有职工下班后到湘江游，并告诉我离厂最近的下到湘江地方。

我自己一个人下班后坐公共汽车花不少时间才找到这个地方。这是鱼船停靠点。太阳已经下山，我只身一人站在没阳光的阴面，除一位老船夫正坐在船上抽烟袋锅休息外，周围没其它人，水中也空无一人，没有来往的船只。太寂静了，有点阴森森的感觉。但看到如此清凉的河水不游太不甘心。

我就在老渔夫面前下船，请他帮我看一下衣服。一下船才知水流很急，如果顺水下，不知会游到多远，肯定游不回来，但穿着湿的泳衣是没法上大街去坐公交车返回的。

我想向对岸游就不会跑太远。开始还可以，越到中间，水流越急，似乎跟本不能往对岸前进。我想奋斗一下，心想毛主席当年可在湘江桔子洲头游，我应当拿出“与天奋斗其乐无穷”的气概来奋斗，挣扎了好一阵，实在筋疲力尽，我想如果来个大浪，没劲就会淹死，不能为“奋斗”把命丧。

只好往回游，太累了，完全游不动，更不可能逆水游，就顺水漂吧，能漂到岸边就行，甭管是什么地方，保命回到岸边是第一。顺水漂了一段时间，体力有点好转，我抬头一看，上帝保佑，正在刚才下水的附近。马上朝着这个岸边游，这时才看到那位鱼夫正焦急地站在船边盯着我。

我大喘气，心蹦蹦直跳，可算到岸。

他说：“你是我所见最勇敢，向对岸游得最远的。没有一个人可在这里横渡到对面，这里湘江正在急转弯，水流极快，不能在这横渡。如果横渡必须宽水面，水流缓的地方。我担心你回不来没体力淹死，所以一直盯着你。“

啊！他太好了。我和他素不相识，他如此关心我，实在令我感动。

我赶忙说：谢谢。我几乎要累死回不来了，漂了一段后把体力恢复一点，才游了回来。

其实我太蛮干，太傻，太自不量力，太不知天高地厚，对大自然太轻视了。怎么忘了在江、河，不同地段水流速是不同的。桔子洲头水面宽，才有可能横渡。到任何非泳区游泳应当多请教，作调研，不能如此乱来。后来再也没做这种傻事。

我这一辈子除了在许多国家正规的海滩游过外，在前夫老家四川木洞从没人游过的河里游过，引起当地老乡站在山头看热闹；在钱塘江不是规定的江面游过；在旅顺口的一个非泳区也游过，那水非常干净，极深。为什么总去非泳区游？就是贪图水干净。中国许多泳区，人多得像煮饺子，水脏、游不开。

总之三三姐搬来后我身体大大好转，学习也变得灵活了，让我一辈子受益，真是感激不尽。

## 启发式教学的两位妈妈

自从三三家住到64号，我总和三三姐在一起，看到她有许多优点，特别是在学习方面，我到他们家后就非常注意其产生原因。我发现他们家的气氛和我家不同，我家人之间聊天，一起玩是极少的，每个人都忙自己的，都很严肃。

三三家爸爸、妈妈常和小孩一起玩。除了夏天一起去游泳外，平时在家也在一起。晚饭前后是他爸爸体育“表演”时间，也是“检查”小孩运动能力的时间。她爸最爱让大家欣赏的是坐在地毯上，用双臂撑起自己，双腿并拢，笔直，绷脚尖，类似鞍马动作。开始大家都坐在地毯试验，都不行包括三三哥。后来如何我不知道。



三三妈妈胡梦玉是燕京大学30年代生物系毕业生、抗日复校后在教育系任教、院系调整后是北京师范大学的教授。吃完晚饭是她妈妈“出题”时间，我记得有一次，大概三三哥刚用完锤子、老虎钳。她给的问题是分析在用它们起钉子时，为什么会省力。我当时刚学过杠杆知识只能按书上的图作计算，但这个实际问题那里是支点呢？那时我从没用过这两个工具起钉子，真不会答，只听三三姐和哥在作分析，真有意思。

还有一次他们妈妈的问题是打蒸锅时放多少水为好。我从省火考虑说尽量少一点吧，她说如果还需作其它菜呢？她说从热容量考虑水多热量大。所以应当综合利用各种知识作全面考虑。多有意思，在我们周围有许多实际问题，如果用所学知识去考虑会作得更好一点。

文革后她去美国访问，专门了解美国小学教育。回国后我去拜访请教，她说美国小学数学学习非常活，不是只坐在书桌旁作题目。他们让孩子测量房间边长，体会连加的用处。做许多实际题目，也不是照搬书上的应用题。

我到美国后也注意他们的小学数学教育。他们不教乘法口诀，但用连加来明白乘法的意义，通过大量作题来记住乘法口诀的公式。例如 6*8 和 8*6 的结果相同是 48。但含义不同，中国孩子不注意这个区别，但美国孩子就知道：一个是有 6 个 8 加在一起，另一个是有 8 个 6 加在一起。即：8+8+8+8+8+8=6+6+6+6+6+6+6+6=48。我觉得这两个方法应当全都教给学生。

三三妈妈对我的思维活跃有很大的帮助。是我非常器重的第一位妈妈。

第二位妈妈是诗人的夫人。她是农业大学王希庆教授，搞植物方面的专家。她在花盆里种不同的植物，我想一方面供欣赏，一方面供科研。当我到她家时她喜欢带我看她的成果，我打趣地想又来“显摆”她的成绩了。

狭窄的思维，总认为我将来又不学农，不用懂这复杂的栽培技术，没表现兴趣。其实从长远的人生来看，很多人就把种植作为业余爱好，观赏，是一种非常健康的修生养息的生活方式。

一天她来看妈妈，妈妈正在厕所，她就来我的房间看我做作业。我刚开始学几何。上课坐飞机听不懂，我问她几何是什么？什么是定义？什么是定理？有什么用？她用极其简练的语言说出了几何的特点，目的、学习方法。还和刚学完的小代数做了对比。我听懂了，后来我的学习就是按她指点的办法去做，收益非浅。

在城里女一中学习时，沿用她的方法，我是班上几何课学得最好的。虽然她是学农的，但她的基本功非常扎实。她学通了，甚至几十年过去，仍能用短短的几句，把知识要点阐述清楚，令我实在敬佩。

后来我学习时，不论学什么课，都要明白该课的精华，掌握学习方法：要“把一本厚书，学透之后，变成一张薄纸”。

## 勤俭节约老经济

老经济是三三哥的外号。为什么得到如此的美名？请看下面故事：

在燕南园脖哥和三三哥是我们小孩公认的科学家。他俩从小学开始就自装收音机。但他俩工作方法不同，脖哥干事情麻利，决定该怎样干，很快就干完。

但三三哥，为省钱花大量时间到小摊上去寻找可工作的旧货，拆出所需的零件使用。为了更省钱，买已经不能工作的旧货，拆出须用的零件，反复试验每个零件，确定是否可用。虽然风险加大，但学到的东西多。他心不急慢慢干，好像是慢性子。由此得到老经济的美名。我住他家时他得意地让我看那些破烂和从中得到的傑作。

北大毕业分到到西安的军队院校工作。多年评为学雷锋的标兵，就是他有物尽其用的精神，从小培养的好习惯。这种性格也会误事。一次北京举行成人钢琴比赛，他报了名。他不是抓紧时间练琴，而是先自己修理钢琴。我问为何不请人修，赶快抓紧练，他不相信调音师会修好。真让人为他着急。他把琴修好后，高兴地告诉我。通过修钢琴对钢琴的结构有不少了解，学了不少知识。他把钢琴比赛变成修钢琴，我都不好意思问他去比赛了吗、成绩如何？



## 姐姐接地气——克服困难

燕大附中解放后只有初中三年，高中要到城里去上。

姐姐马上就初中毕业，上哪个中学呢？燕京子弟过去很多去著名的私立贵族中学贝满、育英，然后回来上燕京大学。解放前燕京大学学生，如果是北平来的大多来自贝满、穆贞、育英、汇文。

现在解放了上哪个呢？这要听妈妈的。她是老北平，熟悉很多学校，且干妈一直在师大附中工作，更熟悉北京各中学的情况。干妈家就在师大女附中附近，为了有个人照应，决定考师大女附中。姐姐考上了。

住校还是住干妈家？在干妈的盛情邀请之下，由于大哥住我家养肺病，所以姐姐可以去住大哥的房间。三顿饭由她们管。开学后就按这个设想办。

姐姐每周六下午放学后回燕京，周日晚坐公交车返回。每次回来她都不爱说话，闷闷不乐，我看在眼里，不敢多问。不知爸爸、妈妈是否注意到。而有的人去城里念书感到很新鲜、非常兴奋，总可讲出不少的趣闻。一直到我们住在离干妈家很近的丰盛胡同，才揭开这个谜。

1951年刚解放两年，她们年级有许多最高领导人的子女，学校把她们编在同一班，但吃住享有特殊待遇，作风都很张扬，使姐姐感到压抑。对比她来自燕京，和我上北航的感觉差不多，总有异样的眼光盯着，很不舒服。

另一个是干妈家的住房条件与住燕京时是天壤之别。干妈是中学职员，能有一个独门独户的小院已很不易。但这个院子低于门外的马路，排水的条件极差。这个院子是北高南低，大门、厕所在最南边，仅在门口的墙下有个小方口，院中的雨水就从这里流到马路旁边的排水沟里排出去。

这个院里的房子是两排，一排是三间小北房：中间是堂屋，做饭洗脸吃饭用。杨婆婆住一间，干妈住另一间。另一排是朝东的更小的房子，姐姐就住这里。室内无自来水，全家一个水龙头在堂屋外面的院子里。冬天必须用稻草捆住，并且长流水，否则会冻住，管子会冻裂。

厕所在一进大门的对面，是院子的最低点。这厕所无顶用土坯小木门围成，其内一个简陋并不深的土坑，放两块砖头在坑两边就是了。当时北平大多数人家都是这种土厕所，每天有掏粪的师傅来掏走。但雨天最惨，打着伞上厕所或用尿桶。但如果坑里的大小便没掏走，雨大院子就是湖，水灌满在土坑，屎、尿全漂起来，在院子里到处游荡，又臭又脏，看着真够恶心，大概北京出名的龙须沟就是如此，或更糟。姐姐住在这里，是说不出的艰难。

我猜这两大原因就是姐心情不好的主因。我大哥生长在这个环境，北平大多人家就是这样或更糟，这是中国社会的当时状况。大哥大嫂结婚后，大嫂有她的好房子，不愿住婆家吃苦受罪。大哥为了照顾他妈妈和外婆，只好在北京东西城两边跑两边住。这也反映了不门当户对婚姻的矛盾一面。



## 冰上飞人——刻苦练习的结果

自从罗马尼亚歌舞团离开北京后，燕京校园又恢复过去的样子：大学生、教职工及家属。

1950年秋末，突然出现了一群很高、身材很好的年轻男子。他们总出现在男生宿舍附近，或在未名湖北面湖边散步。这马上吸引女大学生和我们这些“大”女孩的眼球，他们是谁？高矮胖瘦差不多，身材如此之好，特别阳光，特别精神，不像身材各异的大学生。

我们这些好奇的小孩，想尽办法利用各种关系打听。不久三三知道他们是国家男子排球队员，住男生宿舍来训练的。燕京吃住都很方便，且男生体育馆的室内球场标准最高，适于培训出国比赛的选手。女大学生对于国手当然感兴趣，因为他们有出国机会，谁不向往？最后不知有多少女大学生“捞”到了，但至少一位结婚生子。

冬天来了，冰场开放，和往常一样，大学生、小孩们很多人在滑冰，男孩以小哥哥为首，脖哥、三三哥、大头等在岛亭南面冰球场里举着冰杆追逐着打冰球。

天黑了最后只剩小哥哥一人抱着球杆向前跑，冰杆左一下，右一下推着冰球。突然刹车，往后跑，两边倒脚，忙个不停。月亮已挂在天上，他还一个人在苦练。看来将来他一定是个冰球手。他专心练习的样子，我就不好意思喊他该回家吃饭了。

经过这样刻苦练习小哥哥成为北京冰球队员，得到正规的训练。多次随北京队到东北参加全国冰上运动会。最后是北京队冰球教练。

一天黄昏，冰场还像往常那样热闹着。在水塔附近靠近活水从没人敢滑的的冰上，突然看到一位身材极好、长得非常英俊的帅哥独自一人在那里滑。只见他时而打开双手然后抱在胸前急速旋转，时而单脚用外刃向前滑很长，骤然高跳转身另一脚外刃落在冰上，向后也滑得很长，这叫跳三字。然后向前、向后分别用内、外刃画八字，花样繁多，冰场上从没人滑得这样好。我们停止了自己滑，两眼盯着他，目瞪口呆，他是谁？他叫李安格，当时国家男排队员。

我很想到他面前看他滑，但自从腿折过，真是一朝被蛇咬十年怕井绳，我的脚再也不敢轻松地滑了，脚趾紧紧地抓住鞋底，显得非常笨，只好远远欣赏。

这时三三、三三姐、和红玉冲在前面站到他的面前看他滑。热情、外向、活泼、聪明也是三人中最小的三三，把她所学到的滑给他看，他很耐心地纠正。短短的时间他们就交成朋友，并说好每天向他学习。这一冬天经过耐心指导和认真学习，他们仨都滑得很好。被选中到北京市花样滑冰培训中心培训，春夏秋滑旱冰，冬天在冰上滑。经过一整年的业余培训，代表北京参加在长春举行的全国冰上运动会，分别参加青、少年组花样滑冰比赛。

三三获得少年组冠军 ，三三姐也得了好名次。人民画报记者专访了三三，她跳三字的照片登在人民画报的封皮上。这张照片的摄影技术非常好，是仰视照的，腿成一字形、绷脚尖、双手高举、非常舒展自然。优美的舞姿，太漂亮了，似乎她在天上飞。

三三启蒙老师李安格，这位国家男子排球队的上海人，为他培养学生所取得的好成绩而高兴。不久爱上了燕京英文系的一位大学生，后是八一女篮队员。两人是北京体育大学的教授现已退休。



小哥哥的北京冰球队也参加了这次运动会。我特别羡慕三三他们可和小哥哥一起出差，可以一起玩，一起观看比赛，我是多么盼望有这样的机会呀。

## 因是燕京人

这年冬天冰场上又出现了一位大嗓门、高个、戴眼镜的上海人。像是个新来的大学生。他穿的是冰球鞋，但没见抱冰球杆。他很会滑，来回在冰上跑，但从不穿跑鞋。穿着浅褐色的皮夹克，有点傲气。

我发现三三总和他说说笑笑。一问才知他是三三的表哥王仁中，是她妈妈这边的亲戚，来上燕京机械系的新生。那时我从没和他谈过话，有时我和三三、三三姐在一起时，他滑过来，我只是简单地对他笑一笑。但后来他给了我最大的关心和帮助。



## 北方冰城的实习

这个故事发生在 1959 年的秋天。那年八月中下旬我到肿瘤医院和爸爸痛苦地告别后，坐火车到哈尔滨实习。航空工厂都是在极远的郊区，刚下火车工厂派车来接，下汽车后带队老师告诉我们：这个厂盖在日本细菌战的 731 部队旧址。我们和男生住在厂办技校宿舍，就在 731 旧址遗留的房子附近。不用害怕已经消过毒，杀过菌，20 年过去了，问题不大。

安顿后我们三三俩俩去参观了这个旧址的展览，从大量的照片让我看到日本战犯太可恶了，培养了多种细菌，用抓来的中国人做人体实验，被做实验的人，要受很长时间的折磨，比吃一粒子弹要难受得多。他们感染上病菌，生病后在空屋子里，难受地在地上来回打滚，真是惨不忍睹，中国人一定要向日本侵略者讨还血债！

我们住的地方要走很长的路才到厂门口。由于是保密工厂，不允许外面小商贩进来开店、设摊。一路上经过许多西红柿摊，摊主是厂职工家属，不是做生意的商人。西红柿太多，全堆在地上。实在没想到，在北国会有如此之多极便宜的西红柿，而且会布满厚厚一层大黑苍蝇。我每天买一点，洗干净，吃了没生病。

这时在厂饭厅虽然吃粗粮，但菜的品种除土豆、大白菜外，还有西红柿、黄瓜、偶尔还有一点四季豆、毛豆。从没有肉、鱼、蛋。

第一个周日，我们三三两两做窄轨小火车去市里。周末火车班次太少，一天没开几班。清早出发，到了市里由于不会坐公交车，就靠自己的 11 号汽车，一路走一路问。我最想看的是著名的松花江、太阳岛。



我是带着泳衣来的，想给自己在地图上再增加一个游过泳的地方。在江边坐了渡轮到了太阳岛。只在有阳光的地方看见一俩个说俄文的白人在泡水。我就在他们旁边下去，脚刚一沾水就知水温低于北京自来水温。但既来了还是游一下吧，自己鼓励自己“游”！头一下去，像冰扎一样的冻，我怕生病赶快擦干穿好衣服保暖。

找了一个俄国面包店，想尝一下俄国的“列巴”。这是我在女一中上学时来自哈尔滨的俄文部老师总说的吃食。不切片卖，只好挑一个最小的。已是中午，早就饿了，忙往嘴里送。太硬了根本咬不动，只好拿手掰。打开一看如此之厚的硬皮，可吃部分太少了。我扫兴地去赶火车回厂去，由于没去其它地方，对北国重镇，没什么好感，也没看到老俄在这里的痕迹。

不到十天这些西红柿全都不见了，厂饭厅的供应也大大变化。开始还有棒子面窝头，高粱米饭，土豆、大白菜。后来全成了大茬子：干老玉米粒作的饭。为了省火，放的水少，饭又干又硬。我一勺饭吃了半小时才嚼了一半，鬓角都嚼痛了。土豆给几小块就是菜。菜吃光了，兑水也吃不完这干饭。当时开水也不充分供应，否则可放在开水里泡软再吃。吃后大便不通，就不敢吃了。我到厂生活区的各个商店或菜市场去找可食用的食物，没有看到点心、可生吃的蔬果，也找不到其它食物作补充，这日子真不好过。

十一进城看游行，突然下起大雪，赶快回去。

天冷了为让女生少走路，以免将来冻伤。且技校开学后他们的新学员也需房间住，就让我们搬到在厂门口附近的宿舍区。我们高高兴兴地搬家，住在单身女职工宿舍。

这是一个有门卫的大院子，四座宿舍大楼，围成一个大院子。靠近女生楼前有一排灰砖简单的小平房。有人住里面。

我们老师住在这个院里的一个男职工楼里。据说过去男实习生也可住在这里，但厂在发展，单身职工增加，所以这次男生只好住远处。

住处的对面是厂大饭厅，走不了50米就是厂门口，很方便。

我是学机械加工的，主要实习是在机加车间进行，但还必须了解生产的全过程。从生产毛胚的铸造、锻造车间开始到最后生产环节的热处理、表面处理、抛光、电镀等。大约两周的走马看花。

我对锻造师傅的工作有深刻的印象，锤子的打击、师傅手的翻转和身体的摇摆，形成有机的结合，有极强的节奏感，没有节奏感的劳动会很累，且会出事故或废品。

厂子极大，走起来实在够累的。这也是让我们女生搬到大门口住的原因，尽量缩短厂外的路程，主要是在厂内走。每天晚上要学习，把一天所见写出来，一段时间要交报告，让老师检查。开始天气不冷我就去老远的技校教室学习，晚上技校关门才走。

两周后我们到机械加工航空发动机大、中、小零部件的唯一的大厂房去作结合专业的实习。这个大厂房叫第五车间。我被分到在厂房一端的小零件的加工工段，还有两三个工段在这个厂房，那些工段生产的零件比我们工段大得多。小零件适合我的体能，我的工种是无心磨床，男师傅姓朱，聪明、能干是无锡航校毕业分来的，想打回老家去从不找对象。

开始我站在旁边看，看会了师傅允许我单独干活。我曾和师傅倒班，他干白班，我上晚班。我可以在白天睡觉，白天宿舍比晚上暖，可睡得好一点。但被老师否定，老师说我成了劳动力而不是个学生，师傅把复杂的活干完，我只干间单的，学不到应当学的东西。所以两周之后我又和师傅同时干了。



## 熟悉的声音

一天在厂房的另一端听到一个大嗓门和什么人说话。平时这个厂房只听到机床运转和切屑的声音。大家忙于干活，不聊天。这个大嗓门的说话声音逐渐向我们工段走来，来到车间内周边的大路上。大嗓门声音好熟呀，我往声音方向看过去，啊！那不是三三表哥吗！他在这里工作？

我问师傅：那些人是本厂的干部吗？

他说：大嗓门、高个子是我们五车间这个唯一的机械加工厂房的副主任，工艺室主任，另外两位是厂领导。

我问：他们常来吗？

他说：副主任工作认真负责，经常下来检查工作，解决问题。工人很喜欢他，也很佩服他。他和高岗的儿子都是技术骨干，他俩差一点成了右派。现在高的儿子已调走，就剩他自己了。

他到我们工段最后一排的一个机床去看，没呆多久就走了。我想如果他到我机床附近，是否应当打个招呼呢？他是否愿意见一个不相识的燕京人呢？

就在这时收到姐姐报告爸爸去世的消息，我向牟支书汇报，得到的回话是我的一个大包袱卸去了，密级可以提高。让我继续划清界限。这种官腔让我很不高兴。我不再和其他任何人讲爸爸去世的事，我想大哭，又没地方去哭。只在厕所流几滴泪，不能让人看出，好似什么事都没发生。

本来可以和一位带队渠川路老师天津人说。他的姐姐、哥哥都是燕京毕业的，他是清华的。但怕他与班干部研究情况时说出来，该说我划不清界限了，所以我非常沉默。

在这种情况下，一天，大嗓门又出现了，他和工段长是来检查我们车间生产情况的。他一个一个机床看，到了我们机床前，我的师傅给他介绍正在加工的零件情况。他听后点头，看了我一眼，似乎在问我是新来的工人？他大概认识该车间工人的面孔。师傅说我是北航的实习生。

我马上接上去说我知道他是三三的表哥，他眼睛突然亮了。在这北国重镇，从没想过会有燕京子弟出现。从他的表情我觉得他想知道更多。我说三三是我本家和朋友，并说了爸爸的名字。他马上问我住哪，晚上来我宿舍看我。我回答后，他说我住在他宿舍旁边。师傅看我可以和他们崇拜的领导这样说话，非常奇怪。等他走后，我告诉师傅他上大学时我们是小孩，在冰场滑冰认识的。

我们十二人一屋，上下铺，我算身体好的，就住在门口的上铺。我们房间就在这个大楼的大门旁，面对厕所，又潮、又风大。因为房门关不严，又是暖气的最末端，压力不够，房间一点暖气也没有。晚上放一杯水，第二天清早结成冰。

由于半年前刚开过急性阑尾炎腹膜炎穿孔，没有恢复好，很怕冷。下雪后天逐渐冷了，每天须穿棉袄棉裤睡觉。除盖两条厚棉被外，还把皮大衣压上，但还冷得睡不着，特别是双腿像泡在冰水里。

天冷后再也不去技校学习。因为有一次天冷虽然戴口罩，还觉鼻子冻得太痛。师傅说别动，让温度逐渐升高，鼻子冻的冰慢慢化开。否则鼻子会掉的。从这天起再也不去技校学习。宿舍里只一张小桌被大家的水杯放满，一回宿舍每人自觉坐在床上写报告、学习、或干活。

晚饭后我从饭厅回来不久，他就来了。他来时我正穿着皮大衣盖一张棉被坐在上铺写报告，听到敲门声我从上铺打开门。本以为说说而已，一看他真的来了。我的狼狈样，使我很尴尬。

他进门就问我在哪，她们一指门旁的上铺。他见我这样就说我很怕冷。他穿的是毛衣，没穿皮夹克或大衣。呆了一会他也感到冷了，忙说快下来，到他房间去玩。

我一滑从上铺站到地上，随他去他的宿舍。出了我们大楼他指着这排平房告诉我这是他的宿舍，并指着一个窗户说这是他的房间。啊，太近了。他开了房门一股热气冲出来，我都不能相信工厂给这样好的暖气。我是穿着皮大衣，棉袄、棉裤、毛衣、毛裤出来的。坐了没多久我就脱掉皮大衣和棉袄，还是热得很。



这是一个细长的小屋，一张单人床，一个小书桌，一个小的立柜和一、两把椅子。

他问我爸爸怎样，我压住自己的悲伤，很客观地说他刚刚去世。1958 年被定为右派后，得了肺癌，发现太晚，没法治了。他看出我内心的痛苦，就把话叉开，说他自己也差一点成了右派。

这时他的邻居，两位也住这平房的单身高级领导干部进来。他拿出水果、点心请我们吃。并向他们介绍我是他表妹的朋友北航实习生。我一看这么多的好点心，在哪买的？那两位说是他专门早下班骑车到厂区外面为我买的。我太不好意思了，他一定知道食堂的饭菜，才到外面买西式、中式点心和水果。我虽然太想吃，但第一次见面，不能像个小馋猫。我拿了一小块西式点心，他又给我一个江西小桔子。

我们大家一起聊得很开心，从窗户看到我们宿舍已关灯，一看錶已快 12 点。我马上告辞。由于全身很暖和，这一夜睡得很好。后来每周六，他来喊我，他的那两个邻居也来，我们聊得很高兴。周日他也约我一起玩。他知道我带冰鞋来了，就带我去滑冰。

去冰场要走一大段路。我们走去的。一路走许多人向他点头，还要使劲地看我一眼，我就冲他们笑一笑。到冰场一看是在大运动场泼出的。我从未在这样坚硬的冰面滑过，冰刀没有刃，一上场险些摔倒。我告诉他冰太硬，冰鞋没刃，没法滑。他说下次可先到车间在沙轮上磨一下。他就拉我的手一起滑，我突然产生他和小哥哥一样的感觉，很合得来。我们滑了几圈，就回去了。

我又换了一个工段，是中等零件，学铣床。秦师傅是女的，青岛人。也是单身，和我住同一楼。她邀请我去她房间玩，她的房间很大、很暖，四个人住。她告诉我，我们房间暖气几年都修不好，一直没人住。北航学生真老实，不敢提意见。我说，听说这个楼里已没好屋子，就这一间，只好住。

大概单身女工已发现我认识三三表哥。她主动告诉我，许多单身女工和女干部，都追他，他根本不理。似乎认为我很能干，他愿和我在一起玩。我说我们都来自燕京，不存在追的问题。

后来他又请我看电影。去俱乐部要穿过生活区的中心地段。很多人在这个中心地区买菜或用品。我们走在路上，更多的男男女女主动和他打招呼。很多次遇到熟人他站下来，和他们说话，还提一下我是北航实习生。我友好地向他们点头，很礼貌地听他们的寒暄。当然也有许多嫉妒的眼神看着我。我自信地、大方地冲她们点头。

我想如果他有女朋友，他可以把我介绍给她，我们可以一起玩，也可以去陪女朋友，不用接待我。我猜他把我带到大庭广众之中、一定要用我来挡掉那些不辞辛苦、使劲追他的女士。我就故意地表现出很大方、很自信，不骄傲、也不娇气。这戏我还是很会演的，决不会给他丢人。

有一次他说起到我校作毕业生答辩的评委。似乎是北航第一届毕业生 1956 年。我还没入学呢。他才工作三、四年，说明他一直努力工作发挥燕京人的精神。所以他工作仅两、三年就达到技术方面负责人的位置。真太不简单。我想着当我毕业后能做得像他这样出色吗？

很快就到年底了我们实习即将结束。我衷心感谢他的照顾。不论在生活上还是精神上我感到这大哥哥式的关心，使我精神负担大大减轻。他似乎也有点不舍得我走的心情。因为每周的见面聊天，改变了他每天工作、工作的模式。走前他又带我去了中心区，问我需要什么吗。我说到北京就什么都有了。不需要给家人和朋友带去来自哈尔滨的小礼物。我们一起逛了很长时间。回到北航后，我马上给他写信再一次表示感谢。他也给我回了信。



放完寒假，党支部书记老韩头突然找我谈话，主要问我和他是什么关系。我坦然地说是大朋友、大哥哥的关系。不久支书通知我留校到数学教研室做教师。我写信向他报告这好消息。

自从到工厂实习后我觉得做技术员不太适合，而做教师是可以的。其实我更愿意做科研工作。我去三三家，向她姐姐和妈妈报告留校当数学教师的消息，也讲了我非常感谢她们的表哥对我的照顾。

文革之后三三妈妈告诉我他们夫妻两地分居十几年后终于调回上海团聚了。我衷心地为他高兴。经过近二十四年北方艰苦环境的工作，最后打回老家去。不知我的无锡朱师傅是否也打回老家去了。如果三三表哥有机会读到我的文章，请接受我由衷的感谢。我从没忘掉他在我最困难时候的关心和照顾。

## 燕京精神

1959 年下半年是我一生中最困难的日子之一。爸爸病危到去世是我精神最难受、压力最大的日子。生活上是地冻天寒，宿舍结冰、吃干硬的大茬子，大便困难的日子。

生活在燕京的燕京人尤如生活在一个大家庭里，在学校教师和学生有广泛接触和交流。在校外，碰到一个在校内根本不相识，但一听说来自燕京就有一种亲切感。因为我们被燕京的校训、燕京的风格紧密联系在一起。

三三表哥对我的关爱不仅是因为我和三三家的关系，而是燕京人团结友爱、心地善良、为人忠厚，燕京精神的体现。这种精神使我愉快地渡过这困难的日子。

2009 年当我得到燕大九十年校庆纪念册后，突然看到三三的表哥王仁中和美国总统克林顿的合照。上面写着 1995 年随中国企业家代表团访美时照的。并介绍了他在航空工厂奋斗了 24 年，调回上海在航天工业局工作。从 1984 年开始在上海两个公司作董事长，总经理。活跃在金融信托、房地产、投资实业、对外经贸、吸引外资这些方面，取得显著成就。看后真让人为他高兴。从这里让我看到他不仅在他大学所学的专业机械方面做得非常出色，而且在这些综合的经贸公司领导岗位上也做得如此出色。他谦虚地说，这是得益于燕京的教育。燕京的学生除学本专业外，可以自由选修任何其它课程，学习讨论风气浓厚、非常民主，很容易吸取各家所长；燕京有很好的图书馆，藏书众多，无论中外书籍或杂志，开馆时间长，设施和学习条件很好。除学习外还有各种活动，锻炼领导、组织等各种能力，燕京用英文教学、极其重视外语交流能力，所以燕京的学生大都可用外语与外国人自由交谈。由此可知燕京使学生有广博的知识可以胜任各种工作。从他身上真正体现了燕京精神。

有人总想把燕京从中国抹去，不许提燕京，不许用燕京的名字。其实只能做到不写、不提。因为燕京精神是抹不掉的。燕京美丽的校园仍旧存在那里，那美丽的燕京水塔耸立在绿树包围的山丘上。燕京人之间的情谊永远不会遗忘。燕京人对中国的贡献、对中国的教育事业的贡献都是抹杀不掉的。

每一位来自燕京的人都会自豪地说“我毕业于燕京”、“我工作在燕京”、“我出生在燕京”、“我生活在燕京”。文革之后燕京人有了研究院、有了校刊、燕京人写了许多文字，燕京将世世代代流传下来。

但在运动不断的社会，燕京人有时也有例外。记得我们住在燕南园 58 号时，爸爸的助教沈家驹叔叔很长时间住在爸爸的书房，每天很晚来，清早就走。每次见面都见他笑咪咪的，很和善，有礼貌。我不知他为什么来住，但他是爸爸请来的一定有这个需要。院系调整后他在民族学院工作。反右斗争开始不久就听说他自杀了。我简直不敢相信。如此温文尔雅的戴着深近视眼镜的叔叔，为什么要走这绝路？在那时燕京人也都人人自危，谁也顾不上其他人了。可怕的运动！运动改变了人性。

## 半岛战争

## 燕京人“当仁不让“的思想改造

1950 年上半年我正上六年级，搬完家除了念书弹琴外，就是打毛活、看苏联小说．从不知道关心时事，看报纸。

一天我听班上几个男同学在那里叫好。说：太棒了，朝鲜人民军可以像解放军一样解放全朝鲜。我马上去翻报纸，看到金日成领导的朝鲜人民军已解放了汉城，釜山等地，进展很快。报纸和老师的讲话都为北朝鲜叫好。从没人说金日成冲破三八线。

下半年我开始上初一，报上说美国趁苏联为新中国入联合国遭到拒绝而抵制参加会议期间，通过联合国出兵的决议。这时局势紧张，大学全面展开批判亲美、崇美、恐美思想。由于燕京是美国办的，所以这个大批判是首当其冲。爸爸和燕京的教师一样，大都上过燕京、留学美国，对美国有好印象。现在要人人过关很困难。在这排山倒海的舆论压力之下，按报上的话表态，批为没结合自己，不通过。大多数知识分子不会阳奉阴违，不会说假话，不善于察颜观色，不会圆滑行事，也没想过要做顺民。不知道现在该怎样解剖自己才能过关。

这些日子爸爸脸上表情非常严肃，压力很大，睡不好觉。自从负责政治课后，他已经知道要好好学马列，解剖自己，常在课后邀请学生到他的办公室促膝谈心，联系自己的出身、历史、经历来进行思想改造。1950 年抗美援朝刚开始的思想改造运动中，他在大会上汇报自己思想改造的心得体会，受到了群众的热烈欢迎。

就连我们初中生都要搞自我批判。又开始停课，说要认真学习。每天上午先读报纸，在老师的引导下开始发言，每个人都要表态。特别是燕京子弟更要多说一些。聪明的学生，记性好的可背下报上的主要观点，他们的讲话就比较好，我喜欢自己看报，不喜欢听人念报纸，就只能说些冠冕堂皇的大官话：美帝侵略朝鲜，美帝是纸老虎，中国和朝鲜并肩作战一定能把美帝赶出去。胜利一定属于我们。

我不喜欢停课，希望大家赶快发言，然后可复课，我的想法落空了。上午学报纸表态，下午写标语，画漫画。把李承晚画成是美帝的哈巴狗，把美帝画成恶狼，把朝鲜画成金日成伟大领袖的样子放在画的最主要的位置上。中学生里的小画家自创很多漫画，也有按报刊上的来画。中小学校园贴满这些口号、漫画，声势极大。



我们一连停课两、三天，烦死了。因为不知道是金日成冲出 38 线发动战争，所以的确认为美国侵略朝鲜，很天真相信领导作的决定一定正确。我们义愤填膺地喊：“打倒美帝国主义”、“美帝滚出朝鲜”。

我私下还认为美国太有办法，为什么这样多的国家都来参战，难道这些政府这样怕美国？这里有点不合逻辑，当然我不会对认何人说。美帝九月仁川登陆，十月把朝鲜赶回三八线、很快占了平壤，扑向鸭绿江。我们看报为朝着急，伟大领袖发出决定：宣布派志愿军，大学又敲锣打鼓号召参加志愿军，支援朝鲜人民。很快广播抗美援朝歌曲：

雄纠纠、气昂昂、跨过鸭绿江，……

我们每天也唱这些歌。志愿军的总司令是彭德怀。十月二十五日第一次战役胜利后宣布志愿军出兵朝鲜。很快传出志愿军与人民军一起打了几场漂亮的战役。到 1951 年初已打到三八线，打到汉城。大家很高兴。心想全半岛很快会解放，真正体现“中国人民从此站起来了”的豪言壮语。

但看了上甘岭的电影后才知道美国一定要保持南韩在半岛的地位。所以第四、五次战役打得非常艰苦，胜负难分。这使双方才真正坐下来在板门店认真谈判。1953 年七月签了停战协议，三八线作为半岛分界线。

## 战争、欺骗、利益、死亡、回到原点

苏联和美国解密很多文件后使我感到到处都在欺骗，都在算计各自的利益。

1945年美苏取半岛三八线作为接受日本投降的分界。日投降后双方占领自己区域几年，扶持建立朝、韩各自区域的政府。这说明美、苏各方都想保持在半岛的利益。并没想让南北统一。

解放军解放中国大陆，刺激了金日成，他要效仿解放军去解放全朝鲜。但中国和朝鲜情况完全不同：国共双方在美国调停下谈判是否建联合政府，没有划分界线。金日成说美苏的受降分界线不能成为朝、韩两国的分界线。以这个理由去说服老大哥他要出兵。

第一件事是去拜见老大哥斯大林，老大哥鼓励他做。但绝不出面，不参战，愿出空军、高射炮，驻中国一侧。只在中朝边界附近活动，穿中国军服，如果需要军队帮助就去找中国。

斯大林是什么意思？他明明知道美国很在意美国在半岛的利益，如果朝攻南韩，美国能不管吗？朝鲜打得过美国吗？如果打不过为什么让抗战和解放战争18年已筋疲力尽的刚在国内结束战争的中国去帮助？而已有6年的休整，且武器装备要比中国好得多的苏联自己却不管呢？

这是否有他的私利：让朝、中打美消弱美国力量，使苏在世界上强大，甚至超过二战中损失相对较少的美国；并把刚进入社会主义阵营的中国的力量消弱，更需要依靠他。而不会与他平起平坐，这是斯大林的双刃剑。

金日成报告给大领导，他要开战，并要回解放军中由朝鲜人组成的三个师。大领导给了他。他认为有这三个师他就所向无敌，于是开战打过三八线。并制造假新闻称南韩有军人越过三八线，北朝是自卫还击。以此为借口继续向南突进，直打过汉城、釜山。

这时已有联合国。他们的大多数承认南韩是半岛上合法政府，现在看到北朝向南进军认为是破坏半岛和平。当时苏联因要求新中国入联合国遭拒绝后，退出会场。美国就在这时提出联合国出兵的提案，全票通过。

联合国仁川登陆很快把北朝赶回三八线。如果这时苏联建议联合国停战谈判，中国就不用出兵，各方损失都不大。但联合国方的总司令麦克阿瑟，想消灭北朝。所以把北朝赶到鸭绿江边。



金日成要求中国出兵。中央开会研究。只有一个半人认为该马上出兵。那些将帅没有一人认为当时该出兵，最好在春天以后。其理由是解放战争刚结束，解放军需要恢复，许多将领生病不能出征。我方没有准备足够的粮食、防寒的衣物，也缺少寒冬作战的训练。

但坚决主张出兵的这一个半人的理由是如果美国把朝消灭了再出兵就晚了。如果美国占领北朝，中国就和美国仅隔鸭绿江面对面，这使中国不安全。还考虑美国目标不仅是朝，而是想消灭中国。采用先发制人在朝作战，这比在中国本土打要好。

为什么中国不敦促苏联出面在联合国要求进行停战谈判，维持开战前三八线分界？这样就不会使战事扩大，可以少死很多人。中共从没与美国真刀真枪打过。是否要继续表现小米加步枪的威力、是否要戳穿美国，它是真正的纸老虎？

如果看到今天朝鲜是三代世袭封建帝王小国。他的帝王权力比老牌的帝王之国英、日要大得多，党政军权力全在帝王手中。为了夺权、保权，杀死姑父、兄弟等 40 多人，极其残忍、独裁。现在像一头疯狗拿着核大棒到处耀武扬威，不听各国劝阻，对中国的话也听不进去。如果当时这位大领导和另外“半”个人知道如此，还会让中国好男儿出征，死伤六十五万，保护这封建王朝吗？！

在一人说了算的中国当然不听其将帅的意见，决定马上出兵，但无人请缨。谁是总司令？推来推去就剩脾气不好的彭德怀老总。选到自己头上还是服从调动。在十月十九日开到朝鲜战场。

这位大领导考虑儿子的将来，认为有彭老总的照应，一定安全，就一起进入了朝鲜。

这儿子不服从领导，到处宣传自己的身世。敌人绑架这儿子没成功，一直想捣毁这个司令部。这时敌方间谍已发现司令部大概位置。

为以防万一，司令部规定了铁的军纪：早上四点前起床、吃完早饭、到防空洞工作。

这位儿子起得晚，还要吃早饭，饭后也不去防空洞，总说：抗日、解放战争期间他的老子从没钻防空洞，也没出什么事。所以他拒绝下到防空洞。

入朝一个月的一天早上，他吃平果把果皮烤在火上，这时敌机飞来。一位陪他一起工作的机要秘书到外面张望，看见敌机开始投汽油弹。马上喊这儿子和另一位机要秘书赶快下防空洞。这时几架敌机投下大量燃烧弹，正投在这司令部木房子上，马上大火冲天。

在防空洞的老总听说后马上往外冲要去救他，被警卫抱住，不许去。因为燃烧弹太多，着起火来，不容易扑灭。儿子和一位机要秘书被活活烧死。

老总马上打电报报告，总理扣着没马上报告。直到 51 年 1 月这儿子之父说可以让儿子回来时，总理才把电报拿给大领导。当时他说打仗总会流血牺牲，但过了一段时间他难过地说他无后了，似乎很不满意没照顾好他的儿子。

其实他应当知道战争是残酷的，枪炮子弹是不长眼睛的。如果决定送子到前线，不论是镀金、是做戏，还是真正带头实践他的观点，都应当作最坏打算。

到 1951 年 1 月虽然已打了三次漂亮的战役，但死伤极大，除战死外，无足够粮食、防寒冬衣。所以饿死、冻死的比例太大。

彭老总的脾气大发，生气地冲进中南海，大骂："你们在国内有吃有喝，你们有什么理由不管在朝鲜我们的子弟，他们代表中国在朝浴血奋战！"这样，北京上海等大城市才抽出自己的粮食赶制炒面送到前方。但抗寒的衣物还是不能马上赶制出来。非战斗死亡仍占很大比例。

在 1951 年夏志愿军和人民军已打到三八线，这时联合国已要求双方坐下来谈判。中朝方正打得顺手，觉得可解放全朝鲜，无心谈判。美国麦克阿瑟一心想帮台湾打回大陆，所以也无心谈判。





当中朝打过三八线后，美国增兵。双方在上甘岭、金城两大战役中每个地方都投下几百万发炮弹，这两块地全被双方炮弹炸平，分不出胜负，伤亡极大。美总统杜鲁门不同意麦克阿瑟的想法，更换其统帅。这样双方在 1952 年才开始坐下谈判。

这表明双方都是为各自的利益在打仗。谁想过为人民的利益。金日成是为他个人的利益，不是为朝鲜人民的利益，这场战争使半岛两边的人民死伤近两、三百万，为了什么？金日成发动战争后明知无力取胜，也知道美国不会放弃，为什么还让中国出兵？最后中国死伤六十五万多。

三年时间，用敌我双方几百万生命，取得的是原地不动从三八线到三八线的结果。

苏联的空军驻在沈阳，起飞就只在鸭绿江两侧飞行，当战势南移时根本派不上用场。

这场战争的最大作用是中国开始建立自己的空军，并真枪实弹地练习，他们在后期发挥了不少作用，但力量还是太小。

谁是这场战争的赢家，有人说是中国，苏联是最大的输家。国外评论中国不怕美帝，也让美帝认识到中国的利害，不要随便和中国打仗，一直持续到现在。不仅在朝鲜、中国，全世界都知道中国有这样的彭老总，连他的对手美国也承认中国有这样强有力的总司令。但不是中国的每位领导都有这种看法，有人就非常嫉妒。

这场战争是为各自利益激烈争夺。在这样的情况下，还要如此大张旗鼓地整知识分子，为什么？

看了苏联解密资料后才明白：因为解放前知识分子和民主党派一直在为共产党摇旗呐喊，盼望解放、支援解放。中国最大领导在解放前早已向斯大林请教如何对待知识分子、民主党派。斯的回答：解放后陆续减弱其影响，最后去除。这场战争就是最好地整他们的机会。所以根本不讲实情，每人必须过关。特别是教会学校的知识分子。

## 燕京大学的命运

### 接收、大开刀

抗美援朝开战后的 1951 年，下半年政府接收了燕大的申请，成为国家办的大学，同时任命原校长陆志韦是接收后的新校长。大领导写了”燕京大学“校名，挂在西校门的校门口。全校师生员工非常振奋。中国新政府从没宣布没收美国在中国的全部财产包括燕京校产，对没法制的中国采用这种不清不楚的关系是有好处的。这样悄悄地就把美国在中国的财产全部没收掉。



燕京人是否有骄傲情绪：燕大交给国家办就认为是向党表忠心。解放前为解放摇旗呐喊，就是大大的政治资本。没有睁大眼睛看看全国当时的形势。

这时辅仁大学校长陈桓替中共写公开信给胡适，动员他回来。浙江某大学校长马寅初给中央写信：国家变化极快，自己感到要好好学习，才能跟上形势。北大副校长汤用彤带领其他高层教授、领导共 12 人给中央写信表示要好好学习，跟上形势。而燕京没有任何人向中央表这样的忠心。

大领导马上抓住这个时机顺着这些知识分子的要求来整他们，以实现老大哥的指令削弱知识分子的力量。

1951 年 11 月工作组驻进了燕京，组长正是当年地下党的负责人张大中。这次运动与批司徒，和抗美援朝初期的思想改造不同，这次是在全国范围的大、中学校进行，重点学校上级派来工作组。工作组掌管、领导。

工作组在校内先选出可依靠力量，然后把人分成进步、中间、落后。并决定重点批判对象。给人的感觉是来势汹汹，势不可挡。学校空气顿时非常紧张，人人自危，担心自己会被挨整。

这位工作组长张大中应当很了解燕京大学和陆校长：解放

前支持学生运动，不许国民党进校逮学生，拒绝跟着胡适走，坚定地保护好学校迎解放，一解放就要求把燕京交给政府等等。是否受到那些大笔杆子的上纲上线，把知识分子自觉要求学习变成大批判资产阶级知识分子的政治运动。每个小领导都要表现越革命越左越好。在这种气氛下，仍然选出校长陆志韦、宗教学院院长赵紫宸和已从英雄变成狗熊的张东荪为重点批判对象。

解放后各运动中被整的人之间的关系和抗日战争被日寇逮捕的人之间的关系大不相同。抗日被逮的人在狱里团结一致，互相出主意，互相关心。没被逮的人也在设法帮他们，大家拧成一股劲。而解放后变成运动重点的人是非常孤立无援，有的老伴打离婚走了。子女要划清界限，让子女揭发。不认父子、父女的关系。好朋友都似乎从不相识。人人自危，生怕沾边，明哲保身，自扫门前雪。还有人投机，紧跟整人，不想哪一天自己就是被整重点。

整人者采用各个击破，任意宰割，开创了非常残忍的运动，做得无法无天。这次燕京工作组选的三人过去全在日本监狱呆过这时互不敢说话，别人更不敢理他们。他们感觉和在日本监狱犯人之间的关系完全不同。

校长就倒霉了，怎样检讨也通不过，在抄家时发现了他给一位美国人写信说：一方面按中国政府要求培养人才，一方面也要看好美国的燕京校产。其实从法律的角度，没有宣布没收，就是美国的财产。校长哪里知道政府不清不楚地早已把美国在中国的全部财产没收了，所以这封信就是他亲美、崇美、恐美的最好证据。他的罪名是忠实执行美帝文化侵略中国的分子。

为让校长感到孤立，动员其唯一的爱女、燕大学生在全校批判他的大会上当众揭发批判他，美其名曰“大义灭亲”。还动员多年在他家工作的年近六旬的老保姆来控诉受到校长家残酷剥削。老保姆拒绝控诉，不停地向老保姆施压，老保姆被逼急了，拿出菜刀抹脖子，差点出人命。还动员校长非常器重的学贯中西的典范、才子，又是他谈天说地、玩桥牌的忘年之交吴兴华，来批判他。这位才子一反常态，说被校长学者面貌所欺骗，满口批判的八股。使校长听后非常难过，自我扣了许多大帽子，算是检查结束。校长不顺从的下场是去掉校长的职务，分到中科院心理所做一般的研究员。

而运动中的积极分子都得到了重用提升。这位参与批判的才子后被任命为北大英文系系主任。而上面提到的那些主动向中央表忠心的人两位校长成为北京大学、师范大学校长，那位副校长保持副校长的地位。这可真是赏罚分明！



燕京人太傻了吧！燕京的校长从任命到下台不到一年，让人怀疑是真心任命为校长吗？ 如果不是真心让他当校长，不如不任命，宣布政府接收燕京后，派工作组进驻，做完批判之后直接发派到心理所，还显得真诚。这次的作法是对人没有起码的尊重，似乎校长是一只任人宰割的小兔子，被一只大狮子的脚踩住，在地上随便碾。

赵紫宸是世界基督教理事会六主席之一，曾和艾森豪威尔总统同台接受普林斯顿大学颁发的荣誉博士学位。用物以类聚，人以群分来定他的罪行，他和国际宗教反动势力相勾结，是美帝国主义分子。把一位温文尔雅的典型的大儒、大诗人，说成是双手沾满鲜血的战争贩子！

爸爸这时已在严伯伯、雷姑姑的介绍下加入了民进党，不再是无党派民主人士了。虽然不是重点批判对象，但每人都要在自己单位过关，爸爸是法学院院长，就不是仅在一个小教研室检讨过关。

这些日子爸爸的压力是很大的。

这个运动是在抗美援朝的第二年，需要教育全国人民和党的思想一致，坚定地支持抗美援朝。燕京是美国教会办的大学，所以这次的教育目标是大家必须认识到美国教会大学是美帝文化侵略中国的工具。不是简单地批判亲美、崇美、恐美。每一个人应当认识到自己自觉或不自觉的为美帝服务。

这个目标爸爸也和大家一样很难接受。回想这么多年自己培养的学生，有去解放区的、大多数在中国做社会服务等各种工作、有极少数是到美国或其它国家学习或工作，不是为美帝工作。

再来看司徒校务长，他拒绝教会来统治大学，他要求学校为中国培养人才。1919 年他第一次给燕京学生讲话时，学生去参加五四运动，没有几个学生来听，他并没有生气。认为学生关心自己国家的命运是对的。大学就要为国家培养人才。在学校他是非常支持学生各种活动的。

抗日胜利司徒去当大使当然是为美国政府工作，但他并没有干涉燕京的办学方针。

再来看在燕京工作的外国教师，他们都在教他们专业的课程。特别是夏仁德教授，保护了一大批地下党员、进步学生，并帮助他们去解放区，这怎是为美帝文化侵略工作呢？

以上这些就是爸爸想不明白怎样理解燕京是美国文化侵略中国的工具，感到压力很大。

爸爸一直拥护共产党、新中国，所以必须尽快跟上形势，理解这场运动，也希望帮助党来做群众的工作。

爸爸首先认识到当前的运动是必须的，因为抗美援朝需要统一思想，团结在党的周围。其次要把美国政府和自己周围的美国人区分开。具体的美国人好不等于美国政府没有对中国做文化侵略。再结合自己出身在小自由职业者的家庭，祖父在美国当华工学了知识挣了些钱，一直给爸爸的教育是美国好，上教会学校、去美国留学。所以亲美崇美思想当然有。美国二次大战损失比其它国家小，本身工业发达、科技先进、武器优良，中国和朝鲜并肩作战能否因为是正义的战争就会胜利呢？这是否就是自己的恐美思想呢？这样一缕就清楚了，自己要好好检讨。

据说在大家的帮助下，他勇于解剖自己，虚心接受群众的帮助，思想觉悟大大提高，漂亮地过关了，还让他到协和医学院做典型发言。

爸爸认真带头检讨绝不是哗众取宠，投机取巧，想尽办法往上爬。在这次运动后他仍然是一名普通教授，没有得到任何一官半职。但是当时有人就非常不理解他的所做所为，认为他是拍马屁，有个人的目的。

实际上爸爸是过了初一，过不了十五。经过多年的观察，眼里容不得沙子的人，最后就大翻车了。



## 休假呼？安抚呼？

1952 年暑假来了，突然听小哥哥说这个假，他家不像往常去北戴河避暑，而是全家和大学一起去青岛度假，我问谁可去，他说必须和家长一起去，没有其它条件。红玉和他们的父母一起去。

我回家问爸爸，他说不去，妈妈身体不好，不能把她独自留在家里。以后会有机会的。这个“以后”是爸爸去世我女儿十岁时我家三口跟着北大去的。

我非常扫兴，羡慕红玉，真盼望可以和小哥哥到外地玩。小哥哥已搬到新盖的中关村教职工新宿舍去住了，那里房子较小，但是平房，有小院，阳光充足。自他在城里上中学，搬出燕南园后，我很少看到他，所以很希望可以和他一起去旅游。

我也很奇怪，大学从来没有组织假期旅行，这次为什么例外？

全校休假回来后，爸爸暑假开会，宣布重要事情：教育部进行了院系调整。取消全部过去的教会大学，合并到其它院校。

这时我才明白去青岛休假是散伙安抚。去前大家不知道燕京即将解散，高高兴兴地玩了一趟。不知爸爸是否听到了什么，或许他知道了什么，心情不好不愿带我们去。

爸爸去世后，妈妈告诉我当时曾让爸爸当北大教务长，他推掉了。因为政治课的困难，害怕理解不了新政府的思想，办错事挨整。妈妈的想法是如果他在北大，和老熟人在一起，反右时不会这样惨。这说明爸爸知道他要离开这个熟悉的地方，心情不好。

新政府接收后为什么必须取消教会大学？是否怕帝国主义的势力残留在教会大学，不服领导，所以必须把他们踩烂、砸碎，才放心。其实可让不同类型的办学方式竞争、比较，使中国有自己的好学校。

新政府的作法表明新中国没有走自己路的胆量，照猫画虎学苏联，去掉教会大学，开办了像北京八大学院这类苏式专科学院。

燕京取消后的情况是：

燕京校址是北京大学的校址，燕京文、理学院大多属北大，留在原址。教育系到北京师范大学。

爸爸的法学院全部搬出去，政治系到政法学院，社会系民族部分到民族学院，劳动部分到待建的劳动干校。经济系到中央财经学院。

工学院机械部分到清华，化工到天津大学。

宗教学院到新办燕京神学院。

爸爸要去的劳动干校，是一个全新没地址，极少人正在研究筹备的学校。

爸爸是法学院院长，他的各系一个不拉地端到各个对口学校，许多同人想不通，爸爸作了大量的工作，也要做自己的思想工作。

燕京是爸爸学习、工作、结婚生子几十年，最喜欢、最努力奋斗的地方。现在一声令下就要捲铺盖走，这种恋恋不舍的复杂心情是可想而知的。又想自己是领导，自己拥护的新政府需要，就应当想得通。最后爸带头服从分配，愉快地同意到劳动干校。

当爸爸把这个消息告诉我们后，我都发懵了。怎么解放前热烈欢迎的解放，真解放了一点也不安静。运动运动、改造改造，没完没了，与解放前听到的宣传完全不同。但总归还是在自己的大学。而现在要去一个全新的地方，自己的根给挖走了。

原来我思想准备高中要离开燕京到城里上中学。现在才初三就必须走，提前离开我的同学、老师，心理很难过。我们八个要好的女同学到海淀照像馆照了离别照。我默默地流过几次眼泪。恋恋不舍离开我出生、成长的地方。心里默默地念着永远再见了美丽的燕京大学。



严伯伯雷姑姑到政法学院做领导，也是民进党的领导。

包子父亲蔡伯伯到长春吉林大学化学系做系主任，他们全家是较早离开的。

老黄的主人，历史学家、民主人士翁伯伯去做北京市教育局局长。爸爸托他把我和妹妹放到女一中学习，因为我们将和北大汤副校长换房子，他的房子是自己的，在北海旁故宫后河对面的胡同里，离女一中最近。

三三家、小哥哥家、脖子哥家，大头家都留在北大，我很羡慕他们。

燕京在1952年秋消失了。在我心里想起歌词“何日君再来”就用在这里吧：何日燕京再来？！

在结束解放后的燕大前，再简单回顾一下这几年的经历吧：

1. 1948年12月燕京解放；

2. 1949年夏开始学习“别了，司徒雷登”和批判司徒，进行思想改造；

3. 1950年抗美援朝，展开亲美、崇美、恐美思想的揭露和批判；

4. 1951年11月工作组入驻，知识分子思想改造在全国范围开始，直到1952年院系调整，燕京消失。

你看了这个大事记有何感想？那些盼望解放、热烈欢迎解放的燕京人结果竟是这样，你能想象吗？这些人能想到会是如此吗？对这批知识分子的打压够了吗？消失后的燕京人就像一个个的小舟在这个历史的海洋中会怎样沉浮呢？请听下回分解。

## （六）燕京消失后的一叶小舟

燕京存在和消失对每一个燕京人有巨大的影响。燕京存在时，她是一艘大船，我们坐在大船里同舟共济。这艘大船遇到惊涛骇浪时，我们在大船里努力工作、发挥作用，共度难关，大家坐在燕京这条大船上一起起伏在历史的海洋里。燕京消失后，我们每个人像一叶小舟都给扔到大海里了。这历史的海洋到处有暗礁，狂风巨浪时时刻刻打在每个小船上，每人需要好好驾驭自己的小舟，不要翻船。

### 进城住

### 换房搬家住风景区

爸爸宣布他不在北大工作，我们家必须搬出北大，因为劳动干校还在酝酿中，没有房子，给北大提出了问题要安排我们的住处。我们住的 58 号是很好的房子，北大已把它分给曾组织北大 12 位领导在 1951 年向党表忠心的那位汤副校长，恰好他住在城里自己的房子里，就让我们两家换房，他的房子算是学校的房子让我家住在那里等待爸爸新单位的房子。

1952 年九月末我们两家同时搬家。

搬家前首先退还学校的家具：大小沙发、我们三个小孩每人的一头沉大书桌，我们三人的木质单人床等。城里的房子太小，只搬去普通人家最基本的家具：客厅的钢琴，饭厅的玻璃柜、饭桌，妈妈的大立柜、梳妆台，放我们衣服的五斗柜、三斗柜，及抗日时我们使用的折叠钢丝床，小二屉桌和小梳妆台，这三个小桌就成为我们住城里后的小书桌，从此以后我家再也没有沙发。可以扔掉各种家具，但作为知识分子最需要的书柜，爸妈的大书桌是绝不会扔掉的，这些东西陪着我们五口一辈子。一个卡车就搬完了。

我们和爸爸骑车去，妈妈坐卡车司机旁。下午到了新家，赶快打扫各房间，快速摆好家具，这个新家就初具规模。忙完了我才腾出时间来审视我们的新家。

这是一个典型的小四合院，只给我们其中三房北、南和、西厢房，东厢房住着他们的房客。

北房是较长的一排，从院子进北房的门在中间的堂屋，这是我们的客饭厅。爸爸的小卧室在北房的最东边，妈妈的卧室在堂屋的东边，堂屋的西边是只有一个自来水龙头的小厨房，用小煤球炉烧水、做饭。最西端是小厕所，仅有冷水管的小脸盆、及水冲的马桶。没有任何洗澡设备。地面有一下水孔，自己用盆去厨房取热水洗澡，洗后水倒在这个下水孔流走，但倒水必须很慢，否则水会流到厨房，甚至客饭厅。

我们三人住这没隔断的小西屋。原来的厨师、保姆不愿来城里工作，就请外婆的那位保姆赵老太来，住小南屋。

这个房子没有暖气设备，冬天取暖是最大的问题。在中间堂屋放一个大火炉来供全部北房取暖，东西两端爸爸卧室和小厕所最冷，我们上厕所必须穿足够衣服，否则很易感冒。冬天不能在厕所洗澡，就用大铁盆靠在客厅炉子旁洗。小西厢房、南房各放一个小火炉，为节省，小西屋的火炉只在晚饭后作功课时才开大炉门，炉内出现火苗，使屋子暖和一点，其它时间总是封着的。住在这里冬天很不好过，太冷了。

院子铺着砖地，通到外面的排水口太小，下大雨小院会成河。小胡同中间是砖路，两旁是土地，下雨时路旁的土把砖全盖住了，这小胡同的路就成了烂泥，很不好走。幸好我们是2号离大马路近，出家门在烂泥路上走几步后就可上马路。

总之，离开了燕京住在这样的房子里处处觉得不舒服。

这个房子在北京市中心中轴线的西侧。其优点是地点极好，在故宫西后河对面，每天一出胡同口就看见这条河和故宫后门城楼伸出的金黄、翠绿琉璃瓦顶漂亮小角楼。

往西就是仙山琼阁、白塔耸立、寺院依山排列，亭阁楼榭隐现在山石之间、犹如仙境的北海公园的南门。汉白玉石栏、一条洁白无瑕的玉带、九孔的御河桥的北海大桥横跨在中南海和北海的湖面上。下了桥就是皇家园林、历朝封建帝王行宫和宴游、解放后国家最高指挥中心国家政务办公处的中南海后门。中国藏书最多的古老的北京图书馆，及北大医院。

往东就是环境优美的皇家园林景山前门，解放后是老百姓活动中心，广场舞、社交舞、排舞、唱歌、京剧、戏曲、乐器、人声从早到晚此起彼伏。景山前门正对着明清皇宫、古代宫廷建筑的精华、中国最大古代文化艺术博物馆的故宫后门。

往南走沿北长街就到北京市第一女子中学（简称女一中，下面采用简称来叙述北京市各中学）。南、北长街的相接处西面是中南海东门，东面是故宫西门，这里有该区小图书馆。向南走一点是中山公园西门，继续向南走是男六中。出了南长街的南口就是天安门大街。往东是天安门，往西就是中南海的正门。

一个人到这些地方去散步，是多么地闲情逸致。那时北京人口不多，夏天晚上若到北海大桥上散步，穿堂风吹在身上是多么地风凉。但我们忙于学习，爸爸忙于建劳动干校，这房子的优点也没享受到。我们从没这样潇洒生活，实在遗憾。

## 妈妈精神了

一天放学回家，一眼望去，妈妈的卧室门是打开的，床铺好了，平时只穿睡袍、不铺床、仅在吃饭和去厕所时才打开房门的妈妈，这时穿着正常的衣服，坐在她的书桌前看报纸。

好奇怪，我探头看了一下，妈妈说进来吧。我拘谨地走进去。她说爸爸今天带她去了中苏友好医院看了苏联专家。仔细检查后，医生说，没有病，必须从现在开始，过正常人的生活，出去工作，并要做力所能及的体育运动。批评她这六年多的静养是非常错误的，建议她不要吃安眠药。

她在想该做什么工作呢？燕京神学院是个刚办的学院也许需要教中文的老师，或干妈帮助联系到师大附中教语文课。她说多年没摸老本行，现在要抓紧时间准备了。

我非常高兴，盼望多少年，希望她能振作起来。今天苏联专家帮了大忙。在燕京时她听不进医生护士的指导，固执地认为别人不了解她，不同情她。而强势的苏联专家，以专家的身份，不容她讨价还价，就是必须听话、照做。这是一边倒政策对我家的帮助。后来妈妈的确先到神学院教中文，那里有不少燕京宗教学院的老朋友，工作很是愉快。但好景不常，过了一年多，这个学院合并到南京的神学院。妈妈就到师大附中教高中语文。很受欢迎，直至搬到西郊人民大学。

## 爸爸是个好老师

我们安顿好后，马上忙了起来，我和妹妹骑车到女一中上初三、初一。姐姐回家住，骑车去师大女附中上高二。

爸爸每天骑车出去研究办劳动干校的问题。回家后除看报纸外，没有系统看专业书。这是因为没有专业的原因，一个知识分子没了专业，这是对知识分子最大的惩罚与不尊重。妈妈开始准备中文课。每人忙于自己的事情。

一个周六的下午，我和妹妹没课，在家做功课。爸爸也没出去开会。他不开会就会有 15 分钟午睡，这是从小养成的好习惯，不用人叫、不用上闹钟，15 分钟一定醒来。这天他午睡后跑到我们小西屋说，他想带我俩去北海划船。这是多么令人兴奋的事呀！我俩赶快准备好和爸爸出去。



自从抗日胜利搬到燕京，爸爸特忙，加上妈妈生病，及解放后不停地洗脑，没有心情带我们玩。现在处于准备办干校的阶段，压力不大，可以抽出时间，又因住得离北海太近，生怕我们和同学去划船出问题，所以他必须尽快教会我们自己划船。

我们三人兴奋地快步走到北海正门。买票进门后直奔码头，划船的人不算多，不用排队就买了船票。服务人员帮我们上了船。爸爸让我和妹妹坐在桨两边的两个座位上，他坐在大头这端。命令我拿起双桨想办法把船划出这个码头。

太多船围在我们船的旁边。这两个桨根本插不到水里，他让我不要勉强把桨插入水中，不要被其它船挤坏桨。告诉我用手推开旁边的船，打出一条路。这是爸爸教我的第一课：出发，离开码头。

离开码头后，来到了宽阔的湖面，我想现在可以放心大胆地划了。第一件事是把桨放入水中。我想这还不简单，就把桨的宽面打在水面上，马上溅起巨大的水花，我和妹妹的衣服全湿了。爸爸说怎不想一下该怎样作，应当插入！

我开始使劲地划这个桨，往后一拉，水全弄到爸爸衣服上。爸爸让我慢慢地动作，不要过分用力。两臂力不同，船在原地转，不能前进，爸爸告诉我，左手划，好不容易弄正了。但一喘气，停了一下就变了。又开始右手划，我这才知道划船是不简单的。花了不少时间我才可自己判断该动哪只手。

接着让妹妹划，她避免了我的那些错误。最后我也可以指挥她该动哪手。

接下来训练我们从大桥下划过，先把船在洞外调好位置，往洞里划时要看前、看后，不断校正，以稳、准为主，不可撞到洞边。

钻出洞到了有荷花的小湖里，他训练我们沿着荷花边划，不要碰到荷花。如果在一个狭窄的水域两船相遇，这个技术可用于礼让。

随后我们学停靠技术，让船平行于岸边，这样划船时可中途停靠在任何想观光的岸边，特别是可到湖中的岛上玩。

所有这些科目我和妹妹都认真练习，直到爸爸满意为止。最后交回船、进入码头。一个下午，爸爸把我俩进行了较全面的划船训练，他一点也没划，全让我们自己处理出现的问题。

我从没向爸爸学过什么，这是第一次，也是最后一次。我感到爸爸是个很好的老师。他预先有周密的规划，一步步地教会我们，非常耐心。我们边学划船边欣赏北海的风光，以后我再也没有机会和爸爸一起逛北海和任何其他公园。

爸爸作了一件重要的事。没多久，我班少先队日是到北海划船。租了五条船，队干部把大家分在五条船上。上了船，我们船的负责人突然宣布她划不好，由于挑不出第五个负责人，她就自告奋勇来负责了。

我说我可以划。她马上让我负责。我按爸爸教的，自信地一步步作起来，首先把船带出码头，我做得很漂亮。这使她们对我这个不爱說话的新生刮目相看，大家对我投了信任票。

这时船已划到好划的地方，我本以为应该轮到她们划。我问谁想划？她们异口同声地说：不划。就是我一人划。我暗中自喜，捞了个划船的机会。少先队日划船活动，其实是坐船、唱歌、聊天，增进感情，不是轮流划船。

从此以后我经常找机会划船，在海里划过，还划过单人艇，作为业余玩算是划得好的。

妹妹从爸爸这里学了划船的基本知识，爱上了划船。中学时她曾参加一期舢板队培训。又参加了跳伞培训。我只参加了一期小口径步枪打靶训练，十天趴在地上练瞄准，获得一个优秀证。

# 在新校打出一片天

## 孤独的我

刚搬完家第二天就是周一，爸爸上班前先送我和妹妹去女一中。

我们三人骑车去的，只见校门外堆了许多自行车，一辆压一辆，没有空间让每辆车独自站立。难道我们也必须扔在这里？不甘心，就推了进去，只见门里也是如此。看门老人说车只能停在门外或门里，不许推到要去的地方。我们只好把车压在他们的上面。

如此之多的人骑车。加上走来或坐公交车来的，这个学校一定很大、学生很多。对比燕附，没人骑车上学，一个小三合院和后面初中一排，一个操场，多简单。

老黄的老板、当时的北京市教育局长翁伯伯已为我们上学打过招呼。爸爸只是送我们到教务处，与教导主任谈了一下就走了。教导主任请两位工作人员分送我们去各自的教室。

工作人员带我下了许多台阶来到一个非常低的小院去上课。这里是个三合院，大北房是学校大礼堂，东西两排各有两个教室，初三共四个班就在这里。我班在西屋靠近高台阶的那个教室，叫初三一班。

已经上课了，给我留的坐位是后门边上的最后一个位子。这时坐在我前面的高个女生见我来后，站起来，主动坐在最后门边的这个位子，给我她的好坐位。她对我说她比我高，让我坐她前面。我感谢她，让我感到了一点友谊与温暖，下课后问了名字知道她姓朱，大家叫她小朱。

一整天上课，上午四节下午两或三节。然后按行负责做扫除。我在第一行，周一作。我参加了。先去弄一点水洒在地上。这是古老的砖地，砖已粉化，很多粉末，必须洒水，否则粉尘飞扬。我拿了扫把和另外两人一起扫，其她人负责搬开桌椅。很快扫完，大家开始擦桌椅，整理完毕就可回家。

我们这行人问了我的名字，从何校转来，我一一作答。因为我的学校在北京是排不上名次的，她们眼里马上流露出瞧不起我的神情，非常骄傲地背起书包走了。

那位和我换位子的小朱想和我多说几句。她看我穿的是自己织的深绿开口的毛大衣，外面没有罩个褂子。 就问："你们那里这样穿衣服吗？"

我说：没有规定，有什么就穿什么。她说：把毛衣穿在外面容易磨坏毛线。我说：我没有罩毛衣的褂子，穿棉袄时才穿罩褂。



从这天开始，我明白穿衣服要合群，我也弄个灰色或深蓝的衫罩住。

这一天我观察除她对我好外，别人并不理她。我问她是否也是新来的，她不回答。我又问谁是她的朋友，她说都是，也都不是。她说她周末在中山公园、文化宫跳交际舞，这个班的同学不跳，就不理她。我问有舞伴吗？她说总是和那几个人跳。自从和表姐交换对跳舞的看法后，我对跳舞已没成见。也明白同学不喜欢她如此年轻就用跳舞去交男朋友。

以后我发现除我和她说话外，还有一个高个梳男孩头，很爱运动的和她说话。我也发现她俩不会做作业，小测验经常不及格。她们看了我的小测验经常是满分，就说我和她俩不是一路的。

我问：什么叫一路？我是学生，就应该好好学习。她俩开始和我疏远。我还是怀着感谢的心情像刚来那样对待她。

我说：我们可以一起学习，做功课。她说：我不必为她费心。她想去上护士培训班，去工作，不想学了。我问：是不是想早一点结婚？她说：倒也不是。只是觉得念书没劲，想跳舞、玩。现在缺护士，当了护士就不用念了，趁着年轻好好玩玩。

所以她在初三第二学期就离校了。后来我到积水潭医院看病，看见她，互相认出，闲聊几句。她说她是该院某部门的护士长，我问她是否结婚了，她说为什么要把自己拴住呢？

我刚来的第一学期，除她俩外，别人仍不理我。后来她俩也对我疏远了。我好孤单，好想过去的老同学，我边流着眼泪边给老朋友写信，告诉她们我苦闷的新生活。这封信没有发，因为一则怕她们担心，一则该说我太没用，不能适应新环境。我流眼泪被她俩看见，过来关心地询问，我简单地说想老同学了。

经过写信使自己冷静下来、认真思考自己的问题：她们已经在一起学习了两年半，总有几个合得来的，我刚来，人家不了解我，应当好好干，做出成绩，让人家了解我。也不要一下课就背着书包骑车回家，可以去操场锻练，到外面图书馆去，也许能碰上兴趣一样的伴。

校内的操场很小，只一个篮球场，旁边有单、双杠、跳箱、垫子、平衡木。非常拥挤地摆在那里。女体育舒老师正在辅导体操队作训练。另外有个沙坑，在沙坑的宽边有一个跳高架子，窄边有不到二十米的跳远跑道和正规的踏板。

我的强项是跑步，在这狭小的操场不好意思围着它跑。我打听在哪里跑步，她们说在中山公园后河边，也就是故宫西门外的墙边。来城里后从没好好锻练，人都变胖了，就独自一人去找跑步的地方。

这已是下午三点以后。走到那里很安静，没人散步或运动，马路上也没什么汽车，河边、故宫墙外人行路只一小段较平，适于跑短跑，若跑长跑就要来回转，很不舒服，我就跑马路。很高兴这是在城里上学后第一次锻练，我鼓励自己，今后一定要坚持。

旁边就是街道图书馆。走了进去。大桌子，人不多，可阅览、可借阅。我办了图书证，翻了一下杂誌。稍微熟悉了我的新学校和新环境。这比刚才呆在教室要开阔多了，我下决心要好好安排自己。

## 转变的契机

一天这位舞迷小朱说要准备一个四人舞蹈去表演。让我也参加，这是她自编的苏联民间舞。我学了两次，跳不出她的要求：又要弯腰，又不可过分。我太挺，手也太硬，摆不出这半圆形。她帮我放好，但一撒手我又错了。我说我做不来，她讽刺我：只会学习，不会玩。

一天我们在小操场上体育课，旁边音乐教室传出有人在练小奏鸣曲。我班音乐课代表张同学正在我旁边，就轻声问：这里的钢琴允许学生练习？

她说：不许。这是一位想考音乐学院的音乐老师在练琴。我说：会弹这个曲子就能考呀。

她问我"你怎么知道这个曲子不行呢？"并问我是否会弹。我说：我弹过这个，知道它的难度。她怀疑地看着我说："哦，你会弹琴？"我说：学过一点。她说：她会弹琴，但不会弹这个。

又问我家里有琴吗，我说有，她说下课后聊聊。下了课，她找我，问我是否住附近。我说在北长街北口外，很近。她想看我弹，也想弹给我听。

我带她回家，弹了刚才那支小奏鸣曲。她弹的是她自己为歌曲配的伴奏。全是伴奏没有主旋律。告诉我这是一种配伴奏的方法。她告诉我她父亲是铁道医院的院长，有认识人，可帮她上沈阳音乐学校，然后进沈阳音乐学院。她现在正在准备。我问学什么专业，她说学钢琴或作曲。我祝她成功。她问我为何不学音乐，我说我想学理工科。她说她最害怕这类课。

后来她把我会弹琴告诉了音乐老师解放前北平四大女高音之一米黎明，和教导主任。一次在学校操场开全校大会时让我做了钢琴独奏。我弹的是表姐在我家弹的"花"，因为小奏鸣曲太严肃，听众不会喜欢。没用麦克风，在院子弹，声音太散，听众说什么也没听到，但让我出了风头。至少改变了我班同学对来自不知名学校不爱说话的我，什么都不会的看法。

第一学期期末大考我名列本班前茅，他们对我刮目相看，很多人跑来找我说话，她们不知道这是燕京的两位妈妈对我的帮助。虽然她们都很用功，但有点死板，这也是大多女生念书的缺陷。这学期如此之快地度过了。

在纪念 12·9 运动时，校长作了纪念讲话。我才知道我们的教室是当时领导运动的各校代表开会的地方。据说要做成一个纪念室，我们下学期要换教室了。



## 丑小鸭开始浮出

初三第二学期我们的教室在小操场西北边。

该教室西边是西校区唯一的大土厕所，大概有近二十个坑，臭味会飘到教室。后面是全校的大蒸笼，学生带的饭放在这里热。第四堂课抽风机大开，火很冲不到一小时饭就热好了。但抽风机声音之大会盖过老师讲课的声音。西面厕所旁边是音乐教室，学生的歌声、钢琴声也会飘过来。

总之这个教室的条件比原来那间糟多了，每个人必须专心、专心、再专心。好处是教室外面有个砖垒的乒乓球台子，会打的人可捷足先登。可惜要打的人太多，跟本轮不到不会打的我。

本以为我仍然坐在靠门最后的位子，就压着点到达教室。刚一进门，坐当中的同学喊我过来，坐在她们那里，这可真是最当中的位子了。学护士、学音乐的两位算是上学期我的两个朋友，全走了，本想我又孤独了。没想到她们对我的态度有了如此之大的变化。

我坐了过去。一位功课很好又会画画的张吮紫同学，坐在我旁边，另一位小个子很活跃的许同学也坐在附近。我猜由于我上学期考得好，所以愿意和我交朋友。我一定要珍惜这友谊。

功课好的画家主动告诉我她哥哥在北大上大学，很会画画，教给她很多。一次老师教大家画料子的图案四方连续，她画得极好，老师建议她可投稿。她总想让我也画好，但我画的总是很脏，色彩也不对。她用心教我，但她不知我在小学一年级图画课的遭遇已使我对画画失去兴趣，白让她费力了。她邀请我去她家玩，一看她们全家仅住四合院的一小排，非常拥挤，我家要比她大太多了。看了北京的人家，我不能再抱怨什么了。

那位活泼的小个特爱打百分。刚上课趁老师还没开讲就把牌分到手里。一下课马上就打，真是太抓紧时间了，这不是我的意愿。但为不让大家扫兴，我下课就和她们玩，不费脑筋地打着，心想又不赢房子，不用太认真。她还爱看电影，下午下了课就吆喝大家到西单首都电影院去看。我只是在苏联电影周时和她们一起去过。我想让她们和我去跑步，她们喜欢打乒乓，玩不到一起，我坚持自己去。



有时会碰到体育组长、一位年近六十岁的梁姓女体育老师带着校径类运动员在练习。一天她叫住我要测我百米和二百米，让我在故宫城墙边的一窄条人行道上跑。由于太窄只能一人跑，没有比赛的感觉，只好凭自己的能力使劲跑。测后她说不错，让我今后和他们一起练二百米短跑，这样锻炼也不孤独了。

春天来了，学校要举行班级之间的合唱比赛。两位音乐老师为各班伴奏太忙。我说到我家练习，我来伴奏，不用麻烦老师。全班同学到我家，我打开客厅门，在客厅弹琴，她们站在客厅外面唱。练了一个下午。第二天参加了在操场的比赛。我在这新校成为德智体全面发展的学生了。

我大概算长相和身材好的，学校让我去中国青年报社拍服装照片。我说我没有服装可照，她说那里有衣服，只是人去就可以了。

共八人来自各中学。负责人说为号召年轻人穿得漂亮一点，让我们穿上这里的衣服照一张集体照，登在青年报上宣传一下。

看了衣服，没一件是我喜欢的，最后只剩一件水绿色，样子极普通的就是我的服装了。穿上像个老大姐，一点也不好看。到阳台照了集体像就结束了。 这张照片登在中国青年报上，有人看了笑着对我说我是模特，还上报了，真让人哭笑不得。

自从被体育老师选为跑二百米的运动员，一周和老师在一起练两次，由于没有正规弯道训练，只跑直道，成绩很差。学校要表现德智体全面发展，不管能否拿成绩，运动会的各项都报名，我的二百米是学校较好的，所以从初三开始高一、高二都给我报这项。

高三我们学了跳远，老师在二十米的跑道和正规的踏板上训练我，就报了这项。我幸运地拿了北京中学生运动会跳远第四名。



## 燕附老同学的去向

1952 年秋我恋恋不舍离开燕附提前一年来到女一中，初三毕业时学校根据初三这年的学习成绩，确定报送上高中的人选，我被选中。我庆幸已经在一个离家近的好学校学习，就懒得再考其它好学校了。三三姐就参加学校录取考试，最后考上师大附中，进城住校。其它大多数同学都去海淀区的北京第十九中。假如没来女一中，我是否有勇气像三三姐一样参加一个重点高中的入学考试呢？

我家住的地方交通方便，三三姐刚上高一时每周日回校前先到我家玩，聊天，品尝爸爸的美食：桔皮煮水、广东香肠玉米面窝头。这是她家不会吃的营养食物。

爸爸说桔皮煮水是坐海轮去美国攻读博士时遇到一位广东医生建议的，他告诉爸爸如果在美国感冒可作两件事：喝桔皮水；在蒸汽中熏鼻子，可防支气管炎。爸爸说很管用，回国后喝桔皮水成了常规饮料，只要有桔皮就作，每人必须喝。三三姐来后也必须参加。

## 入团，认真负责的合唱团团长



上高一的 12 月我就 15 岁了，岁数一到就会自动退队。在退队之前我努力争取入团。两个入团介绍人王淑清、王书倩分别找我谈过几次话，介绍共青团性质、目标，要我讲清为什么要入团。最后告诉我如果入了团，要多做社会工作。我都同意了，在我退队之前已是团员。

入团之后团总支干部一位高三毕业留校的朱老师找我谈话，问我喜欢做少先队总辅导员，还是校合唱团团长。我想去做总辅导员责任太大，而做合唱团长管的人少，选歌由老师管，我就是组织练习，责任不大，这事不在话下。

开始很顺利，一次北京市中学生合唱比赛我校成绩不理想。得奖的都是男女生全有的大合唱团。音乐老师和合唱团成员建议与男校组成混合的大合唱团。这就是我这个团长的责任。我们决定找邻居男六中合唱团，想在暑期合起来，开学后一起练。但他们并不积极。选歌、练习时间和地点全不能互相谦让。讨论很长时间也不能决定，最后就散了。

这一次挫折，老师和同学全没劲了，似乎认为拿不到奖就不想练了。最后拖到我上高三，我想考大学，按学校规定免去一切社会工作，这个不好当的团长职务自动结束。从此我再也没关心这个合唱团。

## 红得发紫

我对比了燕大附中和女一中。最大的差别就是女一中运动条件太差，学生的运动习惯不好，有的同学就只上体育课和参加规定的课外活动不作其它体育运动。在燕附虽然在三三姐帮助下我的运动大有改进但代表学校参加外面的运动会一定轮不到我。到了新校我成了运动好的校运动员，每年代表学校参加北京市中学生运动会。

女一中是北京市的重点学校，全市招生，很难考上。考上后每个同学都自觉地拼命学习，学习风气极好。但她的学习环境是相当艰苦的。学校每个年级有四个班，校舍在北长街东西两侧，东院高中部高一、高二两届共八个班，每班 30 多人，只有两个小四合院，没有运动场，课间休息学生站在四合院的中间院子里透气，很是拥挤。有小操场的西院也是几个院子拼出的，高三教室在其中的一个院里，该小院有物理、化学实验室。虽然实验室较小，但设备齐全，实验条件较好。校内一个图书馆，校外一个区图书馆，图书条件很好。学生充分利用现有的学习条件刻苦学习。我也被这样好的学习风气所感染，再加上燕大附小、附中的生动活泼的学习风气，使我在新校的学习很突出。

女一中校内外各种课外活动极其丰富，比赛也多。少先队、共青团的活动充分利用周围环境在北海、中山公园、故宫、天安门等处举行，方式多样。校内外讲演、合唱比赛每年一次，女一中都积极组织和参加。我在校内、校外的合唱比赛中发挥作用，一直作伴奏。一次在全市合唱比赛中我们得了全市第二名。唱的是朝鲜女生合唱“春之歌”。在大家努力之下特别是领唱的柔美歌声、模仿鸟的啼鸣，很有吸引力。到北京广播电台录音，电台多次播放。可惜那时我没有录音设备，不能留一个作纪念。我作伴奏在这个学校就很突出，很引人注意。但在燕附除我之外还有一些人学钢琴，弹得不错，就不一定轮到我。

女一中参加北京市活动的机会很多。参加北京市的游园活动、十一、五一的游行和狂欢等。我在这里学习四年期间有幸参加了一些大活动：

高一的十一是我最后一次参加少先队的游行。由于我的身体健壮，适中的高度，学校选我和其它学校的女生去抬“时刻准备着”的大标语牌。虽然是个体力活，但非常光荣，代表少先队走在最前面。每一个字是实体木头做的，由六个女生去抬。共有三十个高矮差不多，体魄健壮女生，穿一身白衬衫、白西服裤，戴着红领巾真是很漂亮。可惜那时没有照相留个纪念。我抬的是“时”字，是左边第一个。离天安门最远，但仍然可以清楚地看到毛主席和中央领导。



高一时七一党的生日，越南胡志明主席来了，北京市举行中山公园游园欢迎他。毛主席、周总理等中央首长都陪他参加。能参加这个游园是非常不易的，很让人嫉妒，我被老师选中。我校只有五个同学参加。有幸的是毛主席、胡主席、周总理等领导来到我们的圈和我们一起看了十多分钟的表演。不许握手。只是拍掌，能如此近地看中央领导，实在是兴奋之极。还有一、两次这样的游园活动我都参加了。

高三时我是预选留苏预备班的三人之一，可惜有海外关系，最后没批准。又推荐我上我并不想去的北航，还推荐我去参加第一批中国女飞行员的选拔，其实我并不想当飞行员。但说明我很被老师重视。总之在这里学习四年一直受到重视，给我很多特殊的待遇，让我充分发挥自己的才智，可以说我红得发紫了。

## 我是北京三好生

共青团中央号召学生应当德智体全面发展。很快得到北京响应，召开三好学生表扬大会。这是第一次，大家还没有时间充分努力表现，完全靠平时来选，可以说比较真实，没有走后门或造假事迹。幸运的我又被选中。

为什么会选我呢？我的分析是：

上高中特别是入团后，我承担合唱团长的工作，经常和音乐老师联系决定要唱的歌，由我主持练习，音乐老师只是练好后来听一下，做一下感情处理，所以我的社会工作量是较大的。但我决不会因为做社会工作影响学习和锻炼，我仍然是校运动队员，每年参加市运动会。我的功课特别是数理化和外语都是很好的，老师们很喜欢我。

在德智体各方面我都表现得不错。所以北京市的首届三好学生表扬大会学校选我和其她几位同学参加。每人得了一个证书。这证书只说明我过去的情况，并不代表将来。为了将来，必须更加努力，不要辜负老师和同学的希望和鼓励。

这时已是高三，功课很重，有全市数学竞赛，老师也让我参加。没人指导，没有课外数学知识，所以拿到题目能做的太少。一些题都看不懂，这真大开眼界，知道自己的不足之处。回来后下决心要自学一些课外的东西，我到西单新华书店买了许多高考的补充、复习题，自学起来。在老师带领同学复习之前我就有计划地复习起来。老师统一复习我没参加。一直埋头在家学习，很有收获。

我的语文不好，不知该念什么。告诉妈妈后，她利用在师大附中教语文的机会，把三年的语文教师辅导材料拿给我。学了这些让我明白每一课的教学要求，重点，难点，这真让我开了窍。对我语文入大学考试极有帮助。

当三好生后，考验来了。国家要成立第一届女飞行员大队。

来我校招生时，老师让我们几个身体好的，符合身高、体重要求的去体检。我当时没有从国家的需要考虑，而是想自己的志愿。我告诉老师我不想当飞行员，但老师说基本够条件的都必须去检查，从中选合格者。我想不通，但行动还是服从。我去检查身体，很快就查出我的听骨不合格，不适合高空飞行，最后我们学校没一个合格。我这才理解老师为什么要我去。



## 接地气

女一中是全市招生，学生来自四面八方，互相不了解。这与燕附很不相同。在燕附大多是子弟，或城府、海淀镇的学生。组成比较单纯，知根知底。而在女一中，大家只念书，很少交流。

一次下大雪我班同学只一人没到，其她全按时到达，老师很高兴。突然这位缺席者到了。她流着眼泪，裤子湿到膝盖上面，满头大汗。全班同学和老师同情地看着她。她说雪太厚走不快，脚总陷在雪里拔不出来，花了两个半小时才走到。

下课后我问其它同学，她怎不乘车？她们说她家太困难，没钱坐车，也买不起自行车，家住在东四的东边靠近城门，从那里每天走来，天好需一个半小时，雨天、雪天就是两个小时，从没迟到过。今天雪太大，太困难了。我才明白为上好学校要付出多大的代价，我对这样的同学肃然起敬。

一直到高中毕业考完大学我才知道我们班上有医学院教授的女儿大爱、天津大学教授的女儿桂。 但大多数是一般职员、小店员、工人、也有无业的子女。

高三毕业，考完大学没什么事，曾去过几个同学桂珍、玉琴等的家，她们家中人口很多，洗衣、作饭全在院子，一个大杂院只一个水龙头，用街上的公共厕所，每家只一间屋，一开门就是由几张木板拼出、用几个细长木凳支持的大床，全家睡在这里。有的人家有一张桌子既是饭桌也是小孩学习的地方，有的人家这张大床既是饭桌、书桌，也是睡觉的地方，就看铺盖是卷起或拉开。这些都是我不能想象的。

走出了燕京的校园在女一中学习期间让我接了地气，对中国社会状况开始有了认识。1971 年秋冬时节我下放在河北宝坻县五·七干校，天冷地里活不多，为了对我们进行思想教育，干校安排我们进村到老乡家去作家访，敲门后等了较长时间才来开门，说明来意，男主人面带难色，不让我们进去访问。经过解释，他勉强同意说，别见笑，家中无衣服穿。进了房间，只见他的老婆带着六个男女小孩坐在炕上，一张大脏厚布盖在他们身上。他老婆见了我们有男士就很不好意思低着头呆着，几个孩子叽叽嘎嘎的大笑。我这时才明白为什么不让我们进去。我们问他全村这种情况多吗？他说不少。一家就一套遮体的衣服谁外出谁穿，平时在家全都光着。有外人来全家都盖在那块睡觉用的大布下。

我的朋友惠华在西安做建筑工作，她说上世纪八十年代到陕北出差看到中国农村的情况仍然很糟，陕北村庄普遍穷，老年男人全裸在院子晒太阳或在河边较偏僻的地方散步，这种场面并不少见。这是上世纪八十年代中国农村实况。不知现在如何？

在女一中学习后明显地感觉政治运动大大地减少。燕京树大，太招风，大领导就想把教会学校的影响打下去。所以铺天盖地的运动成天不断，中小学也必须受教育，帮助家长改造。而在女一中，我刚来时是三反、五反运动，这个学校没有什么活动。在肃反时教师中有活动，学生没事。最后听说一位历史或地理老师有历史问题。过渡时期的政策、总路线、宪法、人民代表大会制都是在政治课上学习，不做为运动。

女一中是我在学龄期间学习环境、气氛最好的地方，没受运动的影响。这是由于我们非常热爱、尊重来自延安的教育家、燕京大学 1935 年一二九运动参加者杨宾老校长，牢牢地掌握学校必须以学习为中心来安排其它活动的正确方向，使我们可以坐下来安心学习，所以我衷心地感激这所中学对我的培养。

## 搬家、搬家、搬家、搬家

你能想像我家从 1952 年 9 月搬进市里到 1957 年搬到西郊人大共四次大搬家。到了人大又在原地不停地压缩，共三次小搬家。即在人大开始是四间，一年后爸爸被划为右派收走一间，1966 年文革妈妈被抄家后就只剩两间了，其一是刚在北大工作的妹妹住，妹妹婚后分不到房子就在这间屋安了家。爸爸一辈子住公房。从没有自己的房子，只好任人调配。我看到高中同学中的教授子女他们父母有自己的房子，不论什么运动都没没收他们的房子为公有。不会像我家如此动荡。

## 风景区

刚搬到城里我家住在市中心的风景区小石作胡同，有些领导惦记这块“大肥肉”。那时没有各军种大院，军队很想在这美丽的中心地带发展，他们已在景山后面盖了两座军委干部居住的大楼，这时要用我们这几条胡同盖礼堂。实际上这块地对大军委来说实在小得可怜，因为它被风景区给限制了。当时人们就议论在这里盖礼堂不合适，没发展前途。军委不可能在市中心大发展，除非关闭景区，像中南海一样。人们的议论是阻止不了大军委的扩展的，我们这些居民只有俯首听命。

从听说要搬到真搬家大约一年，因为要给每一家一个新的住处，是否讨价还价就不得而知了，最后全部如期搬走，那时没有钉子户。

几年后北京市的发展确定北京市内应当保留一些风景区、名胜古迹供老百姓使用、供国外人士参观。这样才在郊区大片土地上盖了军队各大院。

## 西城商业区

第二所房子在西城区丰盛胡同和西单北大街交口，离西单菜场、商场近，逛商店、买东西很方便。保姆经常到西单大菜市场买菜，这是吃得最好的住处。但忙于工作和功课的我们很少去逛。这里离女一中远了，去女一中骑车要经过几个交通繁忙的大十字路口，和北海大桥。为按时到校，需要早走，尽量避开高峰期。但姐姐的女附中就在附近，可惜她没享受多久就到北医上大学了。这个住处在干妈家附近，我们常去看她，妈妈和干妈经常互相走动。

这个房子是一个临街较大的四合院，大门在北房旁边，出大门就是丰盛胡同柏油马路。不用走烂泥了，很好。

这里南房住一对邢姓年轻夫妇，男的在电台工作，女的是北大医院儿科医生。院子铺砖地、较大、没树，在南房后面有土地和一棵很大的树。

我家住其它三房，只是布局不同。三房一样大。北房两端爸妈各一间卧室，中间是客厅，钢琴放在这里。由于卧室太小，所以爸妈的全部书柜和爸爸的大书桌放在这里，实际是爸爸的开放书房。西厢房是没隔开的一排。我们三人住。东厢房一间保姆住，中间是饭厅，另一间前面是厨房后面是厕所。厨房有一个洗菜的水泥池，厕所有一个人可站进去的水泥池。池上有冷水龙头。比风景区那个房子稍好一点，至少洗澡时水不会流到外面。

住在这里最大的问题是客厅、饭厅分在不同两排。为节省，冬天不想在饭厅生火，厨房做饭的小火炉又太小，饭厅很冷，所以冬天经常吃饭打游击。我们到厨房打好饭菜就回自己房间吃，妈妈爸爸在他们的书桌上吃，有时我们也去凑热闹。

## 享受清官邸

爸爸和准备办干校的负责人 经过两年多的讨论决定不建劳动干校，而是放到中国人民大学（简称人大、人民大学）的统计系。这样爸爸就成了人民大学的教授，有了着落。这个系先建在市内铁狮子胡同的人大分部，爸爸不应当再吊在那里住别人的房子，人大就给爸爸靠近分部的一个住房。

房子在沙井胡同。该胡同是在鼓楼大街、地安门大街和南锣鼓巷之间。出了这个区向南是美术馆，景山，向北是鼓楼、钟楼。向西是游泳、划船、滑冰活动俱全的什刹海、北海后门，向东是护国寺、东四、王府大街、王府井。这个地区的房子大多是清朝官员陆续兴建的，蒋介石的一个行宫就在附近。有许多硕大的房子，都是几进几出的四合院。推翻清朝之后，这些人开始没落，这些大房子开始拆小。我家分的房子就是这类拆小的房子之一。我家在燕京 61 号的邻居民主人士政法学院领导严伯伯雷姑姑搬出燕京后就住在附近，我们又像过去一样经常往来，直到搬西郊。

该房子在一个朝南的正规大红门里的第一层。一进门有一排南屋，大概是门房。然后进入月洞门，东西两侧是长廊，没有东西厢房。

长廊较窄、瓦顶、花木框。画有山水，鸟兽、花木、石头的顶、壁画，已年久失修，严重退色，但隐约可见当年的风采。廊子地面是砖拼出的花纹。廊子的尽头就是大北过厅，可以看出原来廊子直达这个大过厅。出了这个大过厅就是钉死大木门的另一个月洞门。我家就到这大木门为止。

从钉死的月洞门的门缝看进去，是清官员的第一层四合院，非常漂亮。这层之后是否还有其它层，就不得而知了。只看这一点已可想而知清朝这房主的气派生活。

把这高大的过厅四周围起来成了我家住的大北房，为了住房面积尽量大，使原来宽阔的屋檐变得很窄，两侧的长廊就断了，下雨天不能走长廊进入房间。这个大北房非常高大，很像故宫那样的房子。灰砖很整齐，没有裂缝，破损。两砖之间的缝填得非常平滑没有开裂。砖墙砌得笔直、很厚实。柱子粗大，垂直于地面。房子四个角的砖砌得笔直，每个角像用尺子画出的一条直线，从地面直达房顶。灰色瓦是半圆形，整齐地排在屋顶，房顶没草。这座房子一看就知用料极好，做工精良，是高级工匠盖的。我这一辈子只住过这一座漂亮的好房子。



这个院子铺的砖地好似一幅图画，中间是圆形花纹，很大的图案，然后过渡到普通的砖地。院中没有树木。我们曾用花盆种了一些仙人掌及草花，在这里是我第一次看到仙人掌开着黄、白两色美丽的花朵，

我们的大门和旁边大院的大门是打通的，那边是人民大学分部的托儿所。大概我们搬入前有看门的值班警卫，托儿所也用这个门。我们搬来后，就用木条钉住，简单地隔开，但大门旁的值班室是锁住的。这南屋只给我们后半。保姆住房、厨房、厕所在这里。

我们一家住在这大北房，这个房子很深。大部分朝南窗户有窗台，朝北只有小窗。中间一条有南、北两互相对应的门，北门基本不开，因为没有后院门。这条是我家客饭厅，爸爸的大书桌和全部书柜及钢琴放在这里。妈爸在东侧一条，隔开，妈妈住朝南的较大房间，爸爸住朝北的小间。我们仨在西侧一条，没隔断。三个小书桌摆在窗台前。三张床平行放置，姐姐已上了北医，住校，她的床就放在北边。这三条的两个隔断是漂亮的枣红色花木隔窗，非常古色古香。

城里住过的三个房子中我最喜欢这个。因为全家住在一起，不像那两个房子我们三人和爸妈分住在不同的地方。另外这颐和园式的长廊、漂亮花纹的砖地，高大明亮结实的大北房，枣红色花木隔断。处在闹中取静的地方，住后我逐渐理解清朝官员为什么喜欢这里，也让我们稍微体验一下“官府”的生活。

爸爸分到人大统计系后，虽然改变了他的专业，但他很兴奋，心想这是马列大学，有许多解放区来的革命教授，应当好好向他们活学马列，认真研究过渡时期劳动工资和人口的关系。对于一个四十多岁的人要改专业，还要上讲台，不是一件容易的事。他的书桌就在我们卧室的门外，枣红色、花木框隔断墙边，我经常半夜醒来看他还俯在桌上看书，写讲稿。花费了大力气，最后重新走上讲台，开出了新课。但好景不长。



## 最倒霉的住处

1957 年的上半年，爸爸的单位搬到西郊人大。学校通知我们可以继续住这里，也可以挑选在西郊人民大学刚健好的林园楼区中的住房，爸妈进行了认真的分析讨论。姐和我已在北医、北航上大学，妹也只剩一年就要上大学了。所以继续住城里的理由就不充分，特别是爸爸需要每天跑，太累了。住西郊人大爸爸上班方便，有暖气，厨房、厕所，是一个完整的单元，居住会方便一点。最后决定搬出城住，妹妹住校一年。

这次的房子在人民大学林园二楼。离校门口较近。是新盖好四层红砖、天绿窗框的楼房。爸爸的单元在四层，共四间屋子，其中一间正对楼梯，有两个门一个通外面，一个通里面。据说这间可作为办公室接待访客。但爸爸住在这间。通外面的门关死，爸爸的大书桌放在这里，周围放四个大书柜，一个卡片柜，和他的单人床。通里面的门到妈妈的卧室，这卧室是四间中最小的。妈妈的大立柜、梳妆台和她的单人床放好后就没地方了。

朝北的房子放了保姆的单人床、一张双人床、妈妈的大书桌，放我们衣服的五斗柜、三斗柜。柜上放全部箱子，箱内是皮子、毛衣。放了许多卫生球，樟脑丸，味很重，我对它过敏。另一朝南有晒台的房间是客饭厅，钢琴放在这里，饭厅的四连玻璃碗柜、饭桌也放在这里，还摆了一张单人床。

这四间屋比城里住过的任何一个都小得多，所以我们三人的书桌全扔了，取暖火炉和其它东西也都扔了。每个房间都拥挤不堪，虽然摆了六个床位，我们三人没有自己的床，想住就随便住一处。给我的感觉，这里不是我的家，是妈妈爸爸的家。我好像是客人。



1956 年秋我刚上大学时每周末骑车进城回家住，因为这里有我的床、我的书桌，可以方便的练琴。现在我和姐姐在大学住校，运动多，新家不像是自己的家，就很少回家住，只是周日中午回来吃午饭，看看爸妈和姐妹。妹在女一中住宿条件不好，每周末回家住。厨房、厕所非常小。最大的好处是有暖气，房子暖和了许多。

我在城里住时有计划练琴。但在这如此拥挤的房里练琴显得很吵人，不仅吵自家人，也吵邻居和楼下的人家。从没听到其它家有琴声，弹琴显得很特别。所以回家再也没摸琴，这让妈妈很伤心、失望。她希望我们练琴，算她没白花钱培养我们，她当时辛苦挣钱买琴的初衷可以如愿。但她不了解我的思想，我们没有交流。到 1962 年房子不断缩小后，没和我们商量就狠心地把它卖掉了，我可以想象她的复杂心情。如果她知道我在美国成为老人中心的钢琴老师，她对我的培养没有白费，一定会非常高兴。

钢琴卖后的第四年开始了文化大革命。看红卫兵抄家，把钢琴当作资产阶级的东西砸掉，又庆幸卖了琴还得了一点钱。这时就剩带阳台的和朝北的两间。另两间住另外一家，开始住过一个人，后来是一对夫妇，最后是一家四口。妹妹一家和妈妈住时，两家八口人共用这个小厕所和小厨房，真是拥挤不堪，两家必须协调、错开使用厨房。

这住房的变化是爸爸的社会地位变化的反映，在这个时代的中国不仅我家如此。解放后在那个不停的运动、斗争的时代谁会想老百姓的住房条件呢？

# 妈妈的阻止和道歉

## 我的小私密

搬到城里的第一个暑假是初三升高一的关键时刻，我已保送上北京重点学校女一中就不需参加高中入学考试了。三三姐要到师大附中考高中。为了节省路上的时间，两家协议我俩交换住。她住在城里我家我的床上，我去她那里。这样她就不用每天从西郊坐公共汽车或骑车进城考试了。



我非常高兴可以好好学游泳。她住我家两三天考完回来，她妈妈看我很想学游泳，就邀请我再小住几天。这是燕南园64号，共三间卧室，三三和她姐住一间。我们三人打地铺，每天晚上滚在地上很好玩。白天完全放松，既没有功课的压力，也没有钢琴作业的压力。主要的活动就是下午走到颐和园去游泳。我认真练习把去年学会的蛙式好好复习巩固，又学会了自由泳的换气。虽然速度极低但可以不淹死。一共在她们家住了十天左右。

在城里这一年没有机会看见小哥哥。冬天在北海滑冰曾盼望可遇到，后来才知道他们是在什刹海训练。我没有好的理由去什刹海滑冰，所以只能在心里暗暗思念。现在他和三三哥、脖哥在知春亭游，我们在铜牛游，总有机会见到。虽然小哥哥已经住在中关园，但他们三人骑车回来总在大坡那里聊天，我就借机凑过去说几句。所以我非常高兴这十天每天可以和小哥哥说点什么。我感觉失去了他对我过去的那种温情，他也没发现我总找碴想和他呆在一起说点什么。

走前那天我鼓足勇气告诉三三和她姐，我要到知春亭去和他们告别。她俩陪我到了那里，我大声说是来向他们告别的。然后冲着小哥哥低声、深情地说，“不知我们是否还会相见”。小哥哥听后无所谓、没有理会我的意思。只是说了两个字“再见”，细心的脖哥和三三哥听见了、看在眼里、互相对视了一下。我回家后已作好准备再也看不到他了，心里很难受。我知道自己才初中毕业，不应当交男朋友，但内心是难以用理性来控制的，只有深深埋在心里。

过完暑假，我的高一教室在高中部，传达室的老大爷很快就记住我们高一的新生，真让人佩服。一天刚从初中部把热好的午饭端回来，路过传达室他喊我进来。我从没进去过，因为我没订任何杂誌、也没有信件。这时他拿一封信俏皮地看我一眼，问这是我的名字吗？我看后说是。我从没看过小哥哥的字体，老远看不清发信地址。但从他的坏相我觉得一定有点内容。赶快接过信看谁来的。从三十一中发来！这是男校，过去著名崇德私立中学。怪不得老头如此神秘地叫我进去拿信，没让任何人给我带信。我很感谢，要不然很快就会满城风雨了。

啊，是小哥哥的来信！这是我搬进城后最盼望得到的东西，今天终于得到了。我背着老头激动地流着泪，说了声“谢了”，就跑出去。没有马上打开，先到教室吃饭让自己冷静下来。吃完饭我到后院偏僻、“安全“的地方看信。这里的人不认识我，不会凑过来起哄，激动得热泪盈眶，打开信，私密地看。小哥哥说近来脖哥告诉他，脖哥和三三哥发觉我很喜欢他，希望和我做朋友，并介绍了他的班和他的班干部工作。我马上回了信，暗示了我对他的久久思念。从此以后，我们不时的写信，到了冬天他忙于参加什刹海的冰球训练和去东北比赛。我借机到什刹海滑冰想法碰到他，哪怕不说话只冲他微笑，就会使我这个少女心花怒放，兴奋好几天。

## 五一晚上联欢

按传统习惯女一中和男四中是友谊学校，刚上高一的十一是两校联系最多的时刻。我们班长和文娱干事与男四中同班号的班级联系，研究晚上的狂欢。十一的那晚我班同学基本都到了，我校离天安门很近，负责先去占地方。他们的一个班干部和我们一起去，然后去接他们同学。

不久他们的人来了。人不多，小个很多，似乎比我们年岁小很多，很害羞，聚在一起，不理我们。对方班干部让他们站起来和我们一起跳集体午，他们站着也不动似乎不会跳，最后就成了我们女生自己跳了。我心想他们不来我们自己还可玩得痛快一点，有他们在，看着他们又不跳，又看不上我们跳的骄傲面孔，实在太恶心。

没呆多久，他们的人开始走了，我们的人也觉满扫兴，盼着到天安门狂欢，变成如此闷闷不乐。我也没玩多久就走了。

我把这失败的十一狂欢告诉了小哥哥。他正是他们班的文体干事。我问能五一和我们班联欢吗？他说可以。我告诉了班长和文娱干事，又请示了班主任，他们说接触一下再定。我让小哥哥他们自己联系。一天他们来了三个人，我把他们和我们的干部认识后，就离开了。后来我问班干部怎样？他们说很好，准备五一一起狂欢。

五一那晚我们俩班都很积极主动，占圈子是一起做的，见了面他们主动插到我们中间，大家一起寒暄，谁也没摆架子，大喇叭响起集体舞的音乐，大家都主动站起来跳。真玩到一起了。

我们不到六点就到，已过午夜实在够累的，我还须要回校取自行车。就告诉小哥哥，我先离开、回校取车，希望他在南长街口等我一起散步。他同意。

离开天安门广场仍然听见广场传来的悦耳舞曲声和人群欢

腾声，对我最重要的是快步跑回学校取车，然后和小哥哥漫步在天安门大街人行道的美丽树林里。我取了车回到南长街口，东张西望没见他的身影，他在和我捉迷藏吧。我向东走，几乎到了我们跳舞的圈子。我们的圈子已散了，广场的人都在往外走。我又走回南长街口，盼望他正站在那里等我，还是没有。我又向西走，也没有。也许他站在大马路南边？这时是散场时刻，向西走的人很多，我推着车子很难横穿人群，好不容易到了南边，四面张望仍然不见。心想他也许不好意思和我单独散步，也许和同学在一起。我不仅仔细看在我周围的个人也看人群，都没见。这让我大失所望。





我开始怀疑他失信，他不尊重我对他的感情。一种少女失恋的心痛刺在我心头。我不愿相信他是这样的人。闷闷不乐地推着车向西走，盼望后面有人使劲地打铃，像几年前我学完琴在回家的路上他在后面追上我淘气、恶作剧、捉弄我的场景。一直走过他们学校的路口，过了西单都没有。他变了，和小时完全不同了。我的心情转为愤懑，自己骂自己干嘛如此痴情，值得吗？我跨上车慢慢骑回家。第二天马上给他写信，希望他做出解释，但始终没有，使我耿耿于怀。

## 家长的权威

我们从小建立的家规是做任何事要告诉爸妈，得到同意才可做。也不给我们零花钱，如果需要钱花，需向妈妈讲清理由，只给需要的数目，一点也不多给。所以我从小手里没钱。暑假来了，我怎样见到小哥哥呢？去颐和园游泳像去年一样最简单，但需要门票钱，自行车寄存费。一个暑假最多去一次。“遥远”的颐和园不可能常去。用什么理由离开家？前思后想，除游泳外，找不到其他适合的理由。不能让爸妈发现我在和小哥哥交往。也不能让小哥哥感觉我在主动追他，五一那晚的事还记忆犹新。

我写信告诉小哥哥今年我没有理由到“遥远“的颐和园游泳，但我很想向他学游泳。告诉他我一定在什刹海游泳池练习。这是暑假可以见到小哥哥的最好理由。老天爷真帮忙，一天我俩在游泳池不期而遇，见到他，各种不愉快全九霄云外，心里说不出地高兴。不久红玉也来了，她非说我俩是商定好的，我心想这是心有灵犀一点通，没必要多解释。小哥哥教我手向水下深划增加划水面以提高速度。



突然下起了大雨，多让人扫兴，我们多么不愿意马上离开。看天上的乌云是阵雨，老天爷成全我们，就在池边树下躲雨。他看我没拿毛巾出来，怕我冷，想把他挂在树枝上的大毛巾取下来盖在我身上。只见他双手举起大毛巾正要披在我背上，突然手又缩了回来，把毛巾折起来，脸瞬间变红的腼腆表情，想做又不好意思做的矛盾心理，至今还在我眼前。他马上冷静下来递给我这折着的毛巾，让我自己披上。我给他一个台阶下，说我不冷，让他自己用，最后他又把毛巾挂起来谁也没用。初恋中的这一幕仍留在我的记忆中，永远甜蜜蜜地藏在我心里。

想想几年前他骑车带我去学琴时，那时两小无猜。看我不会上车，一把就把我抱到车上。心里多单纯多好，现在长大了知道男女有别了。时间过得真快，我们的关系也有了这样大的变化。

小哥哥告诉我他们班干部想组织两班同学去野营几天，问我去吗？我明白他想用这个办法和我多接触，但妈妈不一定会同意让我参加学生自己组织的露营。又因我不想我俩关系发展太快，且在燕京少先队的露营吃住生活都很不好，不想再去吃苦、受罪。我想了一下回答：不去。看小哥哥失望的表情，我坚定地补上一句：我不会去，你们去。让他不要再动员我。我没有告诉他我不去的理由，这就酿成了后面的问题。

那时我家住丰盛胡同，一天他来给我送他们露营的照片。那时天很旱，他在路边小摊为我家买了小菜，妈妈很高兴说他长大了变得懂事了。我盼望看到他，等待他的到来。但他真的来了又害怕爸妈姐妹知道我和他交往，我在交男朋友。每次他来时先是有礼貌地和爸妈打招呼，然后到我们三人的卧室聊天。我尽量表现他是来我家玩，不是为我所来。但这怎能瞒过他们。特别是每次我送他到大门口很是恋恋不舍，享受这短暂的二人时间，互相倾诉着甜蜜的心声。

一天妈妈问我他在哪里念书，当妈妈听说他留了三级和我一届了，说他的功课这样不好。

暑假要结束了，一天他刚推车进来，爸爸马上出来把他叫到北屋。这时姐姐妹妹看着我，他们知道我很害怕，他们也为我害怕。不到半小时，小哥哥自己出来，推上车，连我们的西屋都没看一眼，就走了。我知道爸妈一定不许我和他来往了。

我很生气，为什么不说我，让我告诉他。为什么要这样直接干涉。过了一会，妈妈叫我到北房去。她和爸爸明确说不许我再和他有任何往来。我低着头低声地说我没有想和他怎样，我要上大学的，大学毕业后才会考虑。他们说上完大学也不能选他。我不说话走了出来。

姐姐妹妹看我一眼，谁也没说话。从此以后我们互相没写信。

以后每当我见到他时，他必说的话是他养不起我。我才知道爸妈是如此傲慢，用这样难听的话来刺他。我有本领，从不需别人养我。

我知道这是我的失误。在我刚和他通信时，应当明确告诉他我们现在还只是高中生，是要好的朋友，是否进一步发展要在大学后再定。且我父母不许我们早恋，所以我们的往来不应让我家人知道。

高三第二学期，一天班主任找我谈话，问我和小哥哥是什么关系。我说小时是邻居，没有其它关系。高二、高三的十一和五一狂欢都没再找他们玩，所以我的回答她可接受。

一天班主任又来找我说学校有三个留苏名额全在我班，我是其一，但还须政审。我回家告诉了爸妈。

爸爸说：世界上用英文的国家大大多于用俄文的国家，应当花大力气学英文，能不去就不去。

我说：得到这个推荐是非常难得的，让我去我就去。谁能给我机会去说英文的国家呢？

过了近两个月班主任说：只有一人王英华政审合格，我和另一位李侠民都不合格，因为我有海外关系。



我说：那是二姑妈。他们在日本打香港时就逃难到新加坡，姑母从没工作，姑父是体育教师。就是普通老百姓，没有政治背景。

她说：不管做什么这是不合格的。我想为什么这样严格？大概怕有任何海外关系容易跑走，不归。

班主任还告诉我：北航来找毕业生，我校把我推荐了。我说：我不想去，我还是想上北大。

她说：我的作文写的是要做航空设计师。我说：那是作文，容易写。

她说：就这样定了，除北航外我报任何其它学校都没用，他们把我的档案都调走了。

我有点不高兴。仍把北大报为第一志愿，心想也许会幸运被北大选上。

## 留恋

考大学结束的前一天，妈妈拿着据说是刚到的小哥哥的来信，让我第二天考完后给他回信拒绝。高考结束了自觉考得很好，所有考题包括语文都是复习过的。

怎样回小哥哥信呢？我真不想拒绝，等大学毕业后再定多好。但妈妈一直追问回信了吗？如果不回绝，他来信或来玩又该挨说了。思想斗争激烈，我不愿意拒绝，但又无奈。

迫于妈妈的压力，我不愿在家人面前给他回信。高考后的第二天清早我拿着信纸，自来水钢笔，和本子到什刹海岸边的一个较大桩子上写这封信。我边写边大哭起来，一个个大滴泪水落在纸上，把钢笔字的墨水溶化开，这墨和泪的混合液体到处游走，一串串的散在纸上，写得很脏，字迹变得模糊不清。我的回信很长，从儿时的交往，到长大后对他的思念。信尾我告诉他我没有勇气来抗拒父母的旨意，迫于父母的压力，被逼无奈，才写这封信来说断绝往来。

有几个过路人看我边写边哭，误以为要轻生在写遗书。非常关心地看着我，看看不像才走开。

我考上了北航，去报到的那天，把团组织关系交给他们，好几个负责接待的工作人员说，就是她，她来了。我会如此有名！他们这样想看我！

后来我从学生科的一位工作人员那里知道我是当年北京的前五名。所以大家都想看看是什么样的人，见了也不过如此普通的女学生。

离开学还有几天，白天熟悉环境，晚上没必要骑车进城回家住。一个晚上我突然想为什么不去看看小哥哥呢？听说他没考上，是打算再考还是工作？我骑车出了北校门，骑到中关园口。这是第一次去，不知道他家的位置，我知道这是违背爸妈的旨意，心怦怦直跳。怕碰见认识我的人，怕传出闲话，怕传到家人耳中。带着这忐忑的心，小心地仔细看着路人，边骑边问。幸亏是八月底，天凉了，晚饭后大家多呆在家里，没碰见任何熟人。最后终于找到了。他们已吃完晚饭，正坐在他的房间，没想到我会去看他。刚见面很是尴尬，他大概想着我两个月前写的断绝往来的信。这样快就来看他了。我们就像一个老朋友一样聊了起来。

我的观点是有好的体育方面的工作就去做。如果想考大学没有拼命念书的劲就不容易考上，早工作还是合算的。千万不要在家呆着念书，不能考上大学，又不工作。学历不高虽不好，但工龄长还是很有用的。他看我没有瞧不起他，就不再那样紧张了。

我们聊得很开心。走时他说送我回校，为能多呆一会，就推着车，慢慢地走。边走边聊，有说不完的话，这条路似乎都变短了，走了一个多小时，已到北航北门口，但我们还有好多话想说。我说我们再走回去，我自己骑车回来。这时他理智了，说太晚了不能让我单独一人骑车，我们就恋恋不舍地在北校门口告别了。



那时没有宿舍楼，我们住教学区新盖好的教学楼。这是一个大教室，放了近二十个双层床。我们小班八个女生，给四个双层床，我个子高，身体好，不怕爬高，又不想让别人坐我的床，就主动要了个上铺。回来后我的下铺来了同学张志英，一问才知她也来自北京。比我大一岁，从这时开始，不论学习还是留校，我们一直在一起，总像大姐姐一样照顾我。我几次开刀她都关心帮助，给我做稠米汤。后来她是我教研室党支书，忙于教学和工作，对自己身体太不关心，她有个吃刚出锅极烫食物和喝极烫茶的毛病。牙床总流血。我提醒她应当看病，她总说不要紧。我出国后听说查出口腔癌末期，不到六十岁就去世了，太可惜了。

开学后　我们全班到颐和园玩，骑车回来时路过中关园，突然想还挺早，去看小哥哥。他刚好在家，他告诉我已被聘为什刹海业余体校冰球教练，我真为他高兴，立刻说太好了，可以发挥所长。他妈妈留我吃便饭，于是我在他家呆了很长时间，他送我回校。和上次一样慢慢地走着、聊着，情意绵绵，话语不断，又一次恋恋不舍地在北航北校门口告别。

## 我变坏了

开学后课多，政治运动多就没有和小哥哥联系。直到 1959 年春，这天正是全校卫生大跃进日，我正站在三层宿舍窗台上做扫除，打扫从没扫过的外面窗框。忽听有人在问我住处。低头一看是小哥哥，哪阵风把他吹来了。他骑着摩托来看我，两年多没见，挣了工资，有钱了。我逗他说：鸟枪换大炮，自行车变摩托了。我穿着补丁的劳动服，带着一顶剪去帽檐的男士布帽。从头到脚浑身是厚厚的灰尘，太脏了，活还没干完，怎敢离开。他来得真不是时候，那时正在批我为坏分子，第三者，如果让别人看见这时又和另一个男人在一起，不是真成了勾引男人的坏女人了吗。我的下铺张志英知道我有个小哥哥，她猜是他来了，就告诉女生班长，我的朋友来看我。好心的班长说别干了，扫除也快结束了。允许我去见小哥哥。这个政治运动弄得我好烦。

我没有好脸地对小哥哥说，我在干活，没时间和他说话。他一愣，马上露出笑容，解释说他的老友我校的一位体育老师王龙生告诉他女生住四号楼。他就过来看看。没想还找到了。他问我好吗？我说不好。他问我怎么了？我说没法说清。谈话不投机忙转话题，他说这位王老师是解放前他哥哥北平冰球队友，他哥哥去美国后，他俩成了好友。他常来拜访。我听后庆幸王老师不是我的老师，不会认识我，要不然我被批判的事一定告诉他了。总之我的极坏心情，妨碍了我们的交谈。我心里一直希望他快离开。一点也没想找个地方坐坐聊聊。他一定也感觉了就说再见。我们往北校门走，过了俱乐部他告诉我王老师住在六住宅，从这里进去。这路口另一侧是学生大饭厅、男生宿舍。我不希望有认识的人看见我和一个骑摩托男士在一起，这要传出去真不知又会出什么怪事。还没走到北门口我说不送了。他看着这个变化太大的我，不情愿地跨上摩托走了。他一走我又难受了，几年不见，好不容易见了还把他轰走了，他一定生我气了。

上大学，许多男生追我让我心情一直不好，很讨厌。这时一点也没有谈恋爱的心情，对于他也失去了过去的爱意。

上大学这三年，日子的确不好过。保密学校特重视出身，政治背景。开始时父亲不是右派，但也不是高干，革干、军人、或工、农。同学大多是团员，我也是团员政治上没有优越性。十一的天安门游行、晚上的狂欢都没有我，到城里欢迎什么人更没有我，这与在女一中红得发紫是极大的落差。功课好有什么用。开始不习惯，不适应，后来想通了。我就是最普通的学生。



很快体育老师让我参加运动队，跑中长跑，参加校运动会取得名次，运动的成绩，提高了我的知名度。

又和校乐队，文工队及另一位上海女同学苏肇元到亚太肺结核疗养院去演出，我俩都是钢琴独奏，这又在文娱方面出众。

我每天课后到图书馆去学习，这与刚入学的新生抱着书包到学校给的自习教室学习完全不同。

我的穿着打扮，气质也与众不同。我骑的是妈妈古老的自行车，车身很高端着把，神气地目中无人地坐在大弯樑车座上，与那时骑国产飞鸽女车斜直樑、车身矮的姿势完全不同。妈妈给我买了一件很漂亮的枣红色直领时髦呢质旧长大衣，同学叫我红衣主教，这是电影“牛虻”中大主教的名字；我拿一个小旅行袋放满书鼓鼓囊囊地挂在车上，无论到教室去上课还是到饭厅去吃饭我都骑车，很少和同学一起走路。所以很多人注意学校有我这样一个奇怪的女生。

我的功课好、喜欢去答疑，又引起老师对我的注意。等等。

不久许多高年级男生给我在图书馆占坐位，下了自习说一起走走，送我回宿舍。最突出的是一位同系大四倪姓上海小子功课极好，教师认为他很有才。他介绍我许多大学学习方法，还送给我他用过的好书。但经过半年多，他突然说要变成男女朋友关系。我马上坚定地拒绝 说我是来念书的，在大学期间不考虑，工作后再说。他很不高兴，他的同屋也认为我不好，要了他。

有的男生写了小纸条夹在书里，约我在什么地方见面，不写真名，只写“你知道的”、“你的知音”、“摄影者”等奇怪的代名，我全不理，写了名字我就当面说清明确拒绝。一位有音乐爱好很帅，很高的天津人找我，我很友好地明确拒绝。全校非常著名的一对，男的是著名短跑运动员毕业分到力学所后，也来找我，我就讽刺挖苦他，是否喜新厌旧，为什么背叛女友。

同班男生北京人，东北人，上海人，都向我提出，我说不可能，好好学习吧。为此给我起了个“野蔷薇”的名字，即好看，带刺，不可碰。

数学老师也向我示意，我拒绝后，他教课的情绪都明显变化。我非常痛恨这些事情频频发生。

这时我就想表面上和一位曹姓工人调干生好，来挡住其他人。这就播下了后来我是“坏分子、小三”的种子。

我的心是凉透了，对任何男人包括我多年暗中爱恋的小哥哥也失去了兴趣。我变坏了，不单纯了，我不愿意破坏我们那时的纯洁爱情。所以小哥哥问我好吗，最好的回答就是“不好”，一言难尽。



## 无奈

1960 年初我留校后没有告诉小哥哥。一天和我同时留校到物理教研室的同班同学祁玉祥找我，他说严肃地谈个问题。他刚从肺结核疗养院出来，在那里遇见了一位我的老朋友，聊了许多我的故事，他让我一定去疗养院去看他。我点了头，嗯。

我知道他说的老朋友就是小哥哥。

我内心非常纠结，去看还是不去。如果去看是什么关系：一般朋友还是女朋友。爸爸是右派使我的出身变得很糟，虽然去世还是问题。这个保密学校有海外关系是非常糟糕的。如果我和小哥哥结婚，还能留在学校吗？如果调出北航我能做什么，非数学专业毕业怎能教数学？出去做工程工作，专业课没学多少，真是个四不像。呆在北航大家了解我，我还能胜任这个工作。我真想去看他，但怕后果是藕断丝连，三思之后决定不去。

这位物理老师催我好几次，后来再也不说了，因为大家都知道我和我室党支部宣委好。



这纯粹是政治的产物。爸爸是右派后，就想找一个党员作政治靠山。是找与小哥哥相似的还是相反的？从在哈实习与三三表哥交往的经历，由于他太像小哥哥了，总让我回忆和小哥哥在一起的情景，所以要找一个与他完全相反的。这位宣委正是，虽然我一点也不爱他。但他符合我画的这个范围。我想成了家，就是过日子，还有什么爱不爱的问题。我主动告诉党支书，那时党员找对象一定要组织同意。党支书告诉他后，他说愿意考虑。

就这样我成了有男朋友的人了，也就没人再来追我，但我周围的人都反对，认为我们不是相配的，区别太大。站在他一边的人认为应当找成熟一点、老实作业务、安静的、不要如此爱玩的人。站在我一边的认为不论长相、能力、音乐、体育、都拿得起来，如此活跃、好动的人不应当把一朵鲜花插到驴粪蛋上。我说也许完全不同正好互补，他们说我一定失败。我没虚心听，其实还年轻，不用急忙找男朋友。

1962 年暑假我结婚前，三三和她姐姐在家举行派对，邀请我和妹妹，红玉，小哥哥，小姐姐。我去了，几年不见小哥哥我有点不好意思，因为我很快要结婚了。我只是老远向他点个头没有坐过去。开始跳舞了，他和两位女主人、红玉跳后，在犹豫是否找我跳。我主动走过去，我俩仍然像过去一样配合默契，跳得很舒服。而我那位一点也不会跳，他做任何事我都看不惯。这时我真后悔为什么找了那样的人。我真想当众宣布，我爱的是小哥哥，我要和小哥哥结婚。

这时只听小姐姐在远处大喊：小心，有人马上就要结婚了。一下子让我俩清醒了，我想起为什么当时不去找小哥哥就是因为我的前程。这是严重的大问题，如果为了爱情，丢了工作也许我和小哥哥的关系会由爱变恨，那还不如永远是好朋友。



## 苦果自尝

暑假三三家的派对让我认识了自己。理论上知道我必须离开小哥哥。但感情上非常容易回到他那里。回来后，我没敢告诉未来的丈夫，我曾动摇了。我明白必须尽早结婚以免将来后悔。1962 年十月下旬我们就到五道口街道办事处结婚登记。那个时代结婚没有婚礼，不穿婚礼服，只是找一个房间请大家来吃糖，向房产科借一间婚房，一般可住一个月。由于是我强迫自己结婚，缺少结婚的激动心情，想越简单越好，就把大家请到婚房来吃糖。那时是困难时期，需买高价糖，我没有买多少。因为 12 平米的婚房大家不会同时出现，不会有很多小孩来，吃不掉很多糖，热闹不起来。许多不了解我的同事认为我太小气，终身大事也不愿花钱。晚上七点后同事三三两两到来，只要有下一批到来，先来的就走了。

小哥哥独自一人晚上十点后才到来，他脸色非常难看。我丈夫也很小气，顿时校产科借给我的这间小婚房里气氛异常紧张。原来随和、会讲故事的小哥哥竟变成这样！我非常尴尬。刚坐下的小哥哥马上站起来说再见。我送他到婚房门口他突然回过头说：原来你喜欢这样的人！我听后哭笑不得，这是自己理论设计的结果。在婚房住了三天，我高兴不起来。我想两人不住一起，只周末见面会好些。我以课很多，需要备课、改作业为由向丈夫提出退婚房，各自搬回自己的宿舍住。丈夫同意，仅三天就退了房子。朋友同事觉得很奇怪，逗我说真够积极的，也不度蜜月。那个年代没有离开工作去度蜜月的，能住在一起一个月就很满足、很幸福了。

这个苦果只有自己知道。婚后不到一个月虽然只在周末住到妈妈家，但心里仍不愉快。我对丈夫说我错了，我想要像小哥哥那样的丈夫，坚决要求离婚。我把结婚当成买东西这样简单的事，喜欢就要，不喜欢就退货。我不懂这个结婚登记是受法律保护的，不是随便可扔的东西。他坚决不离。我们僵在那里了。



我想听听家人和领导的意见。虽然妈妈不喜欢他，但妈妈说他是我自己选的不能如此草率。姐姐妹妹劝我别离婚，因为那时没人离婚，都是凑合过。当我向组织汇报我想离婚后，团支部开会批判我是资产阶级思想作怪。讽刺我说我正在演“年轻一代”中的夏倩如，是批判资产阶级香风的，我自己就中了资产阶级香风的毒。他们单位找我谈话说他无论政治和业务都是如此难得的人才、是模范人物。我说我不是选模范而是找丈夫，他们说他一定是好丈夫。我想再顶下去别再丢了工作只好忍了。

这就是我第一次悲惨的婚姻。我一直想离婚，所以坚决不要小孩，不想让小孩成为单亲家庭的孩子，尝错误婚姻的苦果。我和他各自住在集体宿舍。

六年后，人大了没有自己的家总住集体宿舍不舒服，文革一切都讲革命，谁还敢离婚。我申请住房，给我一个六平米与其他俩家合住的小房间，楼上就是小哥哥的朋友体育教研室的王龙生老师。他的太太见了我就说我和小哥哥是天生的一对，让我自己搞得这样糟。

想要有稍大的房子必需有小孩，在这伟大的运动中哪敢逆流，算了吧，已经三十岁了。我就有了我这唯一的宝贝。女儿出生在没人敢要的，文革时一家五口死在里面的，两家合住其中那个十平米房里 。女儿让我下决心不离婚，让她在一个完整的正常人家中长大。

## 友谊长青

小哥哥和排球刘教练结婚，有了两个子女。文革后一天通知什刹海业余体校来做冰上舞蹈表演，我想小哥哥也许会来，就去看了。果不其然他是带队，表演结束后我叫住他，并请他到我这十平米小屋坐坐。看见了我的女儿。我请他吃便饭，他说必需回家。并邀请我年初二到他家玩。我回答得很含糊，因为我先生仍然忌讳我提起他。但小哥哥没明白。后来他说初二等我们吃饭，饿了好久，也没等来。我只能道歉没法解释。

我到航空部联系课题，正好可走什刹海后河，路过小哥哥家。只要去部里办事我总去看小哥哥，他考上国际冰球铜牌裁判。出国定居前来我家告别，我很羡慕，心想搞完课题后我也要找机会出国。后来我来到了美国，在这二十五年中我们只见过三次，其中一次是庆祝他八十岁生日，每年圣诞期间打一次电话祝贺。我很高兴他永远是我的小哥哥 。

## 不用道歉

自从妈妈看到我的婚姻不愉快后，又从我这里知道小哥哥是一个好的冰球教练、并听到长春冬季运动会的一位负责人对小哥哥的高度评价、考上国际裁判、最后出国定居。每当我讲一个情况，妈妈就说一次对不起我。

后来我和她谈了一次我的看法：高中时我们太小谈恋爱怕影响学习，所以出面干涉，可以理解。但应当找我谈，不应当直接找他谈。

但在政治运动不断的环境中，又在航院如此保密的单位工作，不能因爱情失去理智。在解放后的中国，批判人性论，讲革命爱情，不能一谓追求纯真的爱情。最后决定不和他结婚是我做的。我不愿从爱变恨，不愿像清华著名青梅竹马梁、周，最后以离婚告终。我希望我和他是一辈子的好朋友，没有爱和恨，只有友谊。请妈妈不要总为这事道歉。

## 政治气氛松动了吗？

### 爸爸是进步教授

我刻骨铭心的初恋就这样结束了。现在再回到中国的政治生活吧。

实行人民代表大会制时我还年轻。这时我们已搬到东四区锣鼓巷内沙井胡同，人民大学城里的分校也属这区。

一天妈妈告诉我们快去东四居委会看墙上张贴的告示，其上有爸爸的名字。我赶快骑车去看，到了居委会，老远就看见墙上贴着很多张大红纸，走近一看工工整整的毛笔字书写着有关人民代表大会制度、章程，最后是人民代表名字，我看到了爸爸的名字。真棒！我为爸爸骄傲。

爸爸是进步教授，又是北京市民进的委员。那时做政协代表和各级人民代表大多是政治的肯定，算是荣誉，不是这个区中的百姓选出来的。做了东四区人民代表后，爸爸去了不少东四地区街道、大小单位做调研，关心群众的疾苦、倾听群众的要求、建议和看法。让老百姓知道人民代表来看望大家。这是中国第一届的代表。后来爸爸又是北京市人民代表，北京市政协委员。

在解放后的这些年，爸爸的确是进步教授。运动之多，给爸爸在精神上巨大的压力。爸爸总是从正面理解，积极投入运动。认真跟上形势，进行思想改造。从没听他发牢骚、说怪话。

在燕京负责政治大课时，自己并不懂怎样做，经过认真学习，听取意见，最后受到表扬。虽然社会学系不能再办下去，他努力去学劳动系有关知识，主动挑起建新系的任务。

热情地给海外亲友写信，动员他们回国参加社会主义建设。把在美国的退休金调回支援建设。十一、五一他多次被邀到天安门去观礼，人民的革命热情，对新中国的拥护，感染爸爸，

使他自勉，要努力工作，不要计较个人的得失。 支持子女进步要求，入队、入团、入党。总之爸爸是以正能量来生活和工作的，

## 一个怪圈



1955 年报上宣传最多的是全国进入社会主义、尽快消灭资本家阶级，因为他们剥削有罪。北京要抢头功，要在全国带头。这时北京有些资本家很有抵触情绪，学校贯彻上级指示，印了宣传题纲，下午少上一堂课，班主任要求两三人一组去三、四个私人商店，店主们必须当场表态接受公私合营。这是把中学生当枪使，美其名曰：中学生去促进他们接受改造。实际上是让中学生给他们施加压力逼迫接受改造，

我这时住西城丰盛胡同，约了两个住西城的同学，骑车出发去完成任务。我们去了三家单开门、只一间小屋作铺面的私人小店，其一是文具店，其二是小药房，其三是杂货店。这三个小本经营店是店主夫妻俩自己经营的，只雇了一个小店员。对于我们的到来他们似乎早有准备，说一定接受公私合营，欢迎上面来领导。我心里不竟怀疑这夫妻也是资本家？试问他们怎么剥削的？他们挣出这个店能够撑到今天已花了一生的心血。共产党为让他们高兴，感觉公平，不是国家抢走，冠上赎买的美名。

当时的气氛就是剥削有罪、没剥削也一概不留，因为那是私有制。与社会主义是水火不相容的。一切要充公“归国家所有”。每一个人，包括那些老板、资本家都必须是普通劳动者，接受上级党派来的人领导。

国家说实行赎买政策，看下面叙述是怎样赎买的！首先怎

样计算这些财产的价值？一些不动产不做资本计算，不折成股份，白白送给了国家。真是令人乍舌！几十年、甚至是祖传几代挣得的财产就在这大轰大嗡的群众运动中全被“国家”吃掉了，西方国家称之为共产共掉了。敲锣打鼓发一个奖状就完成了法律、财会部门好几年才能完成的事。真够高效的！在那个年代谁敢吱声？

其次拿什么钱来买？说是赎买也不是由国家出钱买，而是从利润中抽取，即全年的利润先付赎买时确定的本金和利息，然后再按股份分红，等于是自己用自己应得的钱来赎买自己，多有意思的逻辑。几年后不知不觉地不付钱了，国家承诺的赎买年数偷偷摸摸提早结束，谁敢去要求兑现，只好哑巴吃黄连有苦难言。

更有意思的是，那些掌握国家机器的人利用手中的权力，怎样对自己有利就怎样说，怎样做。刚解放领导者一无所有，打着给农民土地就把地主的土地全抢到手，打着剥削有罪，必须消灭私有制，又把资本家、小业主的财产抢到手。那时一切归国家所有。经过这六十多年从私有到公有，又回到了私有，只是人全变了。过去的私有者全被打倒，而现在的大阔佬都是谁呢？他们怎样弄到财产的？

就拿工矿企业、商业来说吧，资本家、小业主消灭后，全变成国有企业、商店、合作社等，但经营不佳。过了几十年后，国家一声令下国有企业又变成股份制，就是又回到私有了。爬到领导岗位的第一把手在政府的支持下马上拿到百分之五十的股份，技术人员只拿百分之一的股份，工人勤杂人员更惨。

对比当时的资本家和民族资本家抱着振兴中华、强国富民、学习西方先进工业技术的意愿办工厂、开矿山、修铁路等产业，通过数代人的努力积累了他们的财产。要想站稳、保住他们的财产，要和外国资本、买办斗，要和国家、地方的各种苛捐杂税周旋，要给政府官员点头哈腰，送大财礼。还要和地痞流氓打交道。总之，他们是需要付出极大代价的。

而现在这些大阔佬、土豪的钱财费了这样大的力气吗？是否像欧洲圈地运动，钻法律的漏洞、投机取巧、蒙骗欺诈，把国家的财产圈成自己的？。

就拿土地来说，土改时土地从地主手中分给了农民。人民公社时土地从农民手里又收归国家所有。改革开放后他们利用那些当权者、有硬背景的人、画圈的领导，一划圈就给了他们使用这块国家土地的权力。在上面盖大楼，作生意，赚的钱全归己。他们的人生哲学是："你的是我的，国家的也是我的"。用国家的土地谋取私利装满私囊养肥了这种土豪。这是一个多么有意思的怪圈。而划圈的领导利用手中的权力赚到了许多回扣费。这又形成了另一个怪圈。权！权！权！有权就有一切。经过近 70 年的历史真让人们看到了什么是共产党。解放前的宣传和这几十年所作所为真是相差十万八千里！真不知将来的历史学家把这个时期叫做改朝换代还是无产阶级革命。



## "到处流浪"

我从小就爱看各种文艺演出，住城里后近水楼台先得月可以购票欣赏人艺、青艺、儿艺中央乐团、中央歌舞剧院、芭蕾舞团等国家最高级的演出。住西郊燕京真是无法相比，使我开阔了眼界丰富了文化生活，人曰："见多识广"，犹如"进了大观园"。

1954 年 6 月周总理访问印度与尼赫鲁签了和平共处互不侵犯的五项协议 。中印关系处于和平友好时期。

一天班里一同学号召大家去看印度电影"流浪者"，我想印度如此贫穷落后，是第三世界国家，会有什么好电影呢？没有和他们去凑热闹。

不久，北京市内可以看到骑在坐椅放得极高的男车上，挺着胸、撒着双把、双手在空间挥舞、歪戴着帽子、吹着口哨、哼着“流浪者”主题曲“拉兹之歌”，突然会高昂地大唱或大喊“到处流浪，噢噢噢，到处流浪”，飞驰在马路上，穿梭在繁忙的公交车、大卡车、小轿车之间或目中无人似地从人们身边蹿过去，吓路人一跳。

在街头巷尾听到男男女女哼着“拉兹之歌”和他们喜欢的其它插曲。唱得是那样深情，那颤抖的声音唱出拉兹悲惨命运和痛苦生活，控诉这不公平的世道。

令我吃惊的是一向不看电影的爸爸和妈妈也到电影院看了这个著名的“流浪者”，回来后非常激动，滔滔不绝地谈着剧情，不停地说“值得一看，值得一看。”接着又说：没想到国家允许放映如此人性论的电影。这引起我的注意，解放前看过不少美国电影的爸妈竟会被这个影片如此震动和感叹。这个电影会如此有魅力，它的魔力来自于何处？

这让我想起苏联著名歌剧“卖布歌”演出后，到处听到“卖布，卖布”的吆喝声，人们的激动情绪比“流浪者”逊色太多。这个电影太不简单了，我迫不及待地要看个究竟。

进入影院，虽然说着我听不懂的外文。让我太赞叹的是那五光十色、鲜艳夺目的画面。那晴朗的天空，如镜面一样反射着阳光的平静的蔚蓝大海 ，金色的沙滩，碧绿的热带树木，进入我的眼帘，让我好享受。苏联的彩色片也没有这样鲜亮的色彩。

男主角拉兹是流浪汉，扮演他的男演员扇形的背膀、健美的胸肌配上棕褐色发亮的皮肤，显得颜值极高，体魄健壮、帅气、性感。演技超群，一个活灵活现的流浪汉出现在眼前。他不畏自己身价的低下，执着地追求他的爱情，一个极阔高贵人家的女儿。这个女演员如此地漂亮迷人，粉色、袒胸露臂依稀透明印度纱，得体高雅。

这是个感人的爱情故事，也是对荒唐的血统论“法官的儿子是法官，小偷的儿子是小偷”以及文革中在中国出现的“老子英雄儿好汉”的有力批判。电影采用父子相识重逢的完美结局来反映人性亲情。让人倍受感动。拉兹在如此不公平的社会中顽强地活着和这丑恶的社会做各种斗争，不畏艰难险阻，不停地挣扎和悲惨的命运斗争，决不被这恶劣环境吓到，乐观、充满信心地活着、战斗着。拉兹用他的歌声来控诉，也用他的歌声来唤醒沉睡的社会。这给中国那个不讲人性，不讲纯贞爱情、政治运动、思想改造、斗争不止的｀社会环境，让人们感到异常压抑的年代，产生共鸣。在如此之大的政治压力下，人们只能借唱拉兹之歌痛快地发泄一下。北京沸腾了、北京炸开了锅。



## 观赏的差异

爸爸收到一个请帖，欧美同学会欢迎来中国访问的美国人，爸爸决定参加。拿出他心爱的米色西装，让保姆熨。可惜爸爸住城里后已开始发福，不能扣上，但仍显很帅。这是爸爸最后一次穿西装。解放后没外事活动，这次请帖让爸爸好激动。

回来后爸爸还在回味这次茶话会。他说几年不说英文，嘴都说得费力了。以后欧美同学会常有活动，有时是电影。爸爸不参加时就把票给我们，我去过一次在同学会举办的音乐会和在人艺剧场放映的英国电影“孤星血泪”，当时我不懂英文，只能从画面猜故事内容。

1956 年初夏，一天我在家，爸爸拿回两张当天下午东欧某国歌舞团在苏联展览馆露天舞台演出的票。他说妈妈有课去不了，问我能去吗？我高考完，正无所事事。妹妹还没放暑假，爱热闹的我当然要去。我们匆忙吃完午饭，赶快骑车奔向剧场。

存完车，急忙小跑步前行，因为马上就要开始了。找到坐位后，爸爸和一位比爸爸老、瘦、高、戴眼镜的秃头老教授李景汉打招呼，并把我介绍给他让我叫他李伯伯。

我让他俩坐在一起，我坐在爸爸的另一侧，这是有生以来唯一一次和爸爸看节目，真让我跌破了眼镜，改变了对爸爸的古板印象。在我印象中爸爸不爱说笑，妈妈话也不多，非常严肃。甚至有时有点怕他们。

节目开始了他们两不停地对节目内容和演员品头论足、讥讽、挖苦、损人、说俏皮话。特别是女演员。出现一个胖女歌唱家，他俩就说她胖如猪，并猜她体重是多少。遇到一个极瘦的女演员就说她骨瘦如柴，如果抱她等于是抓了把柴禾，边说边比划抱她的恶心样。看芭蕾舞时他们用手指在掌心上跳，并比划会怎样摔倒。出现巨乳的演员，就说这乳房像气球挂在胸上，还要猜这乳房有多重。如果乳房很小的女演员又说她是男扮女装。一刻不停，两人还欣赏他们的评论并比较谁说得幽默。

如果不认识他们，或只听他们的议论 ，肯定认为是淘气、讨厌的男孩所为，哪里会想是五十岁左右的两个大教授。

散场后，骑车回家的路上我实在忍不住就质问爸爸为什么不安静地看节目，要这样说笑、损人。他说露天演出是娱乐，不是艺术欣赏，正规剧场的演出是要认真看的。我到美国后看到许多露天的演出，一家人带着各色小吃、把毯子铺在草地上，或打开折叠桌椅，边吃、边看、边聊天或嘻嘻哈哈、说说笑笑，是家庭的娱乐活动。看来爸爸的观点和做法是来自美国。

回家后我马上向妈妈告状，讲了爸爸的坏表现。妈妈笑着说你们的爸爸就是老小孩，永远也长不大。这是我头一次听妈妈对爸爸的评论。看来他俩谈恋爱时爸爸一定做了不少恶作剧，搞了不少惊喜，开了不少玩笑让妈妈开心。

回想有一次妈妈坐在院子晒太阳，邻居不在家，来了一位客人，妈妈请他坐着等一下。这时爸爸出来喊“妈妈”。他没有注意有外人，朝着妈妈兴奋地跑来。这个客人看后说妈妈真有福气有这样大的儿子。可想而知外人认为妈妈是爸爸的妈妈，这和爸爸开朗活跃的性格有关，也和他充满活力动作敏捷有关。

# 运动 运动 运动

## 春天来了吗？

解放后直到抗美援朝运动太多，1953 年开始又有批武训传，批胡风反革命集团等。我在女一中上学没受影响。但爸爸每天没有笑容，紧皱眉头。一直没有研究方向，社会学已被打倒，取消，不可能再作社会学的研究，所以没再写论文。再来查查其他那些旧知识分子，在文革前有多少论文和科研成果发表呢？这是什么原因？

1955 年底，特别是 1956 年初，爸爸有了较大的变化，吃饭时，他说要抓紧干，要为中国科技赶上世界先进水平贡献微薄力量。并说周总理讲旧社会来的知识分子面貌已发生巨大变化，是社会主义建设中一支伟大的力量，是工人阶级的一部份。工、农、知识分子是兄弟的联盟。要发挥所长，给与信任、支持，并给必要的工作条件和待遇。这时提出了向科学进军的口号。

就在这少有的温暖环境中，爸爸抓紧时间写了三篇文章。这是他新专业劳动系和社会系相结合的论文。对我国的按劳取酬政策和人口再生产与国民经济再生产相适应的问题提出了自己的看法。评价苏联教授的著作“人口统计学”，对中国的人口问题发表了自己的见解和分析。大众出版社曾邀请爸爸写一本人口论的通俗读物。可惜政治气候的变化，没能完成。

如果当时的政府组织这些专家研究，就有可能阻止人口爆炸，中国的经济也有可能比较好地向前发展。

我们中学也有变化，大家都觉得要好好念书为国家赶上世界先进科技水平而奋斗。这时全国的政治空气是轻松的，爸爸脸上有了红润光泽。这就是爸爸带我去看东欧歌舞团表演的时候，他可以轻松地看，说了那样多的俏皮话，大笑、如此开心。

我也是在这样轻松的环境下进入了大学。为向科学进军我决心要抓紧时间好好学习。特别想知道大学的学习特点，学习方法，怎样复习准备大考。那些高年级同学藉此来和我接近。

## 黑板上出现了……

在国际，一股寒冷的暗流正在聚集。1956 年四月苏共二十大赫鲁晓夫的秘密报告，全面否定斯大林：二次大战开始 对希特勒抱幻想，没有充分作大战的准备，造成节节败退；党内清洗，造成肃反扩大化；经济上以重工，军工为重点，人民生活改善极慢；更重要的是大搞个人崇拜。



西方国家非常高兴这个报告，这是他们想做而做不了的事。东欧社会主义国家本来就对二战后苏联的占领、立亲苏派的领导非常不满。过去不敢说出来，现在把这些问题搬了出来，全归罪于斯大林。东欧蕴酿动荡，波兰、匈牙利最为激烈。

1956 年十月至十一月匈牙利赶走苏驻军，苏把亲苏的共党书记撤换掉希望缓和关系。但匈人民要自己掌握自己的命运，要脱离苏控制。苏怕社会主义阵营解散，就出兵去镇压，形成了举世闻名的匈牙利事件。

本来大领导认为秘密报告很好，因为斯大林对中国的许多指点，使大领导极为不满 。但一看匈事件，怕传染到中国，怕中国社会不稳定，又改变了看法。

1956 年的十一月北航一位很骄傲、很有领导能力的大二学生，北京人马云凤是学校很著名的党支书，在大教室的黑板上用粉笔写了”反对苏联出兵匈牙利”这句话。北航出事了！！这件事大大地触动了大领导。他原来的担心被这位党支书验证了。在他后来的讲话中多次提到这件事。

这位党支书很快作为现行反革命下到大狱中，经过多年的狱中生活，不但没改造好，反而积压了更大的仇恨。文革放出后听说他开着吉普车在天安门前横冲直闯，最后用车闯天安门前石栏杆而死。

我刚上大学，本想好好学习、向科学进军。现在出了如此之大的政治事件，需要停课教育。我那时很讨厌这位支书的煽动行为，让我们不能安心念书了。他有看法可向上级讲，为什么要写在黑板上，成了现行反革命，得到牢狱之灾，断送一生。

爸爸在四月从参考消息知道了秘密报告的内容，曾和妈妈议论过。认为赫鲁晓夫真够勇敢的，敢于把社会主义阵营的大人物，他的前任批得体无完肤。这一块石头扔到水里会溅起多大的浪花，真不好估计。饱受各类政治运动之苦的爸爸，匈事件后不再议论，心想这是一定要镇压的。与中央保持一致，永远不会错。

二战之后形成了一个社会主义阵营，苏没有检讨二战后处理阵营内部的问题，用出兵来把阵营内各国拴在一起，实际上是拴不住的。两大阵营的冷战和发展，产生了戏剧性大变化。

最有讽刺意味的是不到三十年苏联自己也解体了，共产党失灵，不再走社会主义。东欧也如此，没有社会主义阵营，各国自己选择自己的道路。在天堂的马云风看到世界形势的大转变定会兴奋地跳起来拍手称快。

现在世界的大国、强国还在干涉其他国家的政治，一国的局部问题，不同国家和阵营的干涉，就很难解决，从而战火连年不断。几十年世界形势的变化，显示各国人民必须有权选择自己国家的命运，任何外国不得干涉，世界和平才会到来。

## 两个“大馒头”

停课讨论匈牙利事件后一两天，恢复上课，不久就大考，采用口试。这是我第一次经历这种考试方法。每门课给三至五天的复习时间，然后在一天之内每人轮流进去口试，完成这门课的考试。一个大考要持续三至四周。这时人民日报登出“再论无产阶级专政的历史经验”长篇文章，考完后不放寒假，要学习这大块文章并讨论。这时是 1957 年初。我心想向科学进军的口号成了空的，泡汤了，把我上大学的初衷打碎。



学了一周，学校号召过一个革命的寒假，即只有寒没有假。全校学生由校卡车送到北京北郊燕丹去修水库。这是我第一次去北京的农村。班干部非常照顾女生，把女生分到家境较好的中农、或在外面有工作的人家住，男生住在贫农家。轮流到不同人家去吃饭，包括无法提供住宿的人家。这半个月看到农民各家相差太大，吃的差别更大，有的全是棒子面糊，咸菜，没干食，有的给一个窝头，最好的是有大白菜吃。

最严重的问题是缺水，干完活吃饭前就一盆水供来吃饭的我们和农民全家洗手，老乡让我们先洗。我们那好意思真正洗手？实际就是洗手指头，可以拿窝头就行，好让老乡继续洗。

我们是来挖水库的。干的活就是到水库里挖土放到筐里担到水库外面。开始我一点也不会干。我和一位上海医生的女儿一起抬一个小筐，这是一个人担的两个小筐中间的一个。老乡看后，特别是那些妇女笑话我，说我长得如此高大，没力气干活，没用。

我决心要学会自己一人担两个小筐，这样不至于一直被笑话。我先在两个小筐里放很少的土，找到平衡位置把它们担起来，走一个很长的坡才能到水库外面。几趟后，我终于做到了老乡们所说，两筐中的土也装成冒尖馒头形状。老乡不再笑话我，但两肩火辣辣痛肿得要命。老乡的话一直响在耳边“你得狠命压就能挑动了”。班长给一个垫肩，好一点，但仍不管用。好强的我就狠命的压，麻木了就不觉痛了。

直到春节，为不影响老乡过节我们才撤。走前的最后一顿我是在有人在北京工作的人家。他们已经杀了猪，还做了肉片炒白菜为我送行。我没好意思吃，大娘看我不吃，给我夹了一块。真香，是新鲜猪肉，与平时吃的冻肉完全不同。春节到了，学校已放假，只有两个卡车接我们行李回校，人走回，或去坐公交汽车。我和中长跑队的几个人跑回学校，大约花了两个多小时。

回校第一件事是把脏衣服脱下来泡在水里以免虱子、跳蚤到处跑。又脏又臭的我马上跑到澡堂大洗。解决了这半个多月只喝开水没水洗的痛苦。

过完春节就上课，很多南、北方同学回不了家。我请了本班最矮的来自广州的女生小广东潘润多到我家玩了一次。她和我一样大，是第一次出远门，很想家。让爸爸和她说广东话以缓解思乡之情。



## 谁在煽动？

过完寒假开学后不久，院党委书记传达大领导的讲话，就是后来出版的“正确处理人民内部矛盾”一文，很长，要求每人做笔记。这个报告从早上开始，午饭后继续，晚饭后继续，我都听腻了，听不出所以然。直到晚上十点左右才讲完，会场里只听大家长长大舒一口气，看来和我有同样看法的不在少数。

这笔记我都懒得看，只记住香花和毒草区别方法；敌我矛盾、人民内部矛盾怎样处理；要善于听取各种意见，即使是反对自己，且已经证明是错的。我认为这个说得好，但连讲话者自己也没照做，更甭说别人。似乎要求我们老百姓照做，真逗，这话是针对谁？还批了对知识分子只讲安排、发挥作用，不讲改造的政策。我马上想这个提法与去年完全不同。看来党内观点不同，弄得老百姓无所适从。

刚有一点春意，看来寒流又要来了。我又联想那位支书马云风所为，让大领导抓住把柄证明知识分子需要好好改造。真猜不出这个报告传达之后会发生什么事。停课学这个报告一、两天后每天吃过午饭继续学习讨论。爱午睡的我就烦占我的午睡时间。大家无话可说。经常冷场，大家打着哈欠，我有时就睡着了。不久恢复正常秩序我很高兴，这下可以好好念书了。



五一节后一天，刚吃完晚饭，我在宿舍准备去上晚自习。那位曾追过我，被我拒绝这时已和同班女生肯定关系的上海小子倪某来了。他满脸通红，兴奋之极，我见他没好气，早就说清了，为什么还来找我。我不耐烦地边关门边向外走，说：我要上自习去，有话边走边聊。他说非常重要的事，需坐下来好好说。我只好把门打开，让他进来。

他说刚回校，这天下午学校派一辆卡车送一批学生去见康生。康生想听听北航同学的想法。他们主要讲的是我校保密制度不合理，功课好出身不太好就不能去保密工厂搞当时先进的喷气发动机，只能搞老掉牙的活塞发动机。党员和干部不论功课好坏、不论出身好坏都可去保密厂。这是我刚入大学时高年级学生的议论，没什么新鲜事情。近一年的大学生活，这种观点都听腻了。我催他快说，快离开。

他倒更激动了，说：康生支持他们写大字报来轰党委，一会出去就会看见。他让我去动员我们一年级同学支持他们，并写大字报轰党委，或系班党书记。

我说：做为我本人，不了解情况，没有意见可写。我也不认识人，也不会去让人写大字报。

他说：康生说可能要停课大鸣大放。我听后头都要气炸了。好不容易可以学习，为什么又要停课，有意见就提吗，为什么非停课！我说没事了吧。我要锁门去上自习。

走出女生四宿舍路过警卫连后墙，的确贴满了批党委的大字报。还有介绍康生对他们讲的话。我去图书馆念书，人还是不少。等图书馆关门，再到警卫连后大字报区已经是人山人海，这位上海小子和其它几个正在人堆中宣传康生对他们的鼓励。他很得意，我明白见到中央领导，是很特殊的待遇。特别是还同意和支持他们的观点，更是难得。我大概浏了一下大字报的大标题，没什么新鲜的，就回去睡觉了。

第二天上午照常上课，下午支书说停课，大家可以写大字报帮助党整风，或到其它学校去看大字报，给以启发。第二天是否上课等通知。

我骑车去了清华、北大，走马看花地去浏览那些大标题。大多数是给校党委直到系班支部提意见，但有些提法似乎是反对共产党的。这是属于整风范围吗？我当时觉得他们应当把口气变换成提意见，不要骂人，或指责。许多是对解放后的历次运动不满，没有民主、自由。也有提应当轮流执政的。我想共产党花了几十年才得到的政权，怎会随便与其它政党共享，那些民主党派，在解放前是摇旗呐喊，只有极少数人被俘、或被暗杀。对照共产党的流血牺牲，民主党派对革命的贡献的确是小巫见大巫。共产党从来没有说过要为轮流执政打天下，所以一党专政不会变，能允许其他政党存在就不错了。看了这两校的大字报，我敏感地想完蛋了，一定要停课了。

我从没想到有这样多的人有如此之多的大意见。这些人真傻，难道不知道任何人，谁也不愿意听人家的意见，请党外帮助整党还不就是客气，表示个样子，更希望大家说肯定的话，表扬的话。不想说肯定或表扬的话，就别说。这就是当时我的想法，我没有意见，只想做一个好学生，其它与我无关。

第二天果不其然“停课”帮助党整风。我们一年级和我想法一样的是大多数，特别是来自外地、农村，能考上北京的大学实属不易，都想抓紧时间念书。班上开会没人发言。就让大家看报纸受启发。我看到章伯钧和罗隆基在各党派坐谈会的报道，他们明确要求民主党派与共产党轮流执政。还有光明日报总编储安平的文章，指责共产党党天下，记者又报导了北大、人大学生中，许多反党、痛快的谩骂共产党的言论。这时在校忙于运动的我，没有回家帮助我家从沙井胡同搬到人民大学。

一天我看见光明日报登了爸爸帮助党整风的文章。这篇文章肯定了共产党请党外人士帮助整风。没有提出什么意见。文章不长。周末我去看新家，告诉妈妈我看到爸爸在光明日报上的文章。妈妈说这位光明日报记者多次鼓动爸爸写文章帮助党整风，爸爸一直不写，直到最后逼得不行才写了那些。爸爸说住到人大后曾去听过帮助党整风的大会，在会上有个女生林希翎，大骂，什么也不顾，只想骂得痛快了，他没想到讲后群众热烈鼓掌。



就在帮助党整风时，我班一个南方来的潘占山男生，平时不吭声，讲话没人懂，思路混乱的人居然在一个大教室写了支持那位党支书马云凤的大标语。安静的我们班出了如此大的问题，党团支部领导也很紧张，没把自己管辖的班教育好。六月人民日报登出 “这是为什么”、“事情正在起变化”，“正确处理人民内部矛盾”等文章。我们用这个为武器继续深入批判我班那位。他不说话，没有认错表现。在这学期结束时以开除了结。他去哪，没人关心。

这时开始反右，又不放暑假了，天天大小会进行。那位上海小子属于全校批判的大右派，在体育馆开一次大批判会。与他确定关系已被批准为预备党员的女生必须明确表态与他划清界限，在会上揭发他是如何煽动她的。那天看见他来找过我的同屋说我也应去揭发。我说他只是讲见到康生的情形，是康生让他们做的。康生是最大的煽动者，为什么他还在中央作镇，没事？！这上海小子是被康生煽动的最大受害者。我这一说没人敢让我去讲了。因为这说明是党中央的人组织大家反党，最后把罪责归于老百姓。这上海小子只能哑巴吃黄连有苦难言。

我的一年级就在这不停的运动中结束了，一年级上课时间不超过半年。这学期因反右推迟大考到二年级开始，且是笔试，不是每门课都考，许多课都没讲完就结束了，这就是运动中的大学生生活。

## 必须到刑场看极刑



1957年下半年我们升入二年级。我心想该好好念书了。突然传达上级指示，要求重新审查，捞出漏网者。内部传达要完成右派占全国人口的百分之五，在知识分子中要占百分之十的数字。上学期反右时我们班除那位已被开除的潘占山外，没人发言，是在学习报纸、读社论中渡过的。领导号召大家背靠背互相揭发，还是没有该整对象，大家只有一个心赶快结束运动上课吧。

我的一位天津大学朋友惠华告诉我一个令人发指的事件。她们班有一位越南华侨林茂才，曾经在枪林弹雨中打过游击、勇敢作战抗击法国侵略者的战士。为报效祖国，背井离乡、不远万里于1956年秋考入天津大学建筑系，回祖国求学。一个外国回来才一年多的19岁青年能对中国有多少了解，对这场运动更是一点也不懂。反右时一言未发，最后一种混账逻辑说不发言者骨子里极端反动，把他捞成右派。他非常气愤用水果刀刺伤一同班、同舍的同学，伤势不重。结果校党委报告给上级政府，判他为极端仇恨新中国的现行反革命分子，死刑、立即执行。

这是反右中执行枪决极刑的全国第一个案例。在枪毙那天他带着手铐脚镣跪在刑场中央，全班同学必须去刑场站在20米外观看，打两枪没死。他睁大眼睛仰望苍天，心潮澎湃，回想在越南战场上没有被法国子弹或敌军子弹击中，而现在要被一心想报效的祖国的子弹打死！不甘心啊不甘心！才 19 岁为什么就必须去西天？渴望生，不愿离开这美丽的世界。回想去年告诉父母要去祖国学习时，父母坚决反对，不舍得独子到万里以外丝毫不熟悉的祖国去。固执的态度，打动了父母的心，临行前母亲拉着他的手，送了一程又一程，嘱咐一遍又一遍。林茂才想着"为什么要我死，我还有许多事情要做，我不能让父母失望。"

刑场执警要求大家跑过去看，在仅两米范围内看补枪。他的眼睛仍表现生的愿望，一直翻着白眼不愿合上。惠华实在不忍目睹学友临死前的惨状，扭过头去。回班后遭到立场不稳的批判。那时她是刚上大学一年级年仅 18 岁的女学生。这是一场什么运动？！



## 可怕的百分数——爸爸出事了

一天清早住楼下的党支书、一位男调干生老张，跑来让我快下楼有人来找我。我赶快穿好衣服跑到支书的房间，开门一看是在燕京时我叫她林茂美阿姨的爸爸法学院的经济系地下党员教师，她是北航某系主任的夫人住北航。

她开门见山说爸爸系的党支部让她来了解我听到的爸爸右派言行。我一听头都大了，嗡地一响，怎么爸爸突然是右派了？我想一定要客观冷静地回答。就说自从运动后很少回家，在家吃了饭就返回，没与爸爸聊运动的任何事情。我只读了他在光明日报的文章，这篇文章没有攻击党，不是右派文章。我一直认为大家把他当作进步教授，为什么突然会考虑是右派。党支书听我说完就说我可以走了。我无心上课，只想赶快到周末，回家去看看，发生什么事了。

周末到了林园二楼一进门洞放自行车旁的墙上就开始贴满大字报，一直贴到四楼家门口。我仔细看他们揭发爸爸的问题不外乎是这几方面：1. 爸爸主张成立有教授、副教授、讲师、干部组成的校务委员会，负责领导学校的教学、科研。而不是仅由不懂业务的干部来领导。2. 反对仅学习苏联的一边倒政策。也应当吸取欧美好的东西。3. 不应当取消社会学，它对中国是有用的，应当尽快恢复。4. 到民族学院去串连，找原清华搞社会学的三大著名教授费孝通、吴景超、潘光旦开黑会讨论恢复社会学的事宜。称为社会学四君子黑会。5. 态度恶劣拒不低头认罪。扣的帽子是：用校务委员会来和共产党争夺领导权；反对共产党的政策等。

我看后马上进家门，爸爸问我看到了，我说仔细看了，他不说话，我也没想好该怎样说，就去找妈妈。我问搞反右时没事怎么现在有这样多的问题。妈妈说现在捞漏网的右派，就用燕京来的臭知识分子凑数。

人大新闻系副主任是燕京的新闻系主任蒋荫恩教授，也是挨整对象。过去是著名新闻教授、著名的办报人、著名的总编辑等头衔，最后在文革中自杀。

我问：爸爸是在什么场合说的。

她说：是在北京民进市委会帮助党整风时说的。在这次补课时他们把材料转到人大了。

这明明是提意见，不是反对党，是想改进工作。为了凑人数就算倒霉了。我觉得爸爸太冤了。还能做什么？我也不可能跑到他们系去为他辩论，否则我也成了右派，上不了大学。只有明哲保身，但愿惩罚轻一点。

在爸爸要被划为右派期间妈妈给几位亲戚写信，希望他们能帮助爸爸。大哥来找爸爸谈过，希望他软一点承认错误，他拒绝了。上海大舅来京开会期间来看过爸爸，开导他，也没用。天津大舅专程来看爸爸，同样没说服他。

他天真、自信地对他过去的助教那时已是民族学院的教授陈永龄叔叔说：他决不是反党、反社会主义的右派分子，要用今后的行动来证实。

爸爸太注重知识分子的风骨了，太不愿委屈自己的信念。不知道自己就是一隻小蚂蚁，人家一脚就可踩死你。争什么，留得青山在，有命就有时间做事情，用历史来判断对与错。在不讲道理的年代，有什么道理可讲，何必这样硬顶？在只有一个人可以“和尚打伞无法无天”的时代，没有民主、自由就应当顺从、服从。



但这些来开导的亲戚，不敢说得像这里写得那样露骨。一个人若被人家盯住，应该马上脚底抹油溜掉。爸爸想不通，太固执了，只想保持知识分子的气节。

这时妈妈已是人民大学的中文教师。让她到农村去改造。妈妈走了，家里只剩爸爸和一点文化也没有的保姆两人。爸爸白天扫教学楼道和厕所，晚上还要挖空心思写检查。

我回家比过去稍多一点。一直在想怎样和他谈一下，但一想那三位亲戚，比我大都说服不了，我还能说什么呢。一个周六我想回家住一晚，一定可以找时间谈一下。进家后和往常大不相同，平时我们一进门爸妈会高兴地说：回来了。这次进家门一片寂静，喊一声爸爸，没有回音。只见他在南房他的书桌上伏案疾书，如此专心，我没好意思打断他，就没再打招呼，只在他的门旁看了一下。房间灰暗，一盏微弱的台灯站在他的书桌上，手边放了一叠写满文字的稿纸，看来他已写了很长时间，我到北房做我的事情。一小时后我想他该站起来休息了，走进客厅碰响家具，希望他知道我进去了，他连头都没抬，我没勇气去打断他。就这样我来回进出他的房间好几次，真想利用他抬头看我一眼的时间和他谈谈。

一直到半夜他也没站起来，我也拿不定主意是否要打断他。我觉得他知道我回来，但不想谈。我自卑地想我是小孩，他对我不屑一顾，一定认为和我讲不清，也不想连累我们、让我们痛苦。这使我失去谈话的勇气，只好从保姆那里了解点情况。我问保姆他每天做什么，她说：不说话闷闷不乐，写东西。我想又白回来一次，不等了，在运动的年代，没有周日，第二天还要赶回学校，就睡了。我每次回家也碰不上姐姐和妹妹，妈妈也不在，不知应和谁商量，也不知该怎样做。这就是我自责的原因。

后来妈妈说出爸爸花了许多夜晚给大领导写信申诉自己一直拥护共产党、社会主义、自己提意见的目的是想把中国建设得更好。他天真地认为大领导会主持正义，不知大领导引蛇出洞，要用反右来打倒那些臭知识分子。这封信很快返回到他的单位，他的幻想破灭了，以态度顽固不化，罪加一等来定罪。学校的判决是取消教授职称、连降三级、每天打扫楼道、厕所、房子压缩，变成两家合住。住到社会主义学院去改造思想，去蹲思想改造的“监狱”！

回想从抗日时期开始，爸爸一直努力宣传抗日；复校后一直痛恨国民党腐败，认为共产党是中国的希望；在教会讲道时也宣传共产党领导，为解放战争的胜利欢欣鼓舞，支持学生到解放区去，认为解放区是中国的未来；并满怀建设新中国的壮志从美国赶回来；解放后决心留下来，把在美国的养老金调回，买公债支援建设，相信共产党能把中国建设好；动员亲友回国参加社会主义的建设；尽力理解和积极自觉进行思想改造；主动承担一点也不熟悉的政治课，开设国家需要自己一点也不懂的劳动专业；支持子女的进步要求，等等，是一个真正的进步教授。

他不知道也没感觉从刚解放大领导就在消弱这些知识分子的影响，一直利用任何机会来整他们，与解放前把他们说成是进步的知识分子、很受尊重，是天上地下的区别。 从没想到自己是用热脸去贴人家的冷屁股。这给爸爸沉重打击，希望变成泡影，蒙受冤屈，独守高楼，无处去讲，孤军奋战，孤立无援，抑郁成疾。

最近我读了1950年燕京学生余英时先生，后来是台湾中央研究院院长的文章“燕京末日的前期”和那时刚来燕京英文系任教的巫宁坤先生的文章“燕京末日”。这两文中都提到了爸爸。他们的用词是“鼎鼎大名的进步教授”“热烈拥护思想改造的高论”，“一位出类拔萃者”“在政治大课上常鼓励我们去建立工农的阶级观点和感情”，“工农一见到毛主席好象便情不自禁地发生热爱，这是我们应该学习的。”“不大相信这是由衷之言，腻烦和肉麻之感全是免不了的。”

这些损爸爸的语言反过来表明爸爸是公认的进步教授。他不是违心的表现，不是去捞政治资本。他心里一直都是拥护共产党，热爱新中国，一直认为自己要尽快适应，要好好改造思想。就是这样一个真正的进步教授，最后以打成右派而告终，这是多么悲惨，对那时的大领导要干什么不是很清楚了吗！



## 对比爸爸两次大危难

对比1958年反右复查成为右派和1941年12月8日被日本鬼子抓入狱这两个爸爸一生的逆境和危难，不难看到是完全的不同：

在日本狱中燕京人团结一致，互相鼓励和日本鬼子作斗争，在狱外的家属积极帮助在狱中亲人渡过困难，其他燕京人和亲友都在思想和物质上给予支持。爸爸的“狱中杂记“较详细地记录了这段经历。

但解放后历次运动采用各个击破法，一个人犯错或有罪，领导的手上已端着各种帽子随时可给他人扣上，这些帽子是：划不清界限、思想共鸣、对敌人负有同情心，敌我不分，认敌为友，审查，最后也扣上同一帽子等。这样每个人都害怕什么帽子什么时候扣到自己头上，或整到自己头上，都想法远离挨整的人。有人想来看望也由上面给挡在外面，不让见。使每一个挨整的人感到孤立无援。

爸爸这时就是这样。侯复兴写回忆父亲侯仁之“燕京大学被封前后 1940——1946”一文中记述了这件事。

在爸爸的“狱中杂记”中详细地记述着他和侯叔叔住同一屋的情形。入狱一段时间后，侯叔叔住进他的狱室。爸爸极其高兴。他们本来互相不熟悉，但很想和他交个新的知己，也想向他请教北京的历史和地理。侯叔叔来后，他们每天一起祷告、一起做操、聊宗教、聊信仰还订了计划互相交流专业知识。爸爸向他介绍都市社会学和人文区位学的原理，狱中人来研究在狱中人的社会行为。侯叔叔介绍北京历史地理、京绥铁路沿线地理及黄河、运河水利开发史上人和自然斗争的故事。边讲边问边讨论。高兴地忘了是在监狱。知识分子身处逆境仍然用知识来寄托生命。后来爸爸被虱子咬后得了传染病斑疹伤寒。侯叔叔精心照料，日本监狱一定要实行隔离，爸爸非常不舍得他的离开，但为侯叔叔健康必须让他走。侯叔叔也不放心离开爸爸。最后执行狱中决定，侯叔叔把自己唯一的棉垫留给了爸爸，离开了。这就是在日本监狱人们之间关系的真实写照。

在爸爸被打成右派期间，曾遇见 1938 年燕京历史系硕士、在中科院近代史所的副研究员侯妈妈张玮瑛，爸爸嘱咐她请侯叔叔务必到人民大学一见，侯叔叔去了，却遭到阻拦。没能相见。最后诀别不能实现。我看后实在想不通，一个执政党为何如此不自信，会这样害怕知识分子。他们会动摇执政党的统治吗？

爸爸是右派后好朋友不许相见，很多人也怕被扣上黑串联，不敢沾边。争取进步的我们，都忙着在班上表态要和他划清界限，为表明自己划清界限就不回家、少回家。做为他子女没有更多地关心他，让他感觉不到还有个温暖的家作为支撑。真是叫天天不应，叫地地不答。

在日本监狱里不能读书，工作，但爸爸明白这是短时的，出狱后就可以搞自己的业务；但成为右派后给的工作是打扫楼道和厕所，这是让人失去人格的惩罚。爸爸一生为之奋斗的社会学已不能再继续努力投入，似乎没有希望再回到这门学科的研究。希望在何处？自己成为敌人一切要服从人家的安排，失去自己选择的自由。

当听说爸爸成为右派后的工作是扫楼道和厕所，让我联想许多往事。从我懂事起从没看爸爸拿过扫把，包括搬家时。后来读他的大作“狱中杂记”，在日本监狱里他每天要用扫把清扫自己的房间，因为吃喝拉撒睡全在屋里，每天捉跳蚤、臭虫，虱子的尸体，要尽快扫掉，这种拿扫把是为自己搞卫生。



划为右派重新拿起扫把是什么滋味？这是自己的“工作”，今后自己靠扫把来吃饭！一肚子的学问无处可用，感慨万分。从没想过年轻时代树立救国救民的雄心壮志，自己具有的业务本领不能用在自己一向支持的政党和国家里，扫地将是自己后半生的工作！一种被人侮辱、被人欺凌、上当受骗的感情全部涌到心头，挥之不去。

在日本监狱爸爸被虱子咬后传上了危险的传染病斑疹伤寒，高烧摄氏40度以上两周多，已处于死亡边缘，日本宪兵不原意这些著名教授死在日本监狱里，引起世界反日浪潮所以认真看病，对症下药从死亡边缘拉了回来。

而一个右派得病谁会考虑他的死活，死一个少一个正是某些人所需。爸爸就是在这种状态下生病了，对于著名右派，哪位医生敢好好尽心看病，谁不怕给扣上对右派同情，有立场问题的帽子？！

爸爸这两次得病的态度也是绝然不同：在日本监狱，爸爸想过会死，要去见上帝。但他相信中国必胜，日本必败，自己一定会出狱，自己救国的理想才开始，要活着，要好好工作；一想到自己的爱妻带着三个年幼的女儿，没有经济支持，是多么不易。自己必须活着出去，要有一个完整的家，要培养女儿成才。一种身为人父的责任悠然而生。

爸爸是右派后心情极坏，非常复杂：共产党是自己拥护的，新中国是自己多年盼望的，解放后一直想尽快适应，为国家贡献力量。现在成为敌人，还能上哪去？去找自己认为腐败的国民党？不可能！去美国？不能去当游子。在美国已没有钱，带着一大家人去吗？不可能。心甘情愿当人民的敌人吗？不。自己是右派使子女的成分变坏，拖了家人的后腿，连累了家人。

活着的意义在哪？一生病就想到活不长了。在人间不能呆，不能再和自己的妻女在一起，女儿已长大成人，已尽了做为父亲的责任，可以离开这美好的世界了。在“狱中杂记”中他写道：“一个人的生存不是为自己，而是为他人”。自己已完成活着的意义。还是听从上帝的召唤到天堂去照顾自己的爹妈吧。年轻时忙于救国没好好孝敬老人，现在去尽责吧。



## 癌症晚期

就在病情最沉重的时刻，爸爸曾有两次在嘴角流露了笑意。第一次是 1958 年秋妹妹考上北大。“打回老家去”，虽然校名不同，但这个校园是老家！第二次是 1959 年暑假爸爸已打点滴，姐姐报告在北医留校当教师和入党的消息。爸爸很高兴，诙谐地说：咱家又多了一个“教书匠”。接着悲喜交杂，热泪盈眶地说：还是北医贯彻政策好，右派的女儿可以入党。但这样珍贵的好消息，是不能疏解内心的郁结，使病危倒转的。

从 1958 年八、九月爸爸开始咳嗽，大家都以为是每年的草热病又犯了，虽然他去校医院看病，一看是著名右派，谁敢好好诊断或建议到外面大医院仔细检查，就用感冒、过敏来应付。但他心中有数，到了十月越咳越厉害，他曾和保姆说他一定会死于这个咳。保姆劝他想开点，别想会死。他去世后保姆对我说我们对他隐瞒病情，他自己老早就知道这个病会要了他的命。

直到 1958 年底爸爸咳得不能平躺睡觉，每天坐在床上靠在枕头和棉被上睡。这时妈妈看到觉得不对，请假陪爸爸去看病，1959 年初阜外医院确诊是肺癌晚期，转移到淋巴，不能手术。妈妈痛哭，我们心里非常难受。为了更好地治疗，只好用各种理由让他住进肿瘤医院。医生告诉妈妈爸爸最多活二、三年，也许只是几个月。

妈妈马上把这悲痛的消息告诉燕京时期的好友和在广州的三姑妈。听到这个噩耗在爸爸去世前几月三姑妈专程从广州赶来看爸爸最后一眼。他俩自 1937 年在广东见面后从没见过，虽然她的子女全在北京、天津念书和工作，但她从没来过北方。



二表哥陪三姑妈到肿瘤医院去看爸爸，爸爸非常高兴和兴奋，忘掉自己虚弱的身体，和他们讲了很长时间。他说自己是无辜的，希望不久的将来，组织会给他平反，还要继续教学。爸爸说培英中学的校训“信望爱”是他活着的精神支柱。爸爸和二表哥是培英校友。他们对自己的母校极其热爱，培英中学和燕京一样，有很大的向心力。

爸爸相信自己无辜，相信党会做出公正的处理；爸爸希望自己还可为国家做许多事情，完成年轻时的救国思想，希望能为中国富强贡献力量；爸爸热爱中国，爱自己的家庭，妻女。爸爸要活着，必须活着！

许多伯伯、姑姑、叔叔、阿姨到医院看望爸爸。冰心太师母和她的丈夫吴文藻太师抗日前爸爸的系主任连来医院看他三次，让爸爸很感动。

这时已有给右派摘帽的作法。妈妈问爸爸是否应争取一下。爸爸点头同意，妈妈到人大统战部去申请，领导说必须写检讨。妈妈告诉爸爸她可帮爸爸写检讨，他签字即可。爸爸不同意写检讨，因为他没有错。这样在他去世前没有摘掉帽子。

妈妈和全体下放人员从农村全部返回后，经常去看爸爸，路途遥远、心情不好、担忧害怕，不久妈妈也病倒了，成天发低烧，我们都在学校忙，一段时间没人去看他，就在这段时间他的病情急剧恶化，爸爸实在吃不进东西，又拒绝输血、输液。这就是我上哈尔滨实习前一天他的情况。

在临去世前他曾乞求妈妈以后卖他的东西时千万别卖用英文写的、一直没翻成中文、在中国没出版的"中国人口论"。他叮咛妈妈保存好，得到机会发表。但伟大的运动之多，真可惜在文化大革命时被抄走，再也找不回来。如果在天堂的爸爸知道他心爱的论文丢失，真不知要多难过。中国人口问题在解放后，日趋严重，特别有人说"人多力量大"，最后人口大爆炸。从没想让这些搞人口的专家研究一下。如果这篇论文在中国出版，也许会对中国的人口控制发挥作用。

在 1959 年的 10 月 8 日骨瘦如柴的他苦苦哀求妈妈带他回家看看。妈妈征求医生的意见，遭到拒绝。爸爸放弃乞求，低头不语。就在第二天 10 月 9 日与世长辞。妈妈根据爸爸的意见，把爸爸的遗体献给医院做科学研究。研究癌病转移的过程，为祖国的医学，贡献自己的最后力量。

最后妈妈、姐姐、妹妹 把爸爸火化，骨灰存在火葬场租的盒子里。一直到文化大革命，妈妈和我们商量是否不再保存，以免扣上划不清界线的帽子，所以妈妈去世后无法把他们一起安葬，这就是那个年代不得不这样做的结果。

## 英雄——丧钟始

### 右倾

爸爸去世后，我实习返回，留校。一系列事情连续发生，这时突然从党员那里听说党正在整风，反击右倾翻案风。我又听说这是来自 1959 年夏的庐山会议，据说有了个彭、黄、张、周反党集团。这是由于彭老总给大领导的信而产生的。这时让我的思想又回到了抗美援朝的年代。



彭老总胜利归来，本以为应当敲锣打鼓热烈欢迎，到处做报告。但安安静静，似乎不知道何日归来。作家魏巍写了"谁是最可爱的人"，感动了我们，他到处做报告，很是风光，成了胜利者的代表。他来燕京作报告，我们中学生也去了，很是动人。几位立大功的战斗英雄、空军英雄也到各地做报告，很动人、很鼓舞人心。

一段时间再也没听到老总在哪，做什么工作。但很快小道消息传出有人不满意。他没照顾好儿子，并质问为什么老总自己可以不死，这位儿子却死了，说了很多责备的话。还传出这位儿子赴朝的许多动人事迹。

谁也不知道，这儿子是在刚参战一个月左右就炸死在司令部。为什么司令部仅他们二人死了，难道让他在司令部值班吗？听到这些小道消息，我想老总倒楣了，他是总司令，不是保姆，怎能看住一个身体健全，活动自如的成人？！

长时间没有人提到他。再听到时已是全国掀起批判右倾翻案风之时，被批判的主角就是彭老总。中央在庐山开会时，以对党对人民负责的精神给大领导写了一封信，报告了他对三面红旗：总路线、大跃进，人民公社的调查研究和他的看法。这下可让大领导抓住把柄把多年对他的愤恨，全部发泄出来。当我们知道他写的内容时，我认为写得太好了，这是真正的实情。

下面通过我的亲身经历来看看当时的情况：

1958 年初反右已基本结束。无产阶级取得伟大胜利。大领导发出了一系列响亮号召：十五年中国将超英赶美。鼓足干劲，力争上游，多快好省地建设社会主义。竖起了三面红旗：总路线、大跃进、人民公社。人们听了很受鼓舞。头脑发胀，提出更豪迈的口号。到处有赛诗会。那豪言壮语听着都吓人。

## 大办人民公社



有人说马上就可进入共产主义，要求人们去学习。记得1958 年秋我校政治教研室一位负责人，在听到大领导为徐水人民公社叫好后，参加北京市的访问团去了徐水，回校后非常兴奋地给全校做报告。她讲人民公社就是好，办公共食堂，吃饭不要钱，就是共产主义。

社干部说放开肚皮吃饭，鼓足干劲生产就是好。集体干活、集体吃饭不用各家各户开火，节省时间、节省柴火……现在农民可以：组织军事化，行动战斗化，生活集体化。这可改变几千年农民落后的生活习惯。

她越说越兴奋，我和几个调皮，爱说怪话的朋友就越听越糊涂，可挑出越来越多的毛病。

我们议论，如果农民放开肚子把生产的粮食全吃光了，那么城里人的粮食从哪来，是否城里人也要为自己种地了呢？如果二流子不干活都有饭吃，那些每天干活人的工作积极性还能保住吗？社会主义能用吃饭不要钱，就跳到共产主义吗？对生产力没要求吗？按劳取酬、按需分配的原则过时了吗？大学教职工、家属和学生也和农民一样吃饭不要钱吗？这是否回到刚解放的供给制，这是倒退还是前进？

我们边听边说，说说笑笑就说了不少问题。我们说她好傻呀，太听话了，自己不动脑筋。当然我们没想到最后中国饿死几千万人。

宣传人民公社的优越性，处处大放卫星。开始我还是相信的，因为没有农业产量的概念。班上从农村来的胥某就说这数字是瞎说八道，我还天真地和他们辩论。我说他们是老皇历，现在是人民公社，生产关系好了，就会提高产量。

一提人民公社，谁也不想被扣上右派的帽子，就都闭嘴。但报上的醒目标题，天天大放卫星，那数据太吓人。

这真是像赛诗会的豪言壮语所说：“人有多大胆，地有多大产”。从开始说亩产几千斤，接着逐渐升级说一万斤甚至几万斤。人们都知道一亩地是有限量，不会无限增产，怎可能数据天天大幅度提高，毫无止境。一个麦穗、一个稻穗不会有一斤重的麦粒、稻粒。密植也不可能每一株都贴在一起，所以亩产几万斤是瞎说。越来越觉得在骗人，有其它目的。

## 跃进、跃进、大跃进：

### 打麻雀

1958 年是阶级斗争取得胜利后的第一年，各行各业都要表现万象更新、蒸蒸日上、欣欣向荣的大好局面。报上宣传总路线、大跃进、人民公社所产生的新鲜事物，叫得非常响亮，先进事迹层出不穷。老百姓的第一感觉是越来越没食物，生活用品都在减少。首先是定量，发粮票、面票、油票、肉票，票证越来越多，可食用的东西却越来越少。突然传说有人向大领导汇报是麻雀吃掉了农民种的粮食，它是缺粮的罪魁祸首，并建议全国同天、同时打麻雀。我听后心想从古到今都有麻雀吃粮食，也没使人类粮食不够吃。现在没吃食，怎能怨麻雀吃多了。

这个时期人们像发疯了一样，任何事情一来，犹如火柴点燃纸一样，立即着了起来。现在一听说是麻雀让我们没食物，上级一说打麻雀，人们毫不思索地紧跟，兴奋之极，一点也坐不住。上级严格要求停课停产、不许有任何死角，全国掀起打麻雀运动。

要求每单位登记消灭麻雀的数量，进行评比。谁敢落后？这可把各级领导推到风口浪尖上了。赶快发动群众献计献策。我们班长非常着急，连夜召集全班大会，大家急忙出谋划策，拉网，弹弓、赶、敲锣打鼓吓死麻雀等，主意不少但没一样有把握。班长最后提出一个最低要求：发挥积极性，齐心协力至少打死一只。

全国统一行动日那天，只见那吓人的阵势，房上、树上、地上，佈满天罗地网；大人、小孩男女齐上阵，锣鼓声震耳欲聋；各自拿着可以消灭“敌人”的武器 ：弹弓、大布、大扇，摩拳擦掌，伟大的战斗打响了。 我和大家去大呼、大轰。班长分给每人一片战斗的场地拿着布搧，形成铜墙铁壁让麻雀不能在自己这片地上呆着。希望大家作同一行动，把麻雀累死。我们跑来跑去搧来搧去，累得要死，最后我班战绩是零！

“战后”我回忆当时的场面，心想如果有老外正坐飞机飞过中国的上空，对这伟大的、热闹的、倾巢出动的场面作何感想？一定认为中华大地又有奇迹、特大喜事发生了。

可怜的昔日和人类友好并生几千万年的小麻雀一定吓得屁滚尿流，无栖身之地。被网住、被射中、撞树、撞墙而死、飞不动累死。我朋友健汶说在北海后门桥附近的确出现了大批死麻雀。这就是我们的胜利品。



一段时间之后大张旗鼓的打麻雀运动，逐渐变得无声无息。懂得科学的人都知道，世界上的物种不会被某个地区消灭，我们可以消灭几千万只，但它们会流动，这个物种没法被人类消灭。况且各生物之间是互相制衡的，麻雀除吃粮食外，还吃害虫。如果破坏这些规律就会带来各种灾害。“人定胜天”是不可能的，人必须遵守天意，必须遵从自然规律。我们打麻雀违背天意，最后遭到天的惩罚。紧接着中国的严重虫灾就给了头脑发烧的领导者当头一棒。

## 卫生大跃进

全国掀起卫生大跃进，又停课！要求教室、办公室、宿舍、食堂、厨房、菜场，室内外一切犄角旮旯，必须清扫干净不留死角。吹毛求疵，专门检查那些想不到的地方。室内完成后，到校园搞卫生。除拔草外，扫院子，扫大、小马路，必须一尘不染。北方气候干燥，一阵风后，尘土飞扬，刚扫干净又飞来尘土了。只好站在外面不停地清扫，等待检查者的到来。好像大家闲来无事似的，一点都没使卫生有实质意义的变化。真是浪费人力物力。

## 打苍蝇挖蛆也有运动

打苍蝇也在全国掀起大运动。大家都知道苍蝇会传染疾病。应当教育全国人民随时随地见蝇就打，不需要如此兴师动众的运动。这个运动和打麻雀一样要统计数量，进行评比、竞赛。大家又各显其能：用纸粘，用蝇拍，到小摊、菜场、卖鱼肉的摊上、到土厕所等，哪里脏就到哪里打，要想得冠军，就得豁得出去。

我觉得培养国人的卫生习惯，不能靠运动，应该教育。采用有效措施去消除产生苍蝇的土壤。例如农村积肥方法，城市土厕所的改造，菜市场的清洁，特别是鱼、肉的售货摊。不从根源解决问题，光靠打苍蝇是消灭不了的。这种停几天课打苍蝇，只是热闹、声势，效果不大。

我的朋友文第那时是天津大学的学生。他们打苍蝇运动比我校还特别。除了打苍蝇外，还让他们到校园边上的全校著名的极大的粪便集中地西大坑去挖蛆。不仅要挖出浮在表面的蛆，还要把干硬的粪用改锥钻开挖出粪内的蛆。虽然戴手套，但手和身上还会沾上粪，极臭无比，真太恶心了。看着被他挖出那堆红色的蛆。脱口而出“你们在粪里真是又红又钻呀”。说后吓了一身汗，赶忙看周围是否有人，如果让人听了打小报告到领导，这可是政治上的大问题。会被扣上在运动中说怪话甚至是反对运动的帽子。挖完后洗十几遍手粪味久久不能去掉，那脏臭的粪坑似乎就在眼前，饭菜都吃不下。一合上眼睛那粪和红蛆在脑海里飘动，觉也睡不好。

## 大炼钢铁

十五年超英赶美，中国年产钢 1070 万顿。怎样作？靠群众运动！解放后似乎一切事情可用群众运动解决。要求全国各地大搞小高炉，全民炼钢。人们到处收集炼钢的原料，在空广场地建起了小高炉，乱砍树木做燃料。

我们班也不例外。首先要收集废钢铁，作为原材料。学生哪有什么废钢铁？当梁班长让我交废钢铁时，我说没有。他说我是北京人，去家里拿。



我说：父母在大学工作他们在那里交，我回去是拿不到的。他很不高兴，认为我不支持班干部的工作。我说：我有一把剪子，如果我给出，能换回一把新的吗？他不能回答。

我说："我骑的这辆我妈妈年轻时用的自行车，若你拿去炼铁，能给我换一辆新的吗？"我狠狠地又压上一句，"你敢拿我的自行车吗？！"他嘟嘟囔囔骂骂咧咧地说我不支持他的工作。

我也不饶人地说：我不愿意把好好的用品全变成垃圾。
他上纲说：大领导号召超英赶美，我的行动是什么？

我说：先炼出一炉好钢，我再给也不晚。我们不欢而散。

我校的小高炉在什么地方？我很想看看。但没找到。对面钢院有一座小高炉，也没听说炼出什么。我当时觉得特别奇怪。钢院最大的任务应当是增加现有正规高炉的产量，怎么也要浪费人力、财力来做这未知数？但一想迫于全国的形势也得积极表现支持吧。

最后报导群众大炼钢铁，是人力物力的浪费。乱砍树破坏了气候和土壤，茂密的森林变成了荒山。解放后在中国和蒙古的边界建的防风林已发挥作用，但自大炼钢铁和文革后这大片防风林全被破坏，北京的风沙重又返回。

## 超声波运动

上级又号召要大搞超声波，来节省能源。我没听说过，据说把普通钢管的一端压扁，有气通过就产生超声波。爱刨根问底的我跑到物理教研室打听，他们也没听说过。

学生食堂把这种管子装在做饭、菜的大锅里，风通过它吹在饭菜里可帮助搅拌均匀，节省能源。不知是否产生了超声波。后来看到从外国进口的超声波设备，没见这类管子，也不懂这类设备和大跃进时的超声波是否是一回事，或是同一原理。



## 建新校大跃进

在全国大跃进的大好形势下，各个单位都要乘东风、扬帆远航。我校计划借这个东风，来个办学大跃进。向部里申请办分校，1959 年底批了下来。

分校的教师从何来？校领导决定选出几百名四年级学生提前毕业留校，以大跃进的方式培养成专业或基础课教师。我幸运被选中做数学教师。

过去基础课教师是理科大学分来的，我们只有工科基础课的知识，要在一两年内成为理科大学毕业生的水平是不容易的。在大跃进环境中只补课半年，就让我们当辅导教师。每人四个小班上习题课，改作业。学工的思维方式与学理的很不同，我们没有彻底改好，成了四不像，理不理、工不工。教工科数学没问题，但搞纯数学科研就不行了。

到了 1961 年又说不办了，学校觉得亏待了我们，给我们三条出路：直接参加当年毕业分配；回班学习、补上全部专业课；或继续留校当教师。我选的是继续干。这样我当了一辈子的数学教师。到了国外非常困难，由于是四不像，选数学深造，根底太浅，选工科，又基本没学。现在就成了老人中心的钢琴老师，是我的业余爱好，成了我生活来源的途径。实践证明做任何事情都要一步一个脚印踏踏实实地干，学习更是如此，一点一滴、循序渐进。俗话说“欲速则不达”，大跃进不符合事物发展规律。



## 体育也要大跃进

体育大跃进把我的身体搞垮了。这个大跃进从 1958 年春天开始，大学停课，开到十三陵修水库。我很想去，但我是校中长跑运动队员，必须留在校内准备参加高校春季运动会。

体育大跃进，要求采用大松博文高强度训练法。每天早晨教练宣布当天的训练内容：热身做操后慢跑 5 圈，接着多次反复练加速度跑、弯道加速跑、百公尺冲刺等。午饭时我已筋疲力尽，无心吃饭、赶快午睡。下午练耐力，多次反复跑两千米。最后多次推举杠铃增加腿部肌肉，筋疲力尽的我蹲在地上由队友帮我把杠铃放在肩上，腿用力蹬地站起来，把杠铃举起。有时下午后一半是跑到颐和园，上山到排云殿，一点也不停留径直跑回，奔向学生食堂。

这种高强度训练使我体力大大透支，按常规运动后应食欲大增，而我洗完澡，累得不行，口干舌燥，只能喝稀的。馒头、花卷、糖三角全咽不下去，肉蛋蔬菜也咽不下去，大师傅每次见我就说：“喝稀粥的傻姑娘来了，这么好吃的饭菜为什么不吃？这是专门给运动员的，别人想吃还不许吃呢”。我只好苦笑着说：太累了，吃不进，只想睡觉。好心的师傅就给我较多的粥皮，再给我一勺菜汤。

我只认为想睡就睡，不知营养如此重要，几天之后，我就非常无力。原来晚上睡觉第二天体力可恢复，现在不行了，全部关节特别是膝、髋、踝、腰肌痛得一天比一天厉害。我告诉教练，要退出，可以去十三陵干活。但大家批我不鼓足干劲力争上游，没有大跃进的精神。直到比赛，我申诉我腿太痛了，不能上场，教练仍不同意，还给我报了一项 400 米跑。

三三姐北大队员也有这项，初赛我们不在一组。我告诉她我的腿痛死了，她说别想、别说，尽量好好跑。我上场心想咬牙拼一拼吧，仅跑了 100 米左右就痛得要死，一点也拿不出跑步的架子，但我想思想不能打退堂鼓，没马上退场，一瘸一拐地走了下来。见了教练我坚决要求退队，又没批准。

回校后我坚决不去运动队，他们还到宿舍找我。在我不在场的情况下全队批判我，给我扣了许多帽子。我很高兴：你们批吧，能把我怎样？！我想这是政治秀，让领导看运动队有如此严格的组织纪律，杀一儆百，让别的队员安心留在队里。

我是班上女生中身体好的，回到班上就要帮助全班女生都达到体育大跃进的标准，通过劳卫制三级。八个女生除我外，还有两个可达标，其它不行。上级给出新规定：每人参加兰球赛，自己所在队赢五场，这队每个人就达标了。我们就来组队，并与其他队商定，今天你赢、明天我赢。我属于几个队，下了课就开始比赛一、两场，晚饭后上自习前再比一场。

这是该年十一月末，连续比赛四天，第四天的晚饭吃我喜欢的白薯。我吃了几个就觉不对劲，赶快跑回宿舍，上吐下泻。我以为是吃脏东西了，马上到校医院看急诊。医生没说出所以然，只认为是吃过多红薯所致，告诉我拉干净就好了。走回宿舍。同学们都去上晚自习，我躺在床上，不停地呕吐。自习之后她们看我病得够厉害的，又陪我去校医院，医生说是胃炎。给我药，让我在她面前吃，刚吞进去就马上吐出来。她让我忍着，连试两次，都如此。说明天再来看。我吐了一夜，食物吐完接着吐绿色苦水其实就是胆汁。这一夜折腾弄得同舍其她七人谁也没睡。

第二天她们又陪我去校医院，因为她们都去上课怕我病情加重，所以让医生必须留我住院。我躺在病床上开始发烧，越来越高，内科金医生开始重视，下午就把外科女医生找来，她一按肚子，马上说是急性阑尾炎，赶快送到城里中直医院。医生问我谁陪我去，我说大家上课很忙，我自己去。医生把校医院写的诊断书递给司机，我已烧糊涂了，晃晃摇摇进了汽车。我躺在后座上，睡着了。



这是个小门面二层小楼不知名的医院。司机叫醒我，我很不好意思地坐起来。他说"你不行了，我背你进去吧"。我盯眼一看是位五十多岁比爸爸老的矮个司机，我说："我太重了你背不动的"。他一把把我撩到他的背上，眼前这位互不相识老司机，把快二十岁的我当作他女儿背我看病，使我激动得留下眼泪。从我记事起在十岁腿折时爸爸只抱过我，从没背过我。

到了接待处，他交给她们诊断书，然后问我要给学校带信吗？我想他回车库，就在我班男生宿舍旁。我有一个较熟的比我大十三、四岁男调干生老曹住在那里。我写一个小条告诉他我住院了，把我放在图书馆的功课带来。

老司机走后把我放到二楼病房，管我的医生说可能需要开刀，并问我的家属怎可找到。我说：尽量不开刀，如果非开刀不可，我自己签字，因为我的家属是找不到的。

姐、妹在北医、北大，我不知怎样找他们；妈妈在农村下放劳动，根本不知地址；爸爸已是右派，在社会主义学院改造，不能去找。

医生说先用中药、针灸给我退烧，如果高烧不退就必需开刀，现在作开刀前的一切准备：抽血、清洁身体。

到了夜里十一点半，医生说必须马上开刀，让我签字，并告诉我给我开刀的医生是原来的主任，我是他在该医院的额外的最后一个病人，他第二天要去积水潭医院当院长，因为我的病太重只好打搅他，把他从家里请来。我说：太谢谢，麻烦他了。

推我进了手术室，这是我有生以来第一次被推进手术室做手术，手术室灯光太亮，我的眼睛睁不开。看不清戴着大口罩，为我忙活的医生和护士们。用麻醉后，就有男医生问我姓名，然后让我数数，只数了一、二、三，就什么都不知道了。

醒来后，躺在我的病床上，打着点滴，这已是中午了，几位医生来看我，他们在讨论我的病情。夜里开完刀主刀医生建议除点滴消炎药外，应输血。其中一位老者估计是领导，他看了我的病历，又来翻我眼帘，判断是否贫血。他说，我很年轻，身体底子还可以，为节省血液先不考虑输血。其实我不想输血，怕传上其它病。

他们走后，送来全流食物，我不能坐怎样吃流食？不久来了一位年轻女医生，她和蔼地问我为什么不吃，我说不知怎样吃，她说喂我。我们聊了起来，她是北医应届毕业生，在这里实习。我马上问是否认识我姐姐，她说认识，晚上回校就可找到她。

第二天姐姐来了，她说因为爸爸咳嗽得很厉害妈妈已从农村回来了。她走后妈妈进来，她说医生告诉她：我得的是急性阑尾炎腹膜炎穿孔，腹腔全是粪便。如果再晚一小时我就没命了。幸亏没听我的，及时开了刀。主刀医生过去是协和的，现在在积水潭医院做院长。管我的医生是原协和护士长，来这里做医生。妈妈最迷信协和医生，我的主刀医生、病床医生都是协和的，她就放心了。

后来我又有两次切除妇科肿瘤的腹腔手术，当他们知道我曾腹膜炎穿孔开过刀，这些医生异口同声地称赞那位医生手术太高明了，根本看不出曾洗过全部肠子。他把肠子放回去摆得和自己长得一样，而且一点也没粘连。可惜开刀时我不知谁是主刀医生，如果他能看我这段文章我真正感谢他。

我的肚子上留了两个洞，每天换两次纱布，住了三周医院，我坚决要求出院参加大考。他们千嘱咐万嘱咐在两个洞没长好之前不许洗澡，不能感染。我出院后每天到校医院按时换药，大约两个半月两个洞完全长好才洗了澡。总之这个体育大跃进使我的腿、腰、胯全弄坏了，并让我与死亡擦肩而过。

在国家上上下下如此兴奋状态下，全民大跃进时，动辄停课冲击教学、科研。我算下来唯独学习、科研、教学不提大跃进，学生不好好读书，学本领，长大后如何建设国家呢？



## 是小三吗？



调干生老曹把我的大书包抱来，还给我带来沙田柚子。我可以坐起后，又来给我补功课。我如期参加大考。

1959 年初、放完寒假又出了个反坏运动，在去食堂的马路上贴满大字报，没点名，我一点也不关心这突如其来的运动。

一天突然党支部书记老韩头、团支书汤某、宣委三位男领导找我谈话，问我是否看了大字报。我说没看。他们说大字报里说的就是我。在我们系我成了运动的对象。我非常惊讶，我是坏分子？接着他们严肃地审问我是否知道老曹结婚、有小孩，我说不知道。他们多次追问我和他的关系到什么程度，是否发生性生活。我说就是同学关系。又问我为什么让他到医院看我，我说他是调干生每月有收入，经济不成问题，进城车费付得起，功课好可以帮我，他住的宿舍在车库旁，司机容易找到。

我突然明白我生病时大呕吐，他们怀疑我怀孕，去做手术，所以我让他到医院看我。这些领导真够官僚，只要到校医院、中直医院查病历，马上就一清二楚了。

他们严厉要求我必须到班团支部会议上作检讨。我真不知怎样检讨，应当扣什么帽子。我说了一大堆事实，检讨不应到图书馆念书，脱离班集体；应当尊重领导，告诉领导我住院，而不是让他来医院看我，等等，这是我给自己扣的最高帽子。这与政治卦不上钩。他们批我检讨得不痛不痒、没有触及灵魂。结果每人对我的批判是贪图资产阶级享乐。我听不懂，难道念书好，不可交流？我们怎样享乐的？批了一次后三位领导通知我不会写入档案。算是给予教育，不做政治问题处理。

老曹出身浙江农村极其贫苦的家庭。八、九岁就到上海学徒，挨打、挨骂，倒马桶、洗衣、做饭、拉风箱，没人教怎样干活。多年学徒生活，痛苦挣扎，为了改变自己的地位必须有独立工作的本领，偷偷看老板是怎样干活的，偷偷找机会实践，最后学到了技术。解放后。东北招工，这是改变他地位的最好机会，无论东北有多远，有多冷，吃的食物有多大区别，也必须去考。最后凭出身好，凭着自己的技术考上并分到保密的航空工厂工作。由于钳工技术过硬，很快成为师傅，由于好学又学会用机床干活。考上工厂技校，最后考上厂夜大。学了两年夜大，又凭自己全面的技术能力和知识水平保送到北航上大学。他瞧不起那种凭党、团员、凭政治资本保送上大学的人。

很有意思的是为什么不找他谈话，为什么不批判他？因为他不是党团员，出身又好，怎样上纲上线？只能说我腐蚀了他。他为了毕业后打回老家去，就转了系，那个系在江西有工厂，离浙江他的家最近，这也证明我们之间就是同学关系，不是男女不正当关系，我不是小三。在那个时时刻刻到处有运动的时代，不知何时就该挨整，可以随意扣上帽子。现在的真正小三谁像我一样挨过政治批判？！

## 全国食物短缺了

从 1958 年开始，报纸不停地报道人民公社的伟大成绩。

特别报道密植后亩产从几百斤大跃进到几万斤。成天报道要敢想敢干，人有多大胆，地有多大产。

到了1960年初，粮食定量越来越少。各种票证越来越多。除了1958年开始发的粮、面、油票外，这时又陆续增加了肉票、布票、棉票、豆票、蛋票、糖票、牛奶本来就少，这时发放更严格。只在过春节时才发极少量的白米票、吃一顿饺子的白面票等等。学校把校园内的空地分给各系，让大家种菜。但水不够，没肥料即使有农村来的会种地的教职工也不能有好收成。



我们的教工食堂也越吃越坏，开始还可吃到玉米面的窝头、棒子面粥，后来掺入大量的白薯秧、菜叶，咀嚼不了的白菜大梆子、野菜。所发粮票的粮食是吃不到我们嘴里的。又没肉、蛋，蔬菜也给得很少。我们每天都感到饥饿。

我的一位朋友运华上午一连上了几节高等数学大课，每节课有一两百个学生，没有麦克风，要大声喊才能让全体学生听清，用粉笔写斗大的字才能让后排同学看清。边写、边擦，实在筋疲力尽，太饿了，头发、衣服落满粉笔灰都没来得及掸干净，赶快奔到食堂，盼望突然出现一种让人惊奇的新菜。

果不其然一进食堂大门，近视眼的她，就看小黑板上出现了一个新菜“炒菜人”。风尘仆仆的她心想太棒了，有新菜了，兴奋地跑到打菜的窗口说她要吃“炒菜人”，大师傅没听懂，奇怪地看着她，让她指一下她要的菜。她指着炒菜人这几个字说，是这个菜。大师傅说：“你看不懂这个菜牌子呀？！这是告诉大家今天是谁做的菜”。

我们排在后面的听后都大笑了，饿疯了，什么都想吃。但在大家大笑后，我注意到美洵、大老周、秀越、炳海、会琳等不少人的眼里都含有泪水，传递着一个共同的心声：“这个苦日子何时是个头”？现在想起这件事，还让我鼻子酸酸的，那时的生活实在太苦了。这个故事可编一个小品上演。

那时人民大学给妈妈的定量是20斤，没有荤菜，清菜也极少，这时妈妈浮肿得厉害，头总昏，全身无力。不得以写信给雷姑姑和冰心太师母，那时大家都很困难，他们见信后马上挤出一些粮票接济妈妈。并告诉她一定要去和领导说，增加一点定量。每次周末回家妈妈考虑我们的健康都到黑市去买一点鱼、肉、蛋。大家一块吃一点，来增加营养。

最近我和一位朋友健汶说起三年困难时期饥饿问题。她苦笑着说这是她一辈子吃得最好的日子，天天吃餐馆、吃高价食品。那时她才五岁，和她七岁的哥哥在父母身边生活。她父母是医生。为了他们的健康每天去餐馆吃高价餐。她母亲说即使把钱全花完，也要保住正在长身体的孩子健康。她说一辈子也没有去这么多餐馆，走遍了周围的大小餐馆，只要他们卖不要票的食物。

有钱人可吃高价食品，没钱不就饿死吗！

大家明白高产放卫星是假话，实际是没食物了。但谁也不想当落后分子，就不再议论。

后来政府说没吃食的原因是：天灾和还苏联的债。苏联要我们马上还债，政府只能拿粮食、肉、蛋、青菜去还债，这些食物都运到苏联了，让我们每人必须勒紧裤腰带，渡过这个饥荒。

这时和苏联关系紧张，苏联专家撤走，所以我们都相信是还债。大家恨苏联逼我们迅速还债。现在看了苏联解密资料才知：其实那几年中国没有特大天灾，苏联也没逼要马上还完债。老百姓从没想过这是政府骗人的假话。

把吃饭不要钱说成是共产主义的标记，谁也不敢说这会大大挫伤农民生产的积极性。很明显，没食物了是人民公社有问题的表现。但这是大领导的杰作，最好就是闭嘴。

## 与中央说法一致

1960 年三月我留校工作，每年放完寒暑假都有一次政治学习是谈回家见闻。

我们组长是甘肃人，老党员老郭。他的发言让我震惊：他们村饿死许多人，他的街坊就有人饿死。他们旁边村还有交换吃小孩的。大人小孩都饿得要死，如果大人饿死，小孩没人管也一定饿死，不如让大人活着，也许还有办法，但又不忍心吃自己的孩子只好交换吃。我这才知道全国有人饿死，甚至人吃人。



会后我见支部负责人悄悄地对他说不要再讲老家见闻，那是极个别坏的地方。要和中央说法一致。老实巴交的老党员红着脸一点也不争辩地说：是，是。最后全国统计大约三千七百多万饿死，这怎是个别地区呢，又在骗人！

## 蜜枣、肝炎

不久我去合作社买东西，突然发现有不用任何票证的零食，我问售货员这是什么？她说是从伊拉克进口的蜜枣。价钱低于高价糖果、点心，我买了一点，回去吃，干干的没有中国蜜枣好吃。但无论如何，不用票。让自己有饱腹感。比那些棒子面掺白薯叶的窝头好吃得多。

平时我家吃蜜饯，妈妈都给蒸透才许吃，在周末我就把它带回家，让保姆蒸了之后再吃。不久，我们教研室有两位得了肝炎。紧接着市场上不再出售了。后来听说在销售这种蜜枣不久，中国在这些地区的肝炎迅速增加。引起卫生部的注意，经过检查发现这种蜜枣有肝炎病毒。再加上那时中国人大多营养不良，抵抗力太低，肝炎就蔓延开来。从这时开始中国就成了肝炎大国。

那时中国对进口食品没有严格的安检，也不知道伊拉克是长期肝炎流行国家。从这事件吸取了教训，加强口岸的卫生检查。

我真庆幸按照妈妈的卫生标准去做，避免得病。过了十多年我们教研室那两位肝炎患者，都在不到五十岁相继去世了。





## 成了大荷花缸

1960 年我工作后的第一个暑假，外地教师大都回家，让我们留在学校的人去西山种松树，要求进步的我当了基础课种树小队的队长。我们小队不到二十人，到了西山住下后上级就说现在国家困难，以吃粥为主，基本没有干粮，没荤菜，给点青菜，主要是咸菜。要求开小队会，每人表态理解国家的困难。

第二天我们每人扛着锹、锄头，上山，要爬很高的坡，平地长大的我爬山困难，但我是队长，必须带头干活，走在小队的前面。我们的任务是挖坑，干了两天我就不对劲了，人虚得利害，到了山上我站在那里刚开始挖坑，脚下就是厚厚一层汗水，汗如水流，湿一大片，也不敢说。

后来每天早上起来脸膀得眼睛成一条线，许多人逗我说，国家养我最合算，没吃的干这么重的话，还可如此地长胖。我只好苦笑。我是小队长，不能说实情，坚持到结束。

回校后第二天我的身体膀得松紧带的裙子穿不上了，只好剪掉才穿上。连去宿舍旁边食堂的体力也没有了，只好请隔壁同事帮我去打饭。仍是稀粥、咸菜。

下午，姐姐来看我。她说我肚子大得像个荷花缸，不能只在床上躺着，自己扛着是好不了的，马上去看病。她走后，我爬下床，慢慢走到校医院。

校医金大夫是认识我的，平时我算长得好的，身材也是好的。现在这可怕的样子，迅速验血。结果是极度贫血。马上打肝精，连续打几天。不到一周逐渐恢复正常，我才知道这是严重浮肿，是病，不是胖。从此我极易浮肿。困难时期一直处于浮肿状态，后来文革时到大连出差也突然浮肿，马上到餐馆吃了一大盘滑熘虾球，这高蛋白解决了问题。



当你看了这段有何感想？是不是觉得当时的中国人是疯子呢？总路线、大跃进、人民公社，小高炉大炼钢铁，超英赶美，口号、空话满天飞。人人发疯，什么都敢想敢说敢干。但中国越来越穷。

当时中国饿死许多人，还要打肿脸充胖子，无私地支持那些社会主义国家。西方国家愿意出口粮食给中国，大领导说没饿死人。怕暴露中国内部的问题，怕国民党反动派在这时反攻大陆。

实在是看不下去了，为了中国的子孙万代，为了中国的真正繁荣富强，彭老总不顾自己的安危上书给大领导。结果被打成彭、黄、张、周反党集团的主犯。软禁在北京。老总想解甲归田，回家种地、耕田，大领导不同意，是否怕他到下面拉队伍？

## 动荡

三年困难时期在如此艰难的日子里，大家营养不良，许多人浮肿了。1962 年下半年从原来的抽疯状态，突然传出上级新精神“留得青山在，不怕没柴烧”。我校规定晚上教室、集体宿舍，准时关灯。熄灯后睡不着就躺着聊天，借窗外射入的月光或路灯打毛活，喜欢学习的学生、单身教职工的新“图书馆”是厕所，拿着书站在厕所灯下看。

到了1963年春节，俱乐部每天晚上举办舞会，我们室刚来一位新教师老薛，他是过去留苏预备班的学生，因与苏关系恶化，停止派出国。在预备班认真学了苏联式的交际舞。他的舞姿极好，我们四个单身女教师友双、真良、冀姐，每晚拉他带我们跳舞。真把他累死了，这个寒假我的舞功大幅度提高。

这时航空部南方的几个公司和广东省的领导在前门饭店举行舞会让我校出女士去陪跳舞，又把我们四个舞迷找去了。我们以为陪领导跳舞一定有一顿好晚饭吃，在如此困难时期就想有好吃食。但到了那里没有免费的糖果、点心，全是高价，很是扫兴。

一看那些肥头大耳大腹便便、胖得要死的老干部，根本不会跳舞，就在原地晃，上下摇胳膊，没舞姿。他们看到我们也显得懒洋洋，因为不是文工队漂亮的小姑娘。我们穿的是简单的干部服，不是性感的舞衣，脸上还露出知识分子的骄傲神态。他们等，没年轻的姑娘来。只好不情愿地来请我们跳舞，我们看他们跳得如此恶心，一点也没笑脸，他们当然不会花钱给我们买小吃的。

在这种尴尬的情况下带队老师让我们表现得高兴一点，我们说关键是找错了陪舞的人。根本不用找会跳舞的，而是找年轻漂亮，穿得性感的小姑娘。他让我们再耐心一点，我们说不想浪费时间，就走了。这个领导好生气，因为我们没给他赏脸，他把事情办砸了，回校一定要挨批的。

1963年下半年，食物供应有明显好转，社会主义教育运动开始了。学校派党员干部到其它大学学习，然后和国家干部一起派去农村搞四清，到农村整顿公社。大领导的夫人主持文艺革命。红灯记（芦荡火种）京剧样板戏，芭蕾舞红色娘子军，党刊“红旗”封面登出大领导题了词的李进（江青）摄影“卢山”。整个气氛抽紧了。

1964 年学校教育革命开始了，不许跳舞，轻松活泼的生活消失了，取而代之的是严肃和紧张。为配合当时的政治环境，学校教工话剧团 排练“年轻的一代”，让我去演女主角夏倩如。这个话剧的中心思想是号召青年到祖国最需要的地方去。为培养我们这些业余演员，曾去观摩总政剧团的演出，我们坐在楼上最高层，剧场全满。已过半小时仍然无动于衷，我们都是教师，第二天还要上课，急死了。催促领队张祖善去打听。他回来说必须耐心等，有重要的中央领导来审查。



一个半小时后坐在最高层的我们看到一楼大厅一位“小男孩”到场，皮肤细腻、洁白、穿一件带有帽子的黑呢大衣，极其瘦小，像男孩身材。这就是中央领导？我们问难道这个小男孩是中央领导？一定是什么领导的儿子。后来问周围其他观众才知她是第一夫人！

我想这第一夫人也太能干了，抗日、解放战争陪着大领导东奔西跑，风吹雨打，还能保持如此白净的皮肤。中间又休息了一个半小时，大概她需长时间休息、并接见演员。害得我们观众，用六小时，看三小时的话剧。给我架子极大的不好印象。

1965 年报上登出批海瑞罢官、电影“早春二月”、批判戏剧的文章。我感到“山雨欲来风满楼”，这预示着大运动临近了。

## 文化大革命，我的大串联

### 革谁的命？

果然 1966 年 5 月 4 日解放军报登出社论：“千万不要忘记阶级斗争”。当时让我很是震惊：解放拾柒年一直在阶级斗争，资本家、资产阶级知识分子一直在挨打，谁还敢动？紧接着又有重磅炸弹：“混进党里、政府里、军队里和各种文化界的资产阶级代表人物是一批反革命的修正主义分子”，“赫鲁晓夫那样的人物正睡在我们的旁边”。这真让我费了脑筋。我想修正主义一般指的是党内，现在的敌人是在党、政、军里，看来人数不少，这与 1959 年反右倾不同，那次是彭老总等四人。在评三家村时已揪出北京市领导，看来才开始。

北大有了第一张大字报，似乎又不念书了，让我们到北大看大字报。又让我们写大字报，停课、停课。那些高干子弟最活跃，到处横冲直撞。大喊：老子英雄儿好汉。似乎知道什么，还组成了红卫兵

接着报上又出现一个新口号：“横扫一切牛鬼蛇神”。这表明是打击党内外一切敌人。我们教师还是看不清，没动作。只是停课、学报纸、看大字报。

一天党支部宣委通知我下午到车库上车去北京市开会。基础课大概就一两人。去上车的人，有教工、也有学生，我都不熟，没人可说话，始终自己一个人坐在那里。直开到人大会堂，下车前领导通知我们散会后自己乘车回家。由于去得很早，我以为看节目就选择坐在第二排中间，看节目的好地方。不久人坐满了，突然第一层大幕拉开，里面是长桌子，椅子，是开会，不是演出。这时只见除大领导外中央领导、按报上经常登的次序全出来了。全场激动之极，热烈鼓掌。

我非常奇怪在大学到留校工作我都是排在后面的，和中学

时红得发紫完全不同，那时我常被选去参加市里活动，见到中央领导机会很多。这次为什么轮到我？那些党员干部都不来，让我们小老百姓来。

这时主持会议的北京市领导讲，来开会的人是有异议的人，这是大中学文革积极分子大会。听后我奇怪这是什么意思？我属于有异议的人？！我是积极分子？！这刺激我回想自从停课之后我做了什么与众不同的事。我想起在学习讨论会上关于这次运动的对象是谁时，我咬文嚼字的分析认为是党内为主，教研室大多数人认为是有政治历史问题的老教师。这个区别大概就是让我参加会议的原因。



北京市负责人简短讲话后，接着请中央领导邓小平讲关于派工作组的情况。他先介绍派工作组的过程，边说边解释，像检讨，又不像检讨。最后邓说：老革命遇到新问题。调子很低，声音很小。然后请党的第二把手国家主席刘少奇讲话，调子极低，说话声音更小、几乎听不见。他一直强调他不知道这个革命是什么意思，他不知四清、四不清为什么要这样来回折腾。似乎不承认他有错，但不得不承认自己错了。

我听了好奇怪："你们中央发动运动，你们都不懂？！"他们的讲话像在作检讨。我奇怪为什么向我们老百姓做检讨？

这时最大领导闪亮登场，他与那几位领导迥然不同，领袖的风度，直奔台前，似乎没把第二把手放在眼里，似乎他与派工作组无关，不需作检讨。群众激动之极，以为他会讲话，他只是向大家挥手，就回去了。

最后突然一位内穿白衬衫、黑西装剪裁合身得体、带黑边大框眼镜、精神抖擞的女士快步走到台前，主持会议的人说请"江青同志讲话"。她镇定地看了台下的我们，深深地鞠了一个大躬，并说："我是人民的小学生，我来看大家"。真奇怪，口气太大了，她的劲头可实实在在地压过了那些老领导，和几年前在总政剧院的"小男孩"的样子完全不同。怎么夫人要当政了？这时宣布她是文革领导小组的副组长。果不其然她成了这次运动除大领导外的最大领导。

我想那第二、三把手刘、邓都往哪摆？我从没敢想他们就是这次革命的最大对象。我简直不可想象大领导成了光杆司令，要让老婆出面帮忙，并且把我们这些最一般的小老百姓做为积极分子，来帮助进行这场革命，太可怕了。我什么都不懂，为谁、为什么摇旗呐喊？我觉得有极大的压力，非常沉重，我一定不要当这个积极分子。必须要小心，因为如果矛头是指向党内，但如果选错了人，不就成了反党分子了吗？

回到学校，大家问我干嘛去了，我讲了，我室造反派头头等许多人质问宣委为什么派我去。她说上面没说到什么地方开什么会，只是布置让有不同观点的人去，就是我一人说是党内问题与大家观点不同就找了我。

这时那些出身好的都硬了起来。在社会上打砸抢，听说在中学有校长被打死的，在大学有学生到教研室和造反派一起选择要扫的对象，当然老教师的档案又都抖了出来，我们教研室的一位老年女教授胡淑红一个清早从主楼跳楼自杀开创了我校自杀的先例。接着跳楼、上吊、撞汽车等各种自杀方式都出现了。最惨的是一家五口躺在一个大床上打毒药针自杀，两个不到十岁的可爱男孩也一起死了。

直到 1969 年他们住过的这三间屋的公寓房仍没人敢住，我快要生小孩了，还住在六平米的三家合住的单元，必须到房产科要房间。校产科说除死人的房子外，没有别的了。我从不迷信，就说给我那里的十五平米的那间把，他说我的人口不合格，结果只给我十平米的。我说谁都不敢来，他们说只要有一人愿住就会有许多人要住了。果不其然，我搬入后就有人搬入了十五平米的。我是否踩在死人身上，沾了死人的光？

1966 年从八月开始为动员全国人民，大领导在武汉畅游长江。报上的标题是“大海航行靠舵手”，标题下是大领导身着泳装、外披洗澡袍的大幅照片，然后是长篇文章。这个报道连登几天。我明白这是领袖在指引这场运动，不是他身体健魄能游泳的报道。我积极参加了北京大中学在颐和园横渡昆明湖的活动来响应领袖的号召。全国大中小学生到北京串联，大领导亲自在天安门接见红卫兵，共见了 1100 万人，这时还认为在全国发动得不够，就让北京的学生作为火种，去全国星火燎原。

## 大串联 去播革命的火种



虽然是让学生杀向全国去播革命火种，教师停课也可以离校到外地去播革命火种。好动的我一定要抓紧这免费旅行的机会到外地见识见识。

我们教研室和我一起留校的女教师大都有了小孩，趁此好好在家带孩子，外地的教师正好利用免费乘车的机会打回老家去，革命、回家双丰收。我费了很大力气才发现红教工的两位 65 届毕业男教师老管和老郁头打算大串联，老管是我室造反派的小头头，还有另一位比我高一届的男老师叶庆镐也想与他们俩同行。我硬着头皮去问他们：可以一起去吗。因为平时和他们很少联系，虽在一个教研室，但不是同小组就很少接触。他们开始说就我一个女的和三个老爷们出去不方便，我说实在找不到伴，并使出软磨的能耐，最后勉强同意。

这是 1966 年十月 我们订了行动路线走中线，第一站武汉。出发那天就我行李大，我带了棉袄、棉裤、被子、垫子，他们不高兴地说带女的就是麻烦。

到了车站许多人想上这辆车，每个车厢门口都堆满了人，我东西太多根本挤不进去，这位灵光的小头头钻了进去占上一面窗户，把这面窗全部打开后，先把我们的东西递进去，然后叶、郁俩抱我爬上窗户钻了进去。他们两位也爬了进去。

车上人之多是任何人无法想象的，厕所坐满人，行李架上躺着人，坐位底下躺着人，行李摆在地上，自己坐着，小桌子也放了行李，总之所有的平面全是人，幸亏年青憋得住尿，不敢吃喝。实在饿了啃一点自备的干粮。车慢得要命，好似牛车。一路上，上下的人不少。到了汉口，他们说太挤了就在这里下车吧。一天多没吃东西，下车后可先找地方吃喝，然后再坐汽车去武昌那边大学的接待站住。我猜他们一定感到太累了，虽然每次停车都在站台上厕所，但人太多，排长队，又担心不知何时火车会开走，不能从容地大小便，这时实在需要放松一下。

下了车，在车站附近找了一个小摊吃最简单的素面条。这时看到站外墙上的大字报号召当晚要冲报社，他们马上来劲了说今晚参战！我们把行李存在站边小件存放处，就一路走一路问路，趁天还没全黑找到了报社。我问我们是哪边的，他们说当然是造反派这一边。

我们到报社门口看到人山人海，站在大门边的人使劲摇报社大门，并喊：开门，社长出来。这样坚持一个多小时，大门开了，让派代表到上面去谈，这乱哄哄的人群，谁是头？

我们之中这位小头头，自认为是毛主席派来播火种的，他当仁不让地说：我们进去谈判。别的人也往里冲，这时我感到有人揪我的乳头，耍流氓。我气得对他们说：有流氓，我在外面等。我挤出去，站在马路边，这时才发现到处贴满大字报。两派互相攻击，都指责对方头曾蹲过监狱，大多是刑事犯。太可怕了。社会上太复杂，只因观点相同就组成一个队伍，全是互不认识的，一点也不了解各自的过去。这与同一个学校按观点组队太不相同，同一学校成员要单纯得多。

等了几个小时，他们出来了，他们说来自北京，以为当地人会尊重。谁听呀，谁不是想给自己捞政治资本！就把他们轰出来了。

我把看大字报的内容告诉他们，我说我们必须小心。天亮后我们取回行李坐公共汽车到武昌那边武汉大学接待站，住了进去。本可以参加武大的各种活动，但还想多了解社会，就先去看长江大桥。那里看到大字报说号召大家到某人的行宫去冲击武汉军区司令陈再道，让他接见。这个行宫就是大领导畅游长江时住的地方。

我们找到了行宫，太漂亮的金碧辉煌大殿，宽大的楼梯，大红宽地毯，非常高级的大饭店，可惜已被这场大革命冲击脏得要命。

我们等在那宽大的大厅里，会出来见吗？坐等一夜也没出来，但看了不少关于行宫的小道消息。据说全国开展轰轰烈烈的大革命之时，发动这场革命的人正在这行宫里玩女人，说得有名有姓。还看了其它各种传单。太累了，几天没在床上睡过觉，我们不等了，回去睡觉。

他们原来自以为是北京来的钦差大臣会受到外地人的尊重，但碰了一鼻子灰，还是自己多看、多想、多学吧。没住几天就奔赴长沙。

从爬火车开始，重复了从北京出发的过程。由于一路上每个站都有许多人爬上来，车开得太慢了，用了一天时间。

下了火车就是大字报，我们开始先看大字报。又是互相指责对方头是刑事犯，连罪行都说得具体。我开始问自己这是什么革命，为什么像是痞子闹事？！为什么大领导希望国家如此之乱，这样搞下去，谁生产？是否又要像前几年那样，没吃没喝？我把我的担心对三个老爷们说了。他们不以为然地说跟着大领导走，没错。

我们找了个接待站住了下来。看了许多传单。又到长沙大运动场参加打倒大人物当时中共第四把手、国务院副总理陶铸的群众大会，各派发传单。对我来说最重要的是看了1962年7000人大会的中央会议细节，许多领导讲话、动怒、撒野、骂人、检讨。简直是一个不可思议的会议，完全打破我一直所受的教育。

我突然明白第二把手是这次运动的主要对象，他得罪了大领导。也明白为什么要让我们这些一窍不通的傻瓜冲锋陷阵。

因为在 1962 年的大会上许多领导站在第二把手这边，他实在没有哪些领导可用，只剩摇小书的林和老圆滑周及一个理论家陈。只好靠夫人领军。

我这时想在“正确处理人民内部矛盾”中不是写得很清楚：任何人，不要老虎屁股摸不得，要虚心听取不同的意见即使是错的意见……为什么讲话的人自己不执行。

曾说在中国要吸取苏联个人崇拜的教训，而现在在中国搞的就是最大的个人崇拜、一言堂。我真不明白中国革命是靠一个人，还是靠集体努力。是否革命胜利后就要把集体的努力全送给一个人，其它人就成了夺权的对手？

有一位不怎么识字，但常看戏曲的老太太说得一针见血：哪有一位皇帝称帝后不杀功臣的？这个运动到这时已全暴露无遗了。

我已经想好这个运动不要参加，这次大串联以学习，了解中国革命为目的，多看、多听、多想。在长沙看了毛主席年轻时革命的情况，遗址，各种正、反面的看法。这时三位爷们没有得到当地造反派的认可也改成以学习、观察，访问为中心，安排活动。

我们一致同意去韶山，毛主席的故乡。背起了行李出发。按路线图及标出接待站的地方走。这时是十一月底。天总下毛毛细雨。

为了抄近路，不走盘山公路，直接爬陡峭的山路，走田埂。对我这个在大城市长大的人来说，真是吃力之极。我的行李最重，走路为减少出汗就只穿单裤、单衣，所以还需要背上这些不穿的厚重衣服。

雨水成了润滑油，把泥泞的土路弄得光滑油亮。我球鞋上的防滑纹已磨光，光滑之极，一路走一路摔。特别是走在细窄的田埂上，沉重的行李背在背上使重心抬高。一摇摆就失去平衡，跟本没法走。一摔就连人带行李全滚到水田里，所有东西全湿了变得更沉重。又不甘心直接走在水田里，怕陷入烂泥，拔不出脚。

三个爷们管、郁来自上海，叶来自南京，谁也没受过这种苦。谁也帮不了我。每到接待站就先抢那个火堆，烤鞋、袜、衣服。得到一钵米饭和一点萝卜汤。每间房间地上铺满草垫子，供大串联入住者使用。我的被褥足够，与那些互不相识的大中小学女孩同住，大家都很累，没有精力聊天，倒地后马上进入梦乡。



## 在韶山、醴陵、安源，所见所闻

用了三天才走到韶山，安排住到当地小学后，马上去看红太阳升起的地方。这是一个山青水秀的村庄，比较敞开，水田很多，显得人民生活很好。原来宣传是穷人或下中农出身。但一看有房三排，其一是两层。大领导的卧室在楼上，有窗户。楼下有打谷机，还有一个大设备，厨房有大灶。堂屋很大，另一排是谷仓。我低声与三个老爷们议论，这能是贫下中农？至少是富农！

院子前面的水田和湖也是他家的财产，湖相当不错，可养鱼。后山上有父母的坟地，湖对面人家曾为他家打过工，房子很小。据说他几次回老家，都去看他们。当时的村子很朴素。但两年后我带学生去参观时就初具旅游点的样子，以后再去已经有完善的旅馆、餐馆等，完全是旅游景点。

在这里呆了几天，听了不少他成长的故事和几次返回老家的活动。我感到这里的人民非常崇拜他。

走前讨论了行程，管、叶两位不想再走了，他们说得好听回校闹革命。我想也好，他们回校时可帮我把被褥带回去。

我们四人背着行李经过湘潭回到长沙，找到我校的联络站住了进去，他们正在动员回校闹革命，现在学校快成空城了。

他们两更加坚定回校。我和那位最年青的老郁头寻找步行去井冈山的同路人。他找到几个他的学生，三女一男。是三年级学生。

我们六人开始出发，我的行李轻了。但没被褥就得找有被褥的接待站去住，这种接待站极少，大约八十多里才有一个，这就是说我每天必须走完这八十多里。一个北方农村来的女生小王也没被褥，我俩搭伴，按接待站确定行程。每天要走十多个小时，这是冬天天黑得早，为了安全就在天蒙蒙亮时上路，力争天擦黑就到接待站。他们四人可在任何接待站入住，不像我俩这样辛苦，需要起早贪黑地赶路，这样我们只好分道扬镳。

我俩到了接待站，按规定只可合借一条棉被睡在稻草捆上。由于被子短我们互相抱着对方的脚睡。又因潮湿、寒冷，就和衣倒下。没有其它衣物，只好把书包垫在头下当枕头。

每到一个站就洗脚、洗袜子、烤干所有衣物。如果脚打泡先把针在火上烤后，在泡上戳一下，再把一根头发放进去引流，准备第二天上路。在接待站吃早晚两餐，全是像草一样的糙米饭，一点油性都没有，干极了、只给几条咸菜。

湖南是丘陵地，接待站给的极粗糙的地图使用很困难。为了容易找路我们沿着长沙南昌的火车线跑。没火车时就干脆走铁路中间的枕木，因为铁路近旁全堆着碎石块，非常硌脚，没法走。稍远地方是水沟，烂泥、草地，根本不能走。走枕木虽危险，但好走。我俩一前一后，没精力聊天，专心走路。如果有火车开来，老远就感到铁路震、晃。有充分时间让我们站到安全地区，从长沙到株洲到醴陵就这样很快走下来了。

我们在醴陵停了一天参观瓷器生产。继续沿铁路走到江西萍乡煤都。专门去了安源煤矿访问，本想下矿井，但因为工人在矿下是不穿衣的，所以不许女的下。

我们就在当地看革命历史的展览，访问老工人。他们非常佩服刘少奇负责的安源煤矿大罢工。给我们讲了一些故事真像惊险小说：一进村马上找到联系的人，住在可靠人家，潜伏下来，在暗中走访，动员工人罢工，作深入细致的工作，不能留下任何痕迹等。

为上井冈山，这里休整后，就没有铁路可走了。往南走，进入罗霄山脉，走在林间小路上，开始爬山。山上天冷，雨后结冰，更难走。随着起伏的山峦，我们实实在在的体会到上山容易，下山难。背着行李重心太高，下山犹如沉重的头要往下滚，干脆就坐在冰上往下滑。遇到树根就会撞屁股，把裤子划破，或把手划破。越爬得高，空气越新鲜。树木非常茂盛，特宽大的阔叶树非常美。特别是有一层漂亮的冰霜挂在树叶上，结成各种美丽的花纹。我们看到许多古老的特大的两人双手抱不住的樟树，枝条树叶丰富，遮住一大片天。还有许多攀藤的阔叶树，爬在一棵高大的树上直窜云霄。这种森林密布的山在北京附近是根本看不到的。走出每座山来到开阔地，就看见许多美丽富饶的刚割过稻谷的良田。只可惜是在革命，没时间欣赏这美景。当时想将来要到这里旅游，好好拍照。但可惜一直没有时间旧地重游。



## 莲花人思念

这就是罗霄山脉中段莲花县，是从萍乡去井岗山必经之路。过去学中国革命史时只知道井岗山、瑞金，从没听过莲花。本打算住一夜就离开。吃晚饭时与接待站的工作同志闲聊，无意地问有什么可看的？他说有展馆，有养老院可去访问，还有周围老百姓也可访问。这正是我所想的，我最想了解没有被人加工过的原始材料。我们决定抓紧时间访问到满意为止。

第二天一早先去看了展馆，知道这里有许多战役。彭老总是在这里活动最多的，五次围剿就在这里进行。

然后去养老院，这里有许多老人，可单住，也可找伴一起住，当时我看有几对男女住一起，我以为他们是夫妻，就问："您们结婚50、60年了吧"？他们瞧着我笑说是老伴没结婚。噢？对于老年人以心情好为主，不强调婚姻法。

我去了好几个房间问他们革命斗争的情况，其中有我前面提到的逃兵。他们异口同声地称赞彭老总带领他们和国民党反动派打仗。他们说他安排得最好，游击战，灵活、机动。胜利后打土豪，分田地、分粮食，人们愿跟着他干。通过这样的访问竟没听到反面意见。看来三十年代老总的工作深入人心。

第五次围剿失败后，他们愿跟着彭老总跑，但跑久了不知在跟着谁跑，就回家了。他们不为自己跑回来有什么好自责的，认为对自己的家怎样好就怎样做。

我问他们是否知道现在的大领导，他们不知这个名字，也许他们不懂我们的普通话，也许大领导有其他革命的名字。他们一直沉浸在当时斗争胜利的喜悦中，不知道文化大革命，就连解放也不知道。似乎这时还是三十年代跟着彭老总的日子。

他们不识字，没有广播，没有收音机。就是下地种田，回家吃饭。根本不关心革命、领袖。根本不知道解放后有如此之多的运动。对现在有这样多的人来看他们，觉得很奇怪。由于这是1966年12月，文革刚开始半年，他们还一窍不通。

## 在井冈山、瑞金耳闻目睹

离开莲花再往上爬，最后到了井岗山区。这里树木很稀少，没有阔叶树，稀稀拉拉有一点针叶树，没有良田、农作物，也没有鸡鸭猪狗。一眼看去是穷苦山区。我们去了黄洋界、大井、小井、茅坪、茨萍，看了八角楼、会师地、练兵场、红军医院，大领导与第二个妻子贺子珍恋爱、结婚生子的住处。

老百姓对在井岗山地区发生的战斗看法截然不同。一种就是我们学过的，大领导在井冈山地区建立了工农红军，党支部建在连队，打了许多仗，创造许多奇迹；一种说法是：瞎胡闹，靠敲锣打鼓，最多胜一次，绝不可能靠造假来打败敌人。还讲大领导被捕的情况，还讲了许多从没听过的也无法证实的故事。总之有许多有争议的事，大领导在井冈山是有争议的人物。这与莲花人民对彭老总歌颂、崇拜完全不同。我明白了许多。

在井冈山上我们过了一个革命的元旦。 大串连成天是一碗米饭一点菜汤，从没见肉。元旦那天，接待站说如果自己可把肉做熟，就可领一块生猪肉。我和学生领了肉，用少先队夏令营学到的本领，在饭盒里放了水，用石头架起饭盒，把拣来的那些大小树枝摆好，下面放上纸，点燃纸后小枝也燃起来，在光秃的井冈山顶由于没有大树很难捡来足够的树枝、柴禾来炖肉。最后做了个半生半熟的白炖肉，只好半生着吃。但在一个半月没油、没荤的情况下吃点半生肉也非常高兴，就算过了个革命的元旦、解了馋。

开始下井岗山了，这时发现下山比上山费腿。虽然上山很累，膝盖弯的角度大，不伤腿。下山腿基本不弯，冲下去。不久发现 1958 年运动队训练受的伤又犯了，髋关节痛得要命，不能快冲。我走不动了，知道要找地方休整了，看地图决定到江西较大城市赣州去！

想着要休息了，又来劲了。一天在公路上走了 15 个小时，朝着城市美丽的灯光走去，越走越带劲。最后走了 120 里。这是个相对较大的城市，又是难得的晴天。接待站是当地较大的旅馆，设备很好，一个半月没洗过澡、没洗过衣服，又髒又臭，大洗起来，在赣州住了五天。

再往下走就是瑞金。休整后开始不错。走了两天仍然在下山，我的腿关节实在痛死了，和我在运动队的情况一样，我知道走不到瑞金了，就对我的小伴说了。她有点不高兴，让她扫兴，其实我也很扫兴。

正在慢慢一瘸一拐地走着，一辆大卡车停在我的旁边。问我是否愿上他的车，我说，能让我的伴上吗？他有点犹豫，这时许多小孩过来扒车。他大喊就让我上，我示意我的伴快和我一起上。我俩挤在副驾驶位，司机看了也没法轰，赶快关门，否则就没法开了。他严厉地说不许挤他，否则无法驾车。他说看我的腿是太糟糕了没法走到的，就愿带我到瑞金。

他是二十岁的年轻人，我太谢谢他了，并告诉他我们来自北京的大学。他羡慕地看着我们，若没这场革命他是打算考大学的，现在只能做工赚钱。我这最后一百四十里路是坐汽车到的。

在瑞金我们参观了许多展馆，我发现了一个奇怪的现象：所有文件的台头或下款的签名是周恩来和张闻天，全不是现在的大领导。他这时在生气，跑到福建去了，根本不是当时中央的领导人。这时我才明白在遵义会议上树立了大领导的绝对权威的含意和背景。

在瑞金我和伴商量行程，她还想去福建，我说我腿不行了。如果坐车，还行，如果走，就她自己去。她不愿只是一人走，又找不到认识的人，只好同意和我坐车返回。在这种无政府的状态下去坐长途汽车太难了。我俩女的又带行李，和那些小孩挤实在不易。突然看到一辆只两个小窗的空货车停在那里，我问司机可否带我们去南昌，他说正是，这是长途汽车的加车。

我俩赶快上去，站在前端靠着车头，很快就满了。由于人多，两小窗，空气太差，又全站着，有人开始呕吐。使劲敲车头让司机停车，他就是不停。就在这臭气冲天的环境下十个小时才到南昌。

在南昌又参观了几天，坐火车到杭州。这是吃住最好的地方，我俩以游山玩水为主，虽然天冷，下雨，但仍显出西湖之美。也看到红卫兵砸掉许多古迹，太可惜了。看来这个运动把中国古老的遗迹一扫而光，使中国变成没历史、没文化的国家，最好每个人都是文盲的社会。

坐火车到了上海，住棉纺厂的接待站。花了几天逛了大上海，去了我校上海接待站。他们在计划支持这边，打倒那边，真不知根据什么。不想了解更多，快春节了，还是回家最好。

到了南京，在火车上坐了渡轮，一节一节地用渡轮运过去。花了好几个小时，那时长江大桥还在水里打桩子。建好南京大桥后，才使南北方便地联系起来。

我这次步行大串联，共走了 1700 里。对中国革命有了亲自的了解，知道老区人民最崇拜的领袖依地区而异，这是我这次大串联最大的收获。

## 丧钟

### 挂大牌

回校过完春节，学校开学，人逐渐回来了。批斗大会已不限于本校的。在反二月逆流之后，开始批斗过去各方面的领导。我校也分到了几个著名的领导。

一天大喇叭说下午在大操场批判反党分子彭德怀，每人必到，各单位要集体入场。我一直想看到我心目中的抗美援朝英雄彭德怀总司令，可惜战争刚结束时没看到。现在见到有点凄凉，但总比没见过好。

我们坐在操场中央各自的马扎上，造反派头头韩爱晶神气地宣布：把反党分子彭德怀押上来。然后带着大家喊口号“打倒反党分子彭德怀”，“拒不交待死路一条”，“无产阶级文化大革命胜利万岁”。

在口号声中老总被两个男造反派押了上来，光头、极其瘦小，一点也没有抗美援朝时照片上的将军样。弯腰做喷气式飞机、胸前挂着比胸膛还宽的大牌子上场。接着几个人在台上批判他，不时的有人打他。

我无心听这些发言。看着挂牌被批斗的彭老总，我心目中敬仰的开国元勋之一、领导着百万大军在抗日战争和解放战争中功勋卓著。在 17 年前的朝鲜战场上，听着大炮的轰鸣声、子弹嗖嗖地从身旁飞过、飞机在头上盘旋，机关枪从飞机上向下扫射、眼前尸骨如山。为了保家卫国，领导中、朝百万大军向世界武器一流的美帝作战。这种英姿飒爽和眼前的喷气式是如此鲜明地对比，他会有何感想？！他何罪之有？不就是实话实说，没有欺上瞒下吗？现在竟成为阶下囚！

我们学校的师生员工是何感想？谁也不敢议论。即使有看法也是无能为力。批斗大会后把他押到造反派的总部去继续折磨、审讯。

审讯时在场的人说，他到了总部就说“小同志，你们十年后就会发现我才是你们的朋友”。这时我校造反派红旗头韩爱晶气愤地说：“谁是你的小同志！谁是你的朋友！”并揍了他，一拳打在胸上，打断了肋条骨。这是否就是“敢把皇帝拉下马，敢叫日月换青天”的体现？！

我知道后非常气愤，谁给你这样的权力打抗美援朝的总司令！当时只一个半人要马上打仗，所有将领都不同意。著名的四野司令，最年轻的将领，许多人认为他会当仁不让出征。但这位最年轻的将领算计着自己的年龄是最好的资本，将来可掌大权，所以坚决不去。当找到彭老总时，为顾全大局彭老总同意去。但大领导的儿子死在朝鲜由此得罪了大领导，回国后一直没好日子，直到文革受到大领导背后支持的“革命小将”侮辱、打骂，太让人气愤。

那时北京五大造反派头头是北大聂元梓，清华蒯大富，北航韩爱晶，地院王大宾，北师大谭厚兰。聂元梓的第一张大字报是康生指导写成的。当时他们之中至少有蒯大富参加了1966年我曾参加过的文化大革命积极分子大会。那时王光美是清华工作组的组长，蒯大富批判工作组执行资产阶级反动路线。带领一些人艰苦战斗，被关了起来。记者报道到中央文革小组。中央文革让放人，这就是文革积极分子大会召开的背景。蒯是由上级的小汽车接到人大会堂的。

他们可以经常被中央领导人接见，特别是第一夫人江青和他们谈过话。面对面地授意运动的方向，该斗谁，怎样斗。他们被领导接见的新闻和照片登在人民日报头版头条。利用他们传达当时中央想说又不便说的话。

这些人天真地想他们一心保卫毛主席。不知自己已被人当枪使了。各个得意、骄傲、鼻孔朝天，动不动就在全校作形势报告，分析当前运动的对象、大方向，分析中央领导人的左中右。我听后为他们担心。

我校造反派头头韩爱晶是我的学生，听到他打人、他的组织打死人的事以及他做的形势分析，出于爱护我给他写封信说："你会成为昙花一现的人物，有人需要利用你，现在把你推得高高的，最后一定会掉下来，摔得粉身碎骨。赶快复课闹革命吧。"我把信交在他的手上，是否看了不知道，但他没有接受我的意见。最后蹲监狱 17 年。在狱里的最大收获是和狱中清洁女工的女儿结了婚。实在可惜的是自己如此美好的青春就这样渡过了。

这五大领袖最后都蹲了十几年的监狱。如果我当时按那个积极分子大会精神干就会有蒯大富的下场。真庆幸我当时判断，分析，和采取的态度是对的。如果像他们一样简单地"享受"中央领导的接见，出尽风头。对我这样出身不好的大学老师，一定摔得更惨。

再回过头来看，反右时倪姓上海小子不也是康生出面，中央扇动的结果，最后成了我校的大右派吗！文化大革命这五大领袖中有四人没有反右经验，就出了大事。在年轻有为正该好好学习的年龄，冲杀的结果，赔进了一生中最宝贵的 17 年。

我看见一些文化大革命的逍遥派，不关心斗争，专心学习业务，最后很有成就。有些上山下乡的知青在广阔天地自学英文、学完中学课程，最后出国深造，作出成绩。老百姓看不懂中央的斗争，作逍遥派是正确的，看不清楚时以不动为上策。这应当是人生的哲理，也是参加运动的最正确的态度。



## 晚年的丧钟

彭老总被打伤后，没人理会。从 1966 年到 1971 年受审 200 多次，次次被毒打。最后得了直肠癌实在支持不了，才住到 301 医院。不许探望、不给治疗，让人“自然”死亡。因为不敢给他一粒子弹迅速结束。1974 年逝世时秘密火化，用了王姓名字。为什么不敢用真名，是否心里有鬼？！

再来看国家主席刘少奇，把他关在他的中南海房子里，严重糖尿病不给治疗，不给适合该病的食物吃，不许任何人看望，等他“自然”死亡。临死前十天左右空运到河南，放在一个小空屋里等死，死后改名火葬。其罪行是叛徒、内奸。我想中国的革命是由叛徒、内奸这样人领导成功的，中国革命的性质是甚么？！



很有意思的是在苏联的解密资料中知道，中共高层，每位都经常给苏共斯大林写信“告密”中共实情。斯大林最喜欢大领导，认为他听话、聪明。比较第二把手和高岗，他更喜欢第二把手。就把高岗打的小报告给了大领导。从而以高饶反党集团打倒高，第二把手才稳住在第七次党代会开始苦心经营的地位。在七大他命名了大领导的思想成为党的最高思想，也使这位大领导从一个人人平等的党员抬到至高无上的神。文革时才尝到了苦果。也可说“活该”吧。

更有意思的是，周恩来总理的癌症不听权威医生的意见，而要听一个一点也不懂医学的光玩权术的人来决定治疗方案。为了让他死在自己之前，不做有效的治疗，使失去最佳的治疗时间。从没看过、或听过世界上还有哪个国家有这种作法。中央高层人员之间是什么关系？！是同志关系，还是君臣关系？如果是历代封建王朝的君臣关系，是可以赐死的。上面几例表现的是“社会主义君臣”关系，不敢明目张胆地赐死，就用不给治疗，让他们去“自然”死亡。

从这些“臣“的表现，为什么甘愿受这种惩罚，不敢抗议？这说明中国共产党的管理方式是完全封建的帝王将相的关系，也像土匪内部人员之间的关系。如果是同志关系，工作不能配合，可以解职，但他们应当保持人的尊严，享有正常人的人权。如果的确犯罪，应当走法律程序，判罪，而不是一个人就给人定罪。

西方国家内阁、国会成员不配合就解雇，可以正常做其它工作，可以和家人生活在一起，可到任何医院看病。为什么自称最先进的制度却没有人权，可以随便凌辱、打人，甚至打死也不偿命。

和其它国家政权一样中国也有要搞政变的，没有什么独到之处。这就是从解放到文化大革命结束这个时期的中国有意思的事情。不知将来的历史学家把这个时期划到什么社会。

半岛战争中的英雄，举世闻名的志愿军总司令，最后得到了这样可悲的下场。看美国总司令艾森豪威尔后来成了美国总统。再看二战中世界其它各国著名将领胜利后的经历，没有一位是彭老总的下场，真让人感到不可理解。为什么在如此英明伟大领袖统治下会是如此悲惨？！

# 尾声

## 坚强的妈妈

爸爸定成右派后，妈妈教研室要求妈妈下放到丰台农村劳动锻炼。走前校领导要求大家安心劳动，做好定居的思想准备。

从不做体力劳动的妈妈勇敢地接受这个大的挑战，首先遇到的问题是交通极其不便，需坐四趟不同的长途汽车，市内公交车，下车后还需走 1 小时的农村小路，一次需 4 个多小时才能到。由此规定每四周回城过一个周末。



妈妈到了农村白天和农村老年妇女一起干活，搓棒子粒。还担任食堂会计，一干就到深夜，人家都睡了她还在打算盘算账，数粮票，数饭票，每天累得要死。有时也尽力帮助农民提高文化水平，教他们识字，读报。帮他们出板报，写稿子。利用回城机会，自己掏钱买生产队需要的科技杂志、书报。由于她的努力和为人，农民喜欢和她接近，村干部也很关心她。

她发现爸爸确实病倒了，请假回来陪爸爸看病后又赶回生产队，没有要求提前返回，最后和全体下放人员一起返回。这一年的下放对于一直住大城市娇生惯养的她实在太不容易了。

爸爸去世后，妈妈继续在人大教中文，没有职称，工资是最低的副教授级。因为抗日胜利后她一直没在大学工作，这是根据学历、作品，给她定的工资。妈妈努力备课，经常因为一点有争论的地方给不同专家打电话讨教，她购买、收藏了国内外名著、诗词、史料、词典、名人注解，经常翻阅、参考，使课讲得生动活泼。

由于过去长期躺着，身体极虚，上 45 分钟的课全身衣服湿透，课间赶快换衣服，然后继续讲课。第二堂课后又湿透了，有时懒得换，心想赶快回家去，不会有问题，结果路上招风受凉，经常病倒。1961 年底到处精简、下放。她的领导认为妈妈经济条件不成问题就让她提前退休，那时还不到 55 岁。

1963 年妹妹北大毕业留校，和妈妈一起住在人大。从困难时期开始，粮食、油、糖、肉、黄豆、棉花、布等定量、发各种票，妈妈的粮食定量太低，饱尝饥饿的苦痛。过去的大家闺秀、衣来伸手、饭来张口、一切由保姆买菜做饭。这时没吃食，为解决饥饿，只要见到有不限量的土豆、白薯、大白菜等，也放下了架子和大家一起排好几个小时的队，买完后自己慢慢扛回家。

姐姐婚后仍在北医工作，但定居在五棵松姐夫的工作单位，小孩身体极弱，放在城里较好的托儿所，离姐姐、姐夫都远，从没自己带过幼儿的妈妈，这时挑起接送幼儿去托儿所的重任，北京公共汽车是挤得有名的，她推着儿童车，需别人帮忙才上得去，很多次没人帮不说，还把她扒拉开，甚至把她推倒。低工资制的那个时代我们是雇不起保姆的。妈妈为让我们好好工作，冲破自己一辈子让别人伺候的小姐贵妇生活方式，克服许多困难，一直坚持尽力帮助我们。

突然文化大革命来临，已经退休五年的妈妈被保姆赵老太带着红卫兵抄了三次家。把所有的大、中、小家具、钱财，皮子，毛线、大羊皮箱子、甚至我们的东西、我们结婚的礼物、我放在家里的琴书，连姐姐孩子的玩具都抄走，几乎是寸草不留。把她的唯一生活来源退休金也断掉了，并多次批斗。

更有甚者他们在一块空地上，搭了大蓬子，把妈妈的东西全摆在里面，门上写“老妖奢侈生活展”，我去看了这个展览，歪曲事实、添油加醋、哗众取宠。也庆幸妈妈卖了钢琴，否则放在这大蓬里给弄坏了。真不敢设想如果爸爸活着，把右派问题加上，要受多少罪。

他们斗妈妈，说什么司徒雷登的徒子徒女，干儿子干女儿。还要把已去世的爸爸再数落一遍，全算在妈妈头上。

妈妈连基本生活费也没了，幸亏我们都工作，可以帮助，特别是妹妹帮助最多。

最后退文革的抄家物资时，妈妈的许多东西都不见了。最有意思的是妈妈最喜欢的饭厅四联玻璃柜只找到立着放的一联，其它都没影子。抄走的东西是一片混乱，没有登记，任何东西不知去向，等于创造机会让人偷走。幸亏在银行的钱是被冻结的，不许人拿走，它保证妈妈后来的生活。

文革时一天，妈妈对我说，他们抄走东西后，遭到疯狂的批斗，谩骂、侮辱，展览，几次想自杀，但一想这是"老子英雄，儿好汉"的年代，爸爸是右派，已让我们成份很糟，如果她再自杀，弄个"畏罪自杀"的"美名" 加在我们头上这压力该是多大，这成份该多糟。她说宁可自已顶着这压力，也不能让我们的成份变得更坏。妈妈就这样坚持活下来。



## 无声的胜利——妈妈为爸爸平反

打倒四人帮，文革结束后，胡耀邦主政，提出反右扩大化，要平反。

1979 年 一天我的党支书，就是我上大学的北京女同学张志英，找我谈话，说：爸爸平反了。又加了一句：事出有因。这两句话说得让人听了很不舒服。似乎是说爸爸是有问题的，应当感谢党给他平反了。让我感觉并不承认反右扩大化，当时领导犯了错误。我没说什么，她又说这个大包袱去掉了，好好工作。我只简单地"嗯"了一声。

周末回家，妈妈对我说人大统战部找她谈话，组织给爸爸平反了。他们承认爸爸的问题很轻，但态度极其恶劣（指给大领导写信），所以捞成右派。这真让人费解！右派应当看他是否真正反党，如果他不反党，就应当理解态度不好是不满错判，不能用这条来定是右派。总之爸爸是被冤枉的。

妈妈这时很有斗志。她坚持一定要求人民大学在北京八宝山革命公墓礼堂举行大型追悼会，来怀念爸爸。这也是她要为爸爸作的第一件大事。我当时还怕爸爸的好友都年迈多病，这样的追悼会是否太惊动人了。但妈妈极力坚持，东奔西走，联系八宝山会场，给国内、外爸爸的生前好友发唁电。

1979 年 4 月追悼会那天来的人比我们想象的要多许多，大家都认为这是一桩冤案。一定要出席这个追悼会来表明支持爸爸的态度。许多年迈体弱多病爸妈的好友来了。全国人大副委员长、民进主席雷洁琼姑姑、人大副委员长、著名社会学专家费孝通伯伯、著名作家冰心太师母、吴文藻太师、在北京的燕大老朋友还有一些我不认识的老人陪妈妈坐在贵宾接待室。室内气氛非常隆重、严肃、端庄。在这种气氛中没有大声寒暄，虽然都是几十年没见的老友，心中真有许多话要说，但从何说起？在大厅外面广场上站满了人。大多是燕京人曾在燕京学习、工作、生活过的人，我们的同学、朋友。这个追悼会规模很大。

这是一个特殊的追悼会，没有遗体、没有骨灰盒、在台正中摆放爸爸的大照片，有鲜花围绕。众多巨型花圈摆放在照片两边，会场非常肃穆庄重。开会了，妈妈、姐姐、我、妹妹依次步入会场。

当我看到爸爸大照片，就是我房间天天都看到的那张。感到犹如爸爸就在会场，为自己鸣不平，为自己喊冤，为自己呐喊，为自己开追悼会。我们都失声痛哭难以安静下来，然后贵宾入场，有坐轮椅来的，很多人由年轻人搀扶入场。大家都流着泪走过他的大照片，然后和我们握手，让我们节哀。最后在广场上的人依次进入会场，安静地向爸爸鞠躬告别。

大家对他英年早逝、含冤而去、深表惋惜。这个追悼会没人致悼词，只有哭声，极其安静。用这深深的沉默，表示了一个伟大的力量，要正义、要鸣冤、要正确对待知识分子！！

妈妈这天表现得特好。少有的精神，斗志昂扬。似乎她从来没躺倒过，她真正地为她所爱的人作了这伟大的事情。我感谢妈妈开了一个无声的胜利的大型追悼会。

这是一个迟来20年的追悼会，也是为爸爸政治彻底平反，肯定他的学术成就的大会。指出他是一位热爱社会主义祖国，拥护共产党，努力学马列毛思想的知名社会学家和教育家，为祖国培养了许多优秀人才做出贡献。中共中央统战部、全国人大、国家教委、北京大学、中国人民大学、北京市有关部门、民进党都派代表参加，并献了花圈。

看了这些，我一点也高兴不起来，人就这样白白死去，再说什么也活不过来了。这些安抚只是对我们的档案有一个正式的交待。



妈妈要给爸爸作的第二件事是把爸爸的博士英文论文翻译成中文。该毕业论文现在仍存放在密大，妈妈在文革后从那里得到了复印件，想请爸爸的1938年级研究生孙以芳阿姨翻译。五百多页英文翻中文工作量太大了，爸爸的学生都老了，身体不好，没找到其他能做的人，这件事一直没能实现。这篇英文论文最后送给了北大。

妈妈曾请妹妹、妹夫在中国搜集爸爸作品、著作，自己联系国外线索在国外搜索爸爸的作品和著作，亲自为该书写序，出版爸爸著作全集，后因出版社的困难，没能实现，很是遗憾。

## 胸怀广阔

文革中妈妈受如此超人的侮辱、虐待。她不记仇，当听说文言所要翻译文字改革的书籍和资料时，义务为他们翻译，愿意无偿的为国家贡献自己的力量。这表现一个旧知识分子的伟大胸怀，是多么值得人们尊敬。

这些旧知识分子一心想的就是自己是国家的一员，自己的能力毫无条件的要用于国家，多么单纯、多么可爱。

退休后一直帮我们做各种力所能及的工作，除了帮我们照料小孩外，还在业务上关心和帮助。当她看到妹妹想通过研究中国几百年旱涝的历史来研究大气的活动规律时主动利用她的古文功底来帮助查资料。她也经常剪下报刊上与我们业务有关的文章帮助我们收集资料，并介绍她和爸爸的科研经验供我们参考。

妹妹和妈妈住在一起互相关心互相照顾。妈妈也尽力辅导她的女儿学唐诗、作文、外语、甚至数学。这个外孙女对她感情最深。在她去世后，要求保留外婆的拐杖作纪念。

八十年代妹妹在北大分到了房子，我们都很忙，不能陪她住。她又有腹股疝气，一犯起来肚子痛得要命，她自己去看病太不安全。当时姐妹都在国外访问，我只好把她的房子换到北航。是我们求人，妈妈人大二十多平米的南北两房换到我校共十二平米的两个小北房。而且失去了人大的老友。

在我校虽然遇见了燕京抗日前物理系谢玉铭教授的太太。几十年前她曾教妈妈怎样给刚出生的姐姐洗澡。我们俩家住在南北两端相距较远，两老人腿都不好，来往不方便，所以只见面一、两次，也没有再交其它朋友。

我工作很忙，只好请保姆照顾，住在我校使她并不愉快，所以我也很自责。应当在人大给她请保姆，不应当让老人搬动太大，变化太大。妈妈于 1987 年 2 月 16 日病逝。根据爸妈一辈子最喜欢燕京，我们把她的骨灰撒在未名湖边的小山上。这是他们学习、恋爱、结婚、生女、工作最愉快，最有成就的地方。

# 结束语

我的故事就要结束了。这是我和我家四代的亲身经历，这是中国近百年历史的侧影。汹涌波涛中的一叶小舟沉浮甚至翻船。

清末的一个没落官宦家庭是母亲的出生地。

到美国修铁路和淘金热已过时，一个勇敢的广东年轻人到美国打工。学了知识，挣了一些钱回国，成家立业，报效家乡百姓，这是父亲的出生地。

民国、五四运动后教会大学如燕京蓬勃发展，这是父母受高等教育的地方。

中国这时的年轻人留学热，准备把西方先进知识带回祖国。父亲就是其中一员。

回国后父母结婚，生子、成家立业。

日本侵略中国，烧杀抢劫，抓人，镇压反日人士，抗日斗争，直到第二次世界大战结束日本投降。

国共和谈失败，解放战争，国民党败退失去民心，中华人民共和国成立。

教会学校遭取缔，半岛战争、不停地运动，直到反右、文革。

本书是想通过这四代反映中国近百年的历史，反映社会变化最多最动荡的大时代。

许多不愉快的事件，并不是仅发生在我家。解放后的各种运动把中国的知识分子特别是非理工科的知识分子整得无地自容。这些人很多在解放前走在世界的各领域里，甚至前沿。在解放前发表许多作品、论文，解放后不许再献身于社会学、为了避免被批判，就没能再写什么，整个处于停滞状态。

爸爸去世的三十年后，社会学界的人士对爸爸的评价是"许多文章和观点至今认为都是非常重要的，代表了一个学派。遗憾的是英年早逝，没有来得及带更多的研究生和做进一步的研究"。

"是知名的社会学家和教育家，在社会学领域里，他是多面手，既专攻社会学和人口学，又能虚怀若谷、博采众长、兼及其它专业；在追求真理方面，孜孜不倦、勇于实践、敢于进取，心怀坦荡、宁折不屈；在几十年的教育工作中，严于律己、身体力行、对学生严格要求、又循循善诱；在爱国和革命的程途中以实践行动作出了无可争辩的牺牲；为社会学献出了自己的生命"。

很多后辈写道："爱国主义精神，对事业精益求精的态度以及正直敢言、追求真理、富贵不能淫、威武不能屈的高尚品德和情操，永远是我们后辈学习的榜样。"

如果爸爸在天堂听到这些，作何感想？如果爸爸当时挺过来，活到这时，一定会铆足劲拼命干的。

社会学界许多重要的权威吴文藻、费孝通、吴景超、潘光旦等都和爸爸一样因为要求恢复社会学而被划为右派。

其实 1955 年几十个国家召开社会学世界大会，苏联看到全世界社会学如此蓬勃快速发展，自己已远远落在后面，产生很大的震动，要赶上去。

而中国不知道苏联已经变化，还是停留在几十年前苏的状态，固步自封，当中国社会学专家要求恢复社会学，政府都不作认真的调研，就拿右派的大棒打下去，扼杀掉。这种专政的作法是多么幼稚无知！为什么中国政府如此胆怯，不敢走自己的路！不敢走在世界的前沿！更不敢带领世界前进！

反右、文革中被整死、自杀、不正常的疾病而死的，简直数不胜数。许多著名演员、文艺工作者、教育界都是如此。原住燕南园50号的燕京、北大哲学教授沈乃璋沈大胡子伯伯文革时不堪凌辱服毒自尽。北大董铁宝教授1945年赴美得博士学位、曾参与美国第一代电子计算机的设计、编程和应用，是聪明绝顶的计算机专家。1956年放弃在美已有的一切，冲破重重障碍，全家绕道欧洲回到祖国。文革被揪出扣上“美国特务”的帽子，最后在北大校外一棵树上挽结自缢。连理工科人也都不放过，人才就这样失去，多么可惜。

我曾看过巫宁坤先生写的“一滴泪”。这本书详细记录了在燕京当时英文系赵主任的邀请下，为尽快报效国家、参加建设，放弃只差半年就可得到的英国文学博士学位，于1950年到燕京工作。燕京取消后多次调动，什么都干不成，英文能力不能很好发挥。在各种运动中受批判，特别是反右逮捕送去劳改农场，和死亡擦边而过的真实的纪实。真是触目惊心，令人发指。右派是敌我矛盾不是死刑，为什么送到劳改农场没足够食物造成许多人饿死？



很多朋友知道我写这本书后，都主动给我讲述他们的经历。源源就是其一。她出生在一个医学世家，自己全家也是医生。解放前她外公是德国著名医生。解放后周恩来总理特别邀请他回国报效国家。他回来后历次运动都得到周总理的亲自保护。直到文革。开始时总理写了手令，要求造反派保护。但后来当她外公说了江青过去是电影明星，她的另一个名字是蓝苹后，就抓进牛棚，总理的保护指示也不管用了，最后整死在牛棚。如果当年不回来，继续留在德国真不知会在医学上作出多么重要的贡献。

解放后25年的运动特别是反右、文革，把许多精英，打成右派、阶级敌人，甚至致死。对我国造成巨大损失、停滞、甚至倒退。这是一定不能重演的，一定要吸取这历史的教训。

任何国家的人民都希望生活在自在，愉快的环境里，每个人都希望得到尊重。只有在这种环境中人们的积极性、创造性、才能充分发挥。

为什么有的国家会有许多人得各种诺贝尔奖？就是这些国家尊重知识分子，政府不干涉知识分子的研究方向，有一个宽松的环境。这样就可以为人类做出更多、更大的贡献。

最近看了西南联大在短短八年抗战期间，简陋的校舍，饥寒交迫，头顶飞机投弹的艰苦环境中，毕业生不到 4000 人，就有两位后来在美国学习和工作获得诺贝尔奖，四位国家最高科技奖得主，八位两弹一星元勋等，造就很多高级人才。那个学校在学术上非常自由，也非常严格，不合格就退学，没有作弊、虚报、造假。连美国大学都在认真研究这所大学办学的经验。

希望我写的故事能给将来写这近 100 年历史的年轻人一个佐证和参考。

# 鸣谢

我是个理工女。学工科，教理科数学。从没写过历史或文学方面的书籍。这本书的内容已蕴酿几十年。多次提笔写提纲，收集资料，写文章。但写一段时间后又因各种原因停笔。直到2017年，我已年近八十，脑子还很清醒的时候，才写起来，再不写就可能没有机会了。又因2017年是父母110岁生日，我必须抓紧时间写完，以表心意。2019年又是燕京一百周年诞辰，在纪念父母文章的基础上来完成这本书。

我生长的这个年代是社会急剧动荡的年代，我祖父母、外祖父母都捲入了这个历史的巨浪之中。我父母甚至我自己都深深地捲入，甚至翻船。一种历史的责任感督促我必须写出来，作为历史的见证。这本书不是流传在民间的故事，更不是野史。我希望这本书可给将来写这一百年历史的专家作为一个佐证，绝不允许有人篡改历史。

由于缺乏写这类书的能力，所以必须向周围的专家、朋友请教，学习。得到他们耐心地指导和帮助。在这里向这些老师或朋友表示感谢。

首先最要感谢的是历史学家、著名作家赵淑敏教授。在她妹妹我的朋友赵淑傑的热情帮助和引荐下我的书得到了她的大力帮助。在多种疾病缠身的情况下，不能长时间坐在书桌旁看，只能半躺在床上阅读、写批语，写注释等，改得极其仔细，并帮我收集了资料作为参考。最后当面指导，在她居所谈话近四个小时使我受益颇多。赵淑傑不仅自己仔细阅读、提出意见、指出错误外，还推荐给她的朋友阅读。

研究燕京大学的著名历史学家、作家陈先生有著作“消逝的燕京”，通过电话在百忙之中花了近两个小时讨论，给我极大的鼓励和帮助。并把我书中一些段落试登在他的网站上。

研究冰心的作家卓女士，曾访问过我母亲，并写了“才女的遗憾”来介绍我母亲。也发表纪念我父亲的文章。她的这些文章，使我学习不少。通过电话讨论给我不少指导。我的家人提供各种有关父母的资料。燕大校友通讯是我的重要资料来源，这里参考了许多文章，不再一一列举，在此一并感谢。容瑶和其妹是燕京教授著名古文字专家容庚先生的子女，提供在燕东园燕京人的生活。介绍容庚先生的成就，这也是燕京人的成就。

著名翻译家榕津女士，年近九十，经常和我一起讨论这个时代，她的故事和我的故事，对我有许多启发。物理学博士熟悉和喜爱历史的黄川生先生是第一位极力鼓励我出版该书的朋友。冰心和著名中国社会学鼻祖吴文藻教授的外孙陈钢先生一直关注社会学，有丰富在美生活经验，提供在美生活和出书的建议。

静、秀萍自始至终阅读草稿、给出分析，提供背景材料，讨论文章结构，使我在他们的帮助之下明白该如何写书。Linda 刘从文学的角度分析该如何选材，组织材料，并细读后校正错别字。Linda 李在最后清样校对时指出一些历史事实，作出了重要贡献。特别感谢的是龙女士、魏女士真正为本书作了编辑工作，逐字逐句的修改，帮助我提高文学写作水平，实在是受益非浅。

郭先生提供在那个时代广东华侨海外打拼的风土人情。并让我与著名经济学家燕京教授系主任陈其田先生的儿子取得联系。

惠华、文第、健汶、源源、森提供了在那个时代他们的看法、经历和故事。仁中、德森、斌、军、景桓、会琳、家琪、远、一谨、Wendy 魏、亚、淑萍、珊、印先生、黄先生、梁工等看后指出错误、给出中肯的意见和对问题的分析。

总之这本书是在大家鼓励和具体帮助之下完成的。在这里向一切帮助过我的老师和朋友表示深深的感谢。

佩尼（宗平）

写于 2018 年

www.ingramcontent.com/pod-product-compliance
Lightning Source LLC
Chambersburg PA
CBHW060617100726
47907CB00006B/1653
* 9 7 8 1 6 4 0 8 3 0 7 6 9 *